教育部人文社会科学重点研究基地重大项目

"养老保险城乡统筹政策优化研究——基于养老金与财政

动态契合的视角"（14JJD630012）最终成果

教育部人文社会科学重点研究基地

武汉大学社会保障研究中心

边恕◎著

TONGCHOU CHENGXIANG

YANGLAO BAOXIAN TIXI YANJIU

统筹城乡养老保险体系研究

人民出版社

前　言

　　推进养老保险城乡统筹，是养老保险制度发展的总体趋势和社会福利改进的重要目标，也是提升工业化水平和推动经济持续发展的基本要求。养老保险城乡统筹能够缩小城乡收入差距，是社会福利思想的重要实践。党的十九大报告指出，要全面建成"覆盖全民、城乡统筹、权责清晰、保障适度、可持续的多层次社会保障体系"。这就要求在养老保险城乡统筹过程中，需要把人人享有养老保险国民待遇作为基础性目标，通过制度的"并轨"和"整合"，逐步把城乡分设的养老保险制度演变成为"制度模式统一、对象统一、水平衔接、管理统一、服务配套"的保障体系。

　　本书是在教育部人文社会科学重点研究基地武汉大学社会保障研究中心重大项目"养老保险城乡统筹政策优化研究——基于养老金与财政动态契合的视角"（14JJD630012）研究成果基础上完善而成的，本书主要包括以下内容进行：第一，对养老保险城乡统筹内涵、必要性与养老保险城乡统筹发展路径等国内外研究成果进行了充分梳理，分析了以往研究所具有的理论内涵与应用价值。第二，从养老金与财政动态契合的视角对养老保险城乡统筹进行考察，同时将养老保障指数、社会风险偏好、"保基本"原则下养老金适度水平、财政风险系数等一系列相关问题融合在一起进行了研究。第三，对职工基本养老保险全国统筹与中央调剂、农民工养老保险制度统筹、城乡居民养老保险制度统筹等内容进行深入探讨，从制度顶层设计层面、可持续发展能力建设、配套机制设计等方面提出优化养老保险城乡统筹的政策。

　　本书的主要创新在于，第一，在人口老龄化与养老保障发展指数关系的研究方面，对我国省际人口老龄化模式、养老保障发展指数、人口

·1·

老龄化与养老保障发展指数的匹配情况及未来变化趋势进行了分析与预测。发现省际养老保障发展指数受到老年医疗保障水平和养老保险待遇水平的显著影响。从全国的整体状况看，养老保障发展指数与区域人口老龄化程度二者之间存在四个维度，老龄化程度与养老保障发展指数呈现出负相关关系。第二，在养老保险财务模式分析与制度结构优化方面，本书使用两期生命周期模型，引入风险回避度及跨期收益参数，通过均值—方差效用函数，对中国养老保险"统账结合"混合比例以及投资组合进行了实证分析。第三，在职工基本养老保险全国统筹和中央调剂制度方面，界定了职工基本养老保险"保基本"的内涵，从"保基本"的角度，运用 ELES 模型对目前养老金替代率的适度性进行了分析；设计了财政统筹账户，并对不同主体的缴费结构进行了调整与优化；基于 2018 年 6 月国务院发布《关于建立企业职工基本养老保险基金中央调剂制度的通知》（国发〔2018〕18 号），构建了 Leslie 人口预测与基金精算模型，测算了中央调剂模拟方案实施前后调剂金的分配情况与养老金结余变动趋势。第四，在城乡居民基本养老保险制度统筹方面，从居民养老需求出发，划分了养老需求的下限与上限，设计了居民养老金城乡统筹的三项方案：分别是"双下限"方案、"城下农上"方案和"双上限"方案。结合城镇化率，测算了不同城镇化发展阶段所适用的城乡居民养老金给付标准。

此外，本书对基本养老保险制度实现全国统筹的重点和难点问题进行了梳理与归纳。选择辽宁省为典型地区，以基本养老保险中央调剂制度为依据，测算了调剂金对辽宁省养老保险收支的补偿效果。

本书由辽宁大学公共管理学院院长、人口研究所所长、博士生导师、武汉大学社会保障研究中心兼职研究员边恕教授担任总体设计并负责最终定稿。书稿撰写期间引进了研究生科研团队的帮助，全书顺利完成得益于研究生李东阳、刘译阳、张铭志、刘为玲、杨柳青、宋经翔、梁辰、宋健的帮助，感谢他们放弃假期休息时间对本书的完善所做的重要贡献。

衷心感谢武汉大学邓大松教授、向运华教授、殷俊教授、张奇林教授等专家对本书提出的建设性意见，以及武汉大学社会保障研究中心薛惠元副主任、吴振华老师、俞乐老师为课题进展与书籍出版提供的各种帮助。衷心感谢人民出版社陈登先生在本书出版过程中所做的大量的、细致的编辑和协调工作。

　　本书力求更加全面地反映养老保险城乡统筹思路、路径、效果与对策，以期为我国社会保障制度的进一步完善作出贡献。但由于城乡养老保险制度改革进程加速，新情况不断出现，加之研究者经验和水平有限，书中不当之处还望学者同仁批评指正、不吝赐教。

边　恕

2020 年 3 月

目　　录

第一章　养老保险城乡统筹的基本理论与概念

推进养老保险城乡统筹，建设城乡一体化的养老保险体系是养老保险制度发展的总体趋势。养老保险城乡统筹的必要性与必然性有着丰富的理论支撑，在具体分析养老保险城乡统筹问题前，有必要首先对推进养老保险城乡统筹的理论依据进行汇总，对基本理论进行整体把握，以有利于读者更加深入地理解养老保险城乡统筹问题，为此本章首先对养老保险城乡统筹的基础理论和核心概念进行界定。

第一节　养老保险城乡统筹的基本理论

一、养老保险城乡统筹的理论依据

1. 公平与效率理论

（1）养老保险城乡统筹中的公平

所谓公平，即公正平等，是指一定社会中人们之间各种利益权利的合理分配。公平的内涵包括三个方面：起点公平、过程公平和结果公平①。起点公平指社会成员占有大体相同的社会经济资源。过程公平指社会成员在劳动过程中严格遵守各种规范、制度和法律。结果公平指参

---

① 杨杨、陈思：《起点公平、过程公平和结果公平辨析》，《辽宁师范大学学报（社会科学版）》2010 年第 3 期，第 39—41 页。

加社会经济活动的成员得到大体相同的报偿。以帕累托效率为代表，人们对提高效率的认可毋庸置疑。而人们对"何为公平"的界定和认可却不一致，不同社会、不同阶级层次，对公平的理解都有差异，存在所谓的"公平悖论"。公平并非一个纯经济学的概念，它内含一定的伦理学意义。在经济学文献中与"公平"的同义表达还包括"平等""正义""公正"等。随着市场经济的发展，对公平理论的研究不断深入，出现了许多具有代表性意义的成果，包括马克思主义公平观、经济自由主义、功利主义、罗尔斯正义论以及阿马蒂亚·森能力平等等理论。

养老保险制度作为社会保障制度的重要组成部分，也存在着对公平的要求，但这种公平并不是个人意义上的，而是社会意义上的公平。所谓社会公平是指社会通过制度规定来实现社会有序运行、可持续发展等目标。社会养老保险公平是调整和均衡社会成员收入分配格局的基本原则，其含义是指参与制度的各主体在权责方面彼此均衡，即养老金缴纳及待遇给付的对等匹配。通过资金筹集、分配来调剂和均衡个人、集体、地区之间的收入差距，进而实现社会公平。养老保险公平既包括横向公平也包括纵向公平。横向公平是指在收入相同的前提下确保缴费义务相同，纵向公平是指在不同时期调节不同收入者之间的收入分配，从而实现高收入者缴费高、低收入者缴费低的目标，而且与之相对应的是高收入者的待遇标准与缴费的比率低、低收入者的待遇标准与缴费的比率高。养老保险公平主要表现在如下几方面：一是范围公平。通常对保障对象不设性别、职业、民族、地位等的身份限制，全民保障实现的是全民社保权益的公平，选择性保障实现的亦是覆盖范围内所有成员社会保障权益公平，即只要达到条件就可享受该福利待遇。二是给付公平。即制度通常只向公民提供能够保障其基本生活的物质供给，而对除此之外的养老需求一般不给予制度支持。三是过程公平。解除了社会成员养老之忧，从起点和过程上保障了公民参与竞争的公平，同时通过养老金筹集和支付又在结果上保证了各参与者发展的公平性。

养老保险城乡统筹同样也有公平要求，公平是评价该制度是否可持续的重要标准。衡量社会保险制度优劣的标准，一是看制度设计的价值取向是否公平，二是看制度实践是否促进了社会公平。养老保险城乡公平包含两个内涵：一是作为公共产品，城乡居民都有权参保和享用，而这通常又不会影响和损害其他人同类利益，每个人在制度中的权利和义务都是均等的；二是需要发挥再分配作用，即通过养老金筹集和支付来调节收入差距，减少社会成员发展结果的不公平。只有坚持公平，制度才能被居民普遍认同并得以持续。

（2）养老保险城乡统筹中的效率

养老保险制度作为社会大系统中的子系统也追求效率，并且要以效率作为实现公平的基本条件。养老保险是综合性的社会经济制度，其持续发展应体现出效率基础性。养老保险效率包括两方面：一是通过制度覆盖，将有限的养老金分配给最需要的社会成员，从而降低或化解各种养老风险，调动他们的劳动积极性，提高制度效率；二是制度的建立并不断完善能够提高各类经济组织的活力和效率，并能使社会长期稳定发展。基本养老保险制度追求的最大效率就是社会公平的最大化，并通过公平的实现提高养老保险制度效率。

养老保险城乡统筹同样要遵循效率规律及特点，制度建设也须注重效率。这里的效率具体包括两方面：一是作为公共政策工具，需要发挥有利于经济发展和社会进步的效能。二是需要具备内在资源利用和高效管理的效率。资源利用效率是指养老保险机构硬软件设施的完善及效能发挥的程度；管理效率是指养老金来源是否充足可靠，基金保值增值是否高效，待遇发放是否便利及时等。只有最大限度地发挥出效率，才能促进社会公平和制度持续。

2. 帕累托改进理论

帕累托改进指的是在一方福利不减少的情况下，对现有的资源配置进行改变，从而使另一方的福利得到提高。帕累托改进可能在市场配置资源失效或者资源闲置时得以实现。从某种意义上讲，建立城乡统筹的养老保险制度就是为了通过制度改革来减轻政府的财政负担，提高养老资源的配置效率，改变养老资源在城乡居民中分配不合理的现状。在养老保险城乡统筹改革过程中，需要在尽量不减少一部分人利益的前提下改革养老保险制度，从而减轻一部分人因为利益受损而对改革造成的压力。

3. 制度变迁与路径依赖理论

作为新制度经济学的核心理论之一，制度变迁理论揭示了在经济增长过程中制度所产生的影响。制度变迁理论是由其代表人物道格拉斯·诺斯提出，制度变迁就是一种制度替代另一种制度的过程，和旧的制度相比，新的制度更有效率，能够促进社会和经济的更好发展[①]。路径依赖理论是制度变迁理论中的另一个重要理论，它指的是一种制度一旦形成了，不管这种制度有效与否，在今后的一段时期内都会持续存在并且影响其后的制度选择，制度变迁好像在按照一种特定的"路径"走下去。如果原来的制度设计是有效的，沿着原来的路径走下去则会使制度得以不断优化，反之，则会使原来的制度被锁定在无效率的状态。制度变迁分为强制性和诱致性两种。强制性制度变迁指的是由于外部力量的强制推动，使旧的制度被新的制度所替代；诱致性制度变迁指的是由于一定的利益诱惑，使旧的制度发生自发性的变迁。

制度变迁理论为建立城乡一体化的养老保险制度提供了较强的解释力。因为原有的养老保险城乡差别违背了公平和效率的原则，不利于养老资源的优化配置，加重了国家财政的负担，所以要对原来的城乡养老保险制度进行改革，使其发生变迁，否则沿着原来的轨道继续，养老保险制度就会被锁定在一种无效率的状态，从而停滞不前。

4. 养老保险城乡统筹与二元经济结构理论

二元经济结构是发展中国家的阶段性特征，养老保险城乡分割起源于二元经济结构，在城乡偏斜发展过程中逐渐强化，形成路径依赖。城乡分割的养老保险制度模式与城乡一体化发展趋势相悖，需要结合二元经济结构消减规律进行一元化整合。

（1）二元经济结构转换理论

在经济发展初级阶段，发展中国家存在传统农业部门和现代工业部门的二元结构，随着工业化进程推进和农业发展，二元经济结构向工农业均衡态势转换。刘易斯（1954）较早地研究了发展中国家二元经济

---

① North, D. C., " Institutions, Institutional Change and Economic Performance: Institutions", *Journal of Economic Behavior & Organization*, Vol. 18, No. 1 （1990）, pp. 142-144.

结构转换问题，认为传统农业部门边际劳动生产率为零决定了农业剩余劳动力只能获得维持基本生存的农业工资水平，现代工业部门边际劳动生产率较高情况下，只需要以略高于农业部门的工资水平就能够获得源源不断的农村剩余劳动力供给。[①] 刘易斯二元经济模型提供了二元经济理论分析框架，奠定了古典二元经济理论基础。拉尼斯和费景汉（1961）在刘易斯二元经济模型基础上，放宽了农业边际劳动生产率为零的假设，将二元经济结构转换分为农业边际劳动生产率为零的农业剩余劳动力流动阶段、农业边际劳动生产率大于零小于不变工资的农业剩余劳动力流动阶段和农业边际劳动生产率大于不变工资的农业剩余劳动力流动阶段。以刘易斯二元经济模型和拉尼斯—费景汉模型为核心的古典二元经济结构理论探讨了二元经济结构转换过程中工农业之间的内在联系，在一定程度上强调了技术进步对二元经济结构转换的影响，但也存在忽视农业发展的问题。新古典二元经济结构理论强调了农业发展在二元经济结构转换中的作用，认为工农业工资均取决于边际劳动生产率。乔根森（1961）以农业剩余、工业扩张和劳动力流动为视角研究二元经济结构转换问题。[②] 认为农业产出增长率超过人口增长率产生了农业剩余，而农业剩余为工业扩张提供了基本条件，在工业扩张过程中由于人们对农业产品消费的有限性和工业产品消费需求的无限性导致农业劳动力向工业部门转移。托达罗（1970）的研究聚焦二元经济结构转换中的劳动力流动微观决策机制，认为城乡收入差距是吸引农业剩余劳动力流动的重要原因，城市就业预期收入大于农业收入情况下，农业劳动力具有流动的动力。[③]

（2）二元经济结构转换与养老保险城乡统筹互动

二元经济结构是发展中国家经济发展初期的特征，在经济发展初期，农业为工业提供生产资料和劳动力，推动工业部门逐渐扩张，强化

---

① Lewis, W. A., "Economic Development with Unlimited Supplies of Labor", *Manchester School of Economic Studies*, Vol. 22, No. 2 (1954), pp. 139-191.

② Jorgenson, D. W., "The Development of a Dual Economy", *Economic Journal*, Vol. 71, No. 282 (1961), pp. 309-334.

③ Harris, J. R., Todaro, M. P., "Migration Unemployment&Development: A Two-Sector Analysis", *American Economic Review*, Vol. 60, No. 1 (1970), pp. 126-142.

了二元经济结构。而在工业化进入特定阶段，农业发展不足将导致产业结构偏斜发展，工业部门扩张动力难以持续，需要重视农业发展。舒尔茨（1968）提出工农业应该均衡发展，重工轻农将不利于产业结构优化，导致经济发展失衡，阻碍工业化进程。① 农村剩余劳动力流动是工农业二元经济结构向工农业均衡发展转变的核心途径，劳动力就业结构是判断工业化阶段的重要标志。克拉克（1940）提出经济发展阶段的劳动力就业结构判断标准，随着工业化进程推进，劳动力由第一产业向二、三产业转移。② 农村劳动力转移既提高了农村劳动生产率，促进农业发展，也为工业发展提供了丰富劳动力资源。托达罗模型（1970）较好地揭示了农村劳动力城乡流动的决定机制，认为城乡预期收入差距是导致农村劳动力迁移的决定因素，人口流动数量是城乡预期收入差距的增函数。③ 托达罗模型扩展了刘易斯二元经济模型中城镇失业率为零和农村迁移劳动力全部就业的假设条件，说明了在现实就业条件下城镇失业率与农村劳动力大量迁入城镇两种现象并存的内在原因。但在中国户籍制度特殊背景下，托达罗模型对农村劳动力乡城迁移的解释能力受到限制，户籍制度导致农民工难以享受与城镇居民相同的养老、医疗等社会福利，导致劳动力市场二元分割，阻碍农村劳动力迁移。Oded Stark 和 David E. Bloom（1985）提出劳动力迁移的经济学理论，认为迁移劳动力社会保障缺失是导致阻碍劳动力永久迁移的重要原因。④ 在工业反哺农业阶段，社会保障城乡统筹是推动劳动力流动和工业化持续推进的必然要求，而养老保险是社会保障的核心组成部分，这使得养老保险城乡统筹需求尤为突出。

养老保险城乡统筹既是二元经济结构消减的结果，也是推进城乡一

---

① ［美］西奥多·舒尔茨：《经济增长与农业》，郭熙保等译，北京经济学院出版社2015年版，第52页。

② Clark, Colin, "The Conditions of Economic Progress", *Revue Économique*, Vol. 4, No. 6 (1953), pp. 13-31.

③ 周天勇：《托达罗模型的缺陷及其相反的政策含义——中国剩余劳动力转移和就业空量扩张的思路》，《经济研究》2011年第3期，第75—82页。

④ Stark, O., David E. Bloom, "The New Economics of Labor Migration", *The American Economic Review*, Vol. 75, No. 2 (1985), pp. 173-178.

体化的核心途径。在经济发展水平相对较低情况下，养老资源有限，
"重城镇、轻农村"经济发展模式导致养老资源向城镇倾斜，农村养老
保险财政责任缺位进一步强化了养老保险城乡分化，形成了养老保险城
乡分割的发展现状。随着工业化进程持续推进，经济总量逐渐提高，城
乡偏斜发展不再是推动工业化和经济增长的动力，反而成为经济可持续
发展的制约因素。城乡统筹发展成为经济水平在超越低收入界限后的必
然趋势，聚焦点之一就是养老保险城乡统筹。

（3）城乡养老保险一元化理论

养老保险城乡统筹是推动经济持续发展和工业化水平提升的基本要
求，也是社会福利改进的核心途径。养老保险城乡统筹能够缩小城乡收
入差距，是社会福利思想的重要实践。边沁在其代表作《道德和立法
原则概述》中提出功利原理，即"它按照看来势必增大或减小利益有
关者的幸福倾向，亦即促进或妨碍此种幸福倾向，来赞成或非难任何一
项行动"，并认为当一项行动或政府措施增大共同体幸福倾向或大于幸
福减小的倾向时，这一行动或政府措施符合功利原理。[①] 边沁功利原理
是功利主义社会福利函数理论的思想源泉，以边沁和穆勒为代表的功利
社会主义福利函数将社会福利看作是社会成员个人福利的简单加总，古
典功利主义社会福利函数未包含收入分配的价值判断，强调社会成员个
体福利地位相同。而阿玛蒂亚森（1973）以平均收入和收入差距为核
心指标构建社会福利函数模型，认为提高平均收入和缩小收入差距能够
提高社会整体福利。[②] 社会福利思想的根本指向在于降低社会非均等化
程度，养老保险城乡统筹可以说是社会福利思想的具体体现。

城乡养老保险一元化是指养老保险"量"的一元化，其中缴费是
养老保险核心要素，城乡养老保险一元化集中体现为缴费水平一元化。
根据"量"的标准，缴费一元化可以延展出两种内涵：一是城乡养老
保险缴费率分别达到城乡养老保险缴费适度水平，养老保险缴费适度水
平是判断缴费率是否合理的根本依据，城乡养老保险缴费接近适度水平

---

① ［英］边沁：《道德与立法原理导论》，时殷弘译，商务印书馆 2000 年版，第 78 页。

② Dasgupta, Partha, Amartya Sen, "Notes on The Measurement of Inequality", *Journal of Economic Theory*, Vol. 6, No. 2 (1973), pp. 180-187.

说明两者实现了缴费相对水平适度统一；二是城乡养老保险采用统一缴费率。两种内涵具有逻辑递进关系和内在统一性。养老保险适度缴费率和统一缴费率的逻辑递进关系体现为，适度缴费是设定养老保险缴费水平的根本依据，统一缴费率是以城乡养老保险适度缴费率为基础进行的养老保险制度顶层设计，实现养老保险制度更高层次发展。养老保险适度缴费率是与合意收入再分配结构和养老保险人口结构相适应的缴费适度水平，城乡养老保险实际缴费率向适度缴费率调整说明城乡养老保险达到了缴费率相对于适度标准的一致性，养老保险统一缴费率是以缴费适度水平为根本依据的，结合养老保险近期动态缴费适度水平和养老保险长期均衡适度缴费率，设定的城乡养老保险统一缴费率。养老保险适度缴费率和统一缴费率的内在一致性体现在，在养老保险制度建设周期内养老保险统一缴费率与长期均衡适度缴费率相一致。

5. 包容性增长理论

包容性增长概念最早于 2007 年由亚洲开发银行提出[1]。按照其最初倡导者亚洲开发银行的界定，"包容性增长使得人人都能参与到经济增长的进程当中，同时又保证每个人都能平等享有经济增长带来的福利"。世界银行把"包容性增长"界定为"倡导机会平等的增长"[2]。包容性增长具有双重内涵：在国际社会倡导"包容性增长"理念，是要强调在世界经济交往中应坚持"求同存异""共同发展"的原则；在国内经济社会发展过程中强调"包容性增长"，是要努力在保持适度的经济增长的基础上实现民族团结、劳资合作、民生发展和生态文明，让全体国民都能够公平合理地分享经济增长成果。

包容性增长提倡公平合理地分享经济增长，体现公平与效率的内在一致性，"包容性"意味着机会平等和制度公平，"增长"意味着效率。"包容性增长"的基本内涵是"增长"，"增长"是经济追求的目标，即通过发展来增加社会财富，这是实现"包容性"的内在前提。包容

---

① 曾正滋：《包容性增长的核心理念及其与生态公共治理的内在契合》，《甘肃理论学刊》2012 年第 4 期，第 110—114 页。

② 葛笑如、孙亚忠：《"包容性增长"的正文镜像与中国实践》，《社会主义研究》2011年第 1 期，第 55—60 页。

性增长既强调经济增长的速度，也强调经济增长的方式，提高增长的有效性和可持续性。因而要求深化市场经济体制改革，消除现有的市场扭曲，纠正政策上的失误，规避制度上的缺陷，促进经济增长，这是效率原则的体现。

"包容性"是"包容性增长"的特征，强调"参与"和"共享"，即公平合理的分享经济增长的成果，这是在增长基础上分配增长成果的原则。一方面，包容性增长本质上关乎分配的公平正义，强调要着力促进机会平等和制度公平。机会平等包括机会起点的平等和机会实现过程的平等。包容性增长是要尽量过滤资源禀赋的先天差异，创造机会起点的相对平等，进而减少结果的不平等。另一方面，"包容性增长"强调"参与"和"共享"，"使得人人都能参与到经济增长的进程当中，同时又保证每个人都能平等享有经济增长带来的福利"。亚洲开发银行经济学家汤敏还着重指出，包容性增长强调应使低收入群体从经济增长中分享收益，最好是使其多收益，这也符合罗尔斯"正义论"的第二个核心原则，即"合乎最少受惠者的最大利益"。此外，制度公平是长期经济增长的前提条件，制度的构建要保证公民对增长成果的合理共享性。

包容性增长保证经济平稳健康发展，为实现城乡公共服务均等化提供坚实的经济基础和丰厚的物质条件。实现城乡公共服务均等化，需要政府投入大量的人力财力来满足城乡居民对于公共服务的需求。如果没有良好的经济增长为其提供资金支持，城乡公共服务均等化将难以实现。同时，包容性增长所倡导的机会平等和制度公平是实现城乡公共服务均等化的重要目标。城乡公共服务均等化是实现包容性增长的重要体现和助推器。一方面，城乡公共服务均等化作为重要的公共政策手段，能有效促进城乡居民机会均等，是实现包容性增长的重要体现，也是衡量包容性增长的重要指标。包容性增长的根本目的是让经济全球化和经济发展成果惠及所有国家和地区、惠及所有人群，在可持续发展中实现经济社会协调发展。政府要实现这一目标，就必须加大对包括就业、医疗、教育、社会保障等公共服务的供给，缩小公民对公共服务的需求与政府提供公共服务有限性之间的矛盾，并实现公共服务供给的均等化。

另一方面，城乡公共服务均等化能使城乡居民获得均等的公共服务，促进劳动力充足供给和自由流动，有利于扩大内需、提高生产效率，进而促进经济增长。

6. 养老金多支柱理论

多支柱养老金制度改革的理论基础主要是围绕政府与市场的关系以及如何提高制度供给的混合效率展开的。20 世纪 70 年代中后期，由于两次石油危机，西方国家经济普遍不景气，国家财政难以承受日益膨胀的公共养老金支出的负担，养老保险制度改革开始提上议事日程。进入 20 世纪 90 年代，出于加强养老保险制度的可持续性、促进养老保险制度在缴费和收益之间的公正性及促进经济增长的目的，西方各国在瑞士等国试行三支柱养老保险模式的启示下，开始探索养老保险制度的结构性改革途径。基于此，许多国际组织通过多年的研究，分别提出了建立多支柱（层次）养老金模式的改革建议：世界银行和经济合作与发展组织提出三支柱养老保险体系，国际劳工组织提出四层次养老金模式，国际货币基金组织提倡三级养老金模式。[①] 其中以世界银行提出的多支柱养老金模式为主要方向。

世界银行在 1994 年的研究报告《防止老龄危机——保护老年人及促进增长的政策》中，提出了养老保障的三支柱模式[②]：由公共管理的旨在消除贫困的非积累制强制性的定额或家计调查式福利作为第一支柱；资产由私人部门管理的旨在替代收入的积累制强制性计划作为第二支柱；旨在补偿个人退休收入的积累制自愿性计划作为第三支柱。2005 年世界银行又在《21 世纪的老年收入保障——养老金制度改革国际比较》中将三支柱模式扩展为五支柱，其中创造性地引入了"零支柱"，即旨在消除老年贫困的提供最低水平保障的非缴费型养老金。[③] 多支柱养老金模式是在世界性公共养老金制度危机的背景之下出现的，有其必

---

① 冼青华：《多支柱养老保险体系理论研究综述》，《西部论坛》2011 年第 3 期，第48—54 页。

② 李雪：《企业年金的激励特性：基于企业层面的分析》，《江海纵横》2010 年第 5 期，第35—37 页。

③ 董克用、孙博：《从多层次到多支柱：养老保障体系改革再思考》，《公共管理学报》2011 年第 1 期，第 1—9 页。

然性和合理性。按照国际货币基金组织设立的养老金制度的主要目标，养老金制度的设计应在维护社会公平和制度结构弹性的基础上，实现公平与效率的平衡。我国社会养老保险制度改革也是按照多支柱养老金模式的理念在进行，整合城乡社会养老保险制度也应该继续遵循这一发展轨迹。

二、财政参与基本养老保险的理论依据

1. 公共产品和市场失灵理论

公共产品是指具有非排他性和非竞争性的物品，非排他性指要阻止任何人消费这种物品，要么代价非常大，要么不可能。非竞争性即多增加一个消费者带来的边际成本为零。基本养老保险是国家为保障国民退休后的基本生活水平而统一提供的普遍性的社会保障项目，具有一定程度的非排他和非竞争性，是准公共产品。公共产品由于具有外部性，由市场提供会存在免费搭车问题，即希望他人付费而自己受益，会导致养老保险市场供给不足，市场提供的无效率，因而需要政府提供。

此外，养老保险属于准公共物品，市场在提供准公共物品时存在市场失灵问题，主要表现为逆向选择、道德风险、短视。逆向选择表现为保险市场上风险较大参与者对风险较小参与者的驱逐。例如保险提供者根据年金买方的平均预期寿命收取保费，会导致预期寿命低于平均寿命的人退出年金保险，从而年金提供者提高保费，预期寿命低于平均寿命的人继续退出，形成"死亡螺旋"。道德风险表现为保险参与者利用自身的信息优势，做出不利于保险提供者的行为。有效解决逆向选择和道德风险的办法就是政府强制性养老保险计划。短视是指如果个人负责自身的养老储蓄，个人会由于缺乏远见，无法积累足够的资金用于退休后的消费，从而使自己老年时陷入贫困。因此应该强制人们进行储蓄，即政府应当提供强制性养老保险计划，从而保障人们年老时适当的生活水平。同时，当前农村养老保险严重落后于城镇职工基本养老保险，根据公共财政理论，政府有必要运用财政手段予以调节，以促进城乡养老保险朝着均等化方向发展。

2. 社会保障分配公平理论

分配公平是指人们对于自身获得的社会分配结果的主观心理评价。社会保障的分配公平主要是指社会消费品分配的公平，即人们所获得的消费品差距在社会大众可接受的范围之内。社会保障是国家或政府建立的，旨在通过国民收入的再分配，对公民在暂时或永久失去劳动能力或由于各种原因导致生活困难时给予物质帮助，以保障公民的基本生活的制度，其在设立之初，就将实现收入分配公平作为其核心目标。一方面，社会保障制度通过征收社会保障税或缴纳社会保障费的形式，将居民劳动收入的一部分集中起来，用于对失去劳动能力的人群进行社会救助，提升社会弱势群体的生活质量，增加社会总体福利水平。另一方面，社会保障制度建立后，对制度内社会成员由于生育、医疗、工伤、退休等原因失去收入来源时，给予保险金，从而起到平滑社会成员一生收支的作用。公平分配职能是财政的重要职能之一，财政自身的独有职能决定了财政应介入养老保险领域。

3. 社会保障适度水平理论

社会保障水平，分为"质"和"量"两个方面。社会保障水平的"量"是指，一个国家社会保障总支出的高低，具体的衡量指标是社会保障总支出额占国内生产总值的比重；而社会保障水平的"质"是指社会保障水平是否适度，是否运行在合理的水平区间之内。[①] 社会保障水平"质"的问题，正是社会保障适度水平理论所探讨的。过低的社会保障水平无法保障社会成员的基本生活水平，不能调动劳动者生产积极性。过高的社会保障水平会增加财政支出负担，不利于企业扩大生产和增加个人消费，甚至导致个人产生社会福利依赖，造成社会惰性。财政作为社会保障资金的重要收入来源，对养老保险的补贴力度不能过大，否则会加大财政赤字，对财政其他职能的发挥形成阻碍；同时对养老保险的补贴力度也不能过低，否则难以发挥财政的保障作用。

4. 生命周期理论

生命周期理论是由美国经济学家莫迪利亚尼（F. Modigliani）、布

---

① 穆怀中：《社会保障适度水平研究》，《经济研究》1997 年第 2 期，第 56—63 页。

伦贝格（R. Brumberg）和安东（A. Ando）在《效用分析与消费函数——对横断面资料的一个解释》一文中所提出的一种跨期消费函数。[①] 莫迪利亚尼认为，理性的消费者要根据一生的收入来安排自己的消费与储蓄，使一生的收入与消费相等。他将人的一生分为年轻时期、中年时期和老年时期三个阶段。年轻时期和中年时期是人工作赚取收入的阶段，即为劳动期；而老年时期是退休以后的阶段，即为退休期。

一般来说，在年轻时期，家庭收入低，但因为未来收入会增加，因此，在这一阶段，人们往往会把家庭收入的绝大部分用于消费，有时甚至举债消费，导致消费大于收入；进入中年阶段后，家庭收入会增加，但消费在收入中所占的比例会降低，收入大于消费，因为一方面要偿还青年阶段的负债，另一方面还要把一部分收入储蓄起来用于养老；退休以后，个人的收入下降，消费又会超过收入。因此，在人的生命周期的不同阶段，收入和消费的关系，消费在收入中所占的比例不是不变的。在此基础之上，生命周期理论进一步认为，消费者现期消费不仅与现期收入有关，而且与消费者以后各期收入的期望值、开始时的资产和个人年龄大小有关，消费者一生中各期消费支出流量的现值要等于一生中各期期望收入流量的现值。

莫迪利亚尼认为，在社会经济生活中，消费者的收入水平在整个生命周期内总处于平滑状态，消费者的消费支出是根据其理性预期的未来一生收入来确定的。一个典型的消费者在其工作期间一方面进行个人消费，另一方面进行个人储蓄，即积累财富。在工作期结束时，典型消费者进入退休期，这期间个人无收入，并开始消费工作期所积累的全部储蓄直到生命的终点。

---

① Modigliani, F., Brumberg R., "Utility Analysis and the Consumption Function: An Interpretation of Cross-section Data", *In the collected papers of Fronco Modiglianni*, Vol. 6, No. 2 (2005) pp. 3-45.

第二节　养老保险城乡统筹的概念界定

一、社会保障与养老保险

1. 社会保障

作为一种制度形态的社会保障是西方工业文明的产物，是市场经济的产物。19 世纪末，德国俾斯麦政府适应工业社会的需要，率先建立了与工业文明相适应的社会保险制度，如《疾病保险法》《工伤保险法》和《老年与残疾保险法》等。① 但"社会保障"（Social Security）一词最早却是出现在美国 1935 年颁布的《社会保障法》中。② 此后，"社会保障"一词即被有关国际组织及多数国家所接受，并逐渐成为以政府为社会责任主体的福利保障制度的统称。到第二次世界大战结束，西方各国大都已实现工业化与城市化，并在实质上实现了社会保险的城乡一体化。社会保障制度的进一步完善导致了"福利国家"政策在西方主要国家的推行，福利全民化在一定程度上缓和了资本主义国家国内各阶层之间的矛盾和城乡矛盾，促进了社会结构一体化的整合。

就社会保障基本定义来看，1942 年国际劳工组织将社会保障界定为：社会通过它的一系列处置经济和社会风险的公共措施，为它的成员提供保护和提供医疗照顾、家庭津贴，否则这种风险将导致薪金的停止支付，或因疾病、生育、工伤、失业和死亡导致实际收入的减少。③ 不同国家由于政治、经济、文化等方面的差异对社会保障这一概念的界定

---

① 郑尚元：《德国社会保险法制之形成与发展——历史沉思与现实启示》，《社会科学战线》2012 年第 7 期，第 198—204 页。

② 马述忠：《论新时期建立我国农村社会保障制度的意义》，《农村财政与财务》2000 年第 10 期，第 14—17 页。

③ 黄昌保：《建立和完善中国的社会保障制度》，《地方政府管理》2001 年第 10 期，第 17—18 页。

也存在差异。郑功成对社会保障的定义在国内得到了普遍的认可："社会保障是国家依法强制建立的、具有经济福利性的国民生活保障和社会稳定系统。"[①]

2. 基本养老保险制度

社会养老保险制度，也称基本养老保险制度，是指国家通过相关立法程序，对履行劳动义务到达一定年限的劳动者，在其老年丧失劳动能力或谋生手段时，能够获得一定的经济补贴，保障其基本生活质量不出现大幅下降。基本养老保险是五大社会保险中最重要的险种，也是覆盖群体最广的险种。基本养老保险制度概念可以从以下几个方面来理解。

第一，从覆盖范围来讲，社会养老保险要充分体现"社会性"，即"覆盖人群的普遍性和广泛性"。如果养老保险制度仅覆盖社会中的某些群体，则不能称为"社会养老保险制度"，从长远看，社会全体劳动者及适度收入者均应享有基本的社会养老保险。另外，资金来源渠道也应体现"社会性"，即筹资的多元化和共济性。如果养老保险制度筹资完全来源于个人，那只能成为"个人储蓄型养老保障"，如完全来源于国家，则只能称为"国家养老保障"，社会养老保险制度的资金应是由国家（或政府）、用人单位或集体、个人等多方筹集。

第二，从制度实施的约束性程度来讲，社会养老保险制度应该依据相关法律强制实施，讲求权利与义务相对应的原则，被保险人在劳动期内需按法律规定履行缴费义务，并以此作为年老后享受养老金待遇的权利，并体现多缴多得的激励效果。从这个角度来看，养老保险与养老保障有本质区别：养老保障覆盖人群范围要更宽泛，不仅包括通过履行缴费义务获得养老金待遇权利的劳动者，而且还包括从国家公共财政中获得养老救助的非劳动者、低收入者或是无收入者。

第三，从保障水平上讲，社会养老保险制度特指政府建立并主导实施的保障劳动者年老后基本生活水平的公共养老金制度。无收入者和低收入者的"基本养老需求"，应由非缴费型的老年津贴制度或与本人收入水平相挂钩的缴费型养老保险制度来承担；收入较高劳动者的"超

---

① 郑功成：《社会保障学》，商务印书馆 2000 年版，第 11 页。

额养老需求"，应辅之以不同形式的市场保险机制来满足，如个人储蓄养老保险、商业养老保险或职业年金等。"保基本"的社会养老保险水平是基于区域和城乡间发展的不均衡和群体间现实缴费能力的差异而设定，关乎根本性的社会公平问题。

3. 养老金合意替代率

养老金合意替代率是指既能保证离退休人员的正常生活水平，又不至于导致过重的财政负担的养老保险替代率。养老保险替代率是用来反映退休人员基本生活保障水平的重要指标，影响养老金合意替代率的因素包括经济发展水平和社会消费水平。养老保险替代率过低，将使得离退休人员在退休后生活水平大幅下降，甚至难以保证离退休人员的基本生活水平。而在现有养老保险制度体系下，过高的养老保险替代率又不利于调动在职职工的工作积极性，且会增加中央及地方政府的财政负担。因此，推进养老保险城乡统筹的关键问题之一是确定合适的养老保险替代率。

二、城乡养老保险统筹相关概念

1. 城乡二元制度

城乡二元制度，从简单意义上讲，就是城乡分割、城乡有别的制度体系。[①] 具体而言，城乡二元制度是指在二元经济结构中为了加快城市工业化进程和限制劳动力等生产要素在城乡之间的自由流动而建立起来的城乡分割、城乡有别的制度体系。城乡二元制度几乎涉及社会、经济、政治和文化所有领域，具体包括户籍制度、住宅制度、粮食供给制度、副食品与燃料供给制度、生产资料供给制度、教育制度、就业制度、医疗制度、养老保险制度、劳动保护制度、人才制度、兵役制度、婚姻制度、生育制度等多种制度。

2. 城乡统筹

"统筹"可以理解为"统一全面地筹划"，党的十六届三中全会明

---

① 黄锟：《城乡二元制度对农民工市民化影响的实证分析》，《中国人口资源与环境》2011 年第 3 期，第 76—81 页。

确提出了"五个统筹"，并将统筹城乡发展放在了第一位①，2010年的中央一号文件更是进一步把统筹城乡发展作为主题，标志着城乡统筹进入了"以工促农、以城带乡"的实质性操作阶段②。实施城乡统筹发展的基本方略，首先要摒弃过去那种"重城市、轻农村"城乡分治的观念和做法，以实现"城"和"乡"互动发展、双向共赢为目的，通过统筹的方式协调和处理城乡关系，充分发挥工业对农业的支持和反哺作用、城市对农村的辐射和带动作用，建立以工促农、以城带乡的长效机制，积极推进城乡一体化发展。城乡统筹发展不仅要实现城乡经济社会发展的综合协调和通盘规划，更要在调整国民收入结构的基础上，使农村获得更多的资源投入和财政倾斜，从根本上缩短城乡差距，破除城乡二元结构，为城市和农村的协调共进提供制度保障，如科学制定城乡建设规划、实现城乡产业协调发展、促进城乡劳动力平等就业、发展和完善农村公共服务和社会保障以及统筹城乡社会管理等。

3. 城乡养老保险统筹

在党的十八大报告中，第七部分第四点，开宗明义地将标题概括为"统筹推进城乡社会保障体系建设"③，将城乡社会保障一体化提升到了一个新的高度。党的十九大报告指出，要全面建成覆盖全民、城乡统筹、权责清晰、保障适度、可持续的多层次社会保障体系。④ 社会养老保险制度城乡统筹是养老保险城乡一体化目标的实施过程，它把人人享有养老保险国民待遇作为基础性目标，并在城乡基本公共服务均等化条件下，通过制度的"并轨"和"整合"，逐步把城乡分设的养老保险制度演变成为"制度模式统一、对象统一、水平衔接、管理统一、服务

---

① 沈水生：《统筹城乡发展：主要任务和重要抓手》，《行政管理改革》2012年第9期，第15—19页。

② 《中共中央、国务院关于加大统筹城乡发展力度进一步夯实农业农村发展基础的若干意见》，2009年12月31日，见 http://www.gov.cn/gongbao/content/2010/content_1528900.html。

③ 胡锦涛：《坚定不移沿着中国特色社会主义道路前进，为全面建成小康社会而奋斗——在中国共产党第十八次全国代表大会上的报告》，人民出版社2012年版。

④ 习近平：《决胜全面建成小康社会　夺取新时代中国特色社会主义伟大胜利——在中国共产党第十九次全国代表大会上的报告》，人民出版社2017年版。

配套"的保障体系。综上所述，社会养老保险城乡统筹，是指在养老保险制度的设计和运行中，突破城乡二元结构下"碎片化"制度格局，从城乡整合、统筹发展的系统原则出发，构建覆盖城乡全体居民统一的养老保险制度体系。实现养老保险制度统筹发展，其长远目标应当是人人平等享受社会保障，但这个目标是一个漫长的过程，需要逐步推动、循序渐进。

三、财政领域相关概念

1. 公共财政支出

公共财政支出是国家或政府在市场经济条件下，作为经济活动主体为社会提供公共服务所进行的经济分配活动。具体来说是政府为了履行其职能对经济进行宏观调控，是以国家财政收入作为主要经济来源并通过财政支出的形式来影响社会总需求的一种经济活动支出。公共财政支出集中反映了国家在履行职能时对公共财政进行分配和调度的经济行为。

2. 财政社会保障支出

财政社会保障支出是指财政部门所支付的全部社会保障支出，包括社会保险基金补贴支出、社会保险经办机构运营经费、城镇就业补助费、国有企业下岗职工基本生活保障补助、补充全国社会保障基金支出、国有企业关闭破产补助支出、其他社会保障补助支出等，它具有很强的政策性、灵活性和时效性。

3. 财政风险

风险在经济学领域内，是相对于机会而言的范畴，即机会是未来收益产生的不确定性，而风险则是未来损失产生的可能性。财政就是国家为了实现其职能，依托于政府的预算，对部分社会资源进行的集中分配。风险的概念与财政的概念相结合，便构成了财政风险的概念。财政风险在国际上被定义为由于各类因素致使政府的财政收入和支出发生巨大变动，而使政府不能正常履职的可能性。它的主要表现形式可以归纳为某段时期财政的收不抵支、财政赤字等。可以将财政风险大体概括为政府受到无法预知的因素的影响，在社会公共资源的分配上，无法正常履行其应承担的支出职责，以至于给经济、社会的发展造成阻碍的一种可能性。

4. 财政负担适度水平

财政负担即是基于财政收入角度的负担，也是基于财政支出角度的负担，无论是基于哪个角度的负担，都要维持在一个正常适度水平，它反映出政府与居民、中央与地方等各级政府之间的关系。财政负担水平，是一个质与量相统一的概念，从量上讲，财政负担水平有"高""低"之分，具体是指财政负担占财政收入的百分比；从质上讲，财政负担水平有"适度""不适度"之分，财政负担适度水平的测定标准是财政负担的支出要与国家及地方生产力发展水平以及社会各方面的承受能力相适应。财政负担高于适度水平的限度，会给财政自身带来压力，而低于适度水平的限度，则将会给居民的生活带来不利的影响，因此应该保证财政负担既在财政所能承受的能力范围之内，又能保障居民的基本生活水平以及促进经济的可持续发展。

第二章　养老保险城乡统筹的
国内外研究现状

第一节　养老保险城乡统筹的背景与内涵

一、养老保险城乡统筹研究背景

改革开放伊始，社会保障制度也走上了改革之路。1984 年沿海发达地区推进合同工基本养老保险和固定工退休费用社会统筹。1997 年国务院颁布《关于建立统一的企业职工基本养老保险制度的决定》，标志着全国统一的统账结合城镇企业职工基本养老保险制度正式建立。[①]但在这一时期，随着我国城乡二元经济结构的持续强化，城镇社会养老保险制度与农村社会养老保险制度之间的差距也在不断扩大。城乡养老保险制度在政府财政责任、养老金筹资机制与运作模式、养老保险基金的统筹层次、养老保障水平与面临风险、制度覆盖范围等诸多方面表现出巨大的制度性差异，并且在相当长的一段时间内，这种局面并未发生实质性改变。农村养老保险制度经历了从 1992 年的农村社会养老保险先行探索到 2009 年新型农村社会养老保险统一试点，从农村计划生育户奖励扶助政策到村主职干部养老保险制度，从地方分散试点到中央整体推进的过程，在 20 年的实践探索中，由于改革周期长，中央和地方

---

① 郑秉文：《中国社会保障 40 年：经验总结与改革取向》，《中国人口科学》2018 年第 4 期，第 2—17 页。

以及地方之间步调不一、政策各异，新旧制度混合，特殊群体养老保障政策相交织，导致农村养老社会保障体系陷入"碎片化"困境，城乡养老保险制度差异越来越大。进入 21 世纪，我国综合国力进一步增强，各级政府在保持适度经济增长的基础上努力实现民族团结、劳资合作、民生发展和生态文明，让全体国民都能够公平合理地分享经济增长成果，提高人民群众的生活水平。社会保障制度城乡二元发展格局才逐步有了实质性的改变。

　　2003 年以后，中共中央做出一系列推进城乡统筹发展的重大战略部署。党的十六届三中全会通过的《中共中央关于完善社会主义市场经济体制若干问题的决定》提出"统筹城乡发展、统筹区域发展、统筹经济社会发展、统筹人与自然和谐发展、统筹国内发展和对外开放"[①] 的要求。其中，"统筹城乡发展"内涵丰富，在这其中就包含了社会保障制度的城乡统筹发展。党的十六届六中全会明确提出，到 2020 年要实现"覆盖城乡居民的社会保障体系基本建立"的目标[②]。党的十七大报告中更是明确提出"加快建立覆盖城乡居民的社会保障体系，保障人民基本生活"是加快推进以改善民生为重点的社会建设的重要举措。[③] 当前，统筹城乡社会养老保险进而建立城乡一体化的社会养老保险体系是经济社会发展到一定阶段的必然要求。党的十八大提出建设社会保障制度要坚持全覆盖、保基本、多层次、可持续方针，以增强公平性、适应流动性、保证可持续性为重点，全面建成覆盖城乡居民的社会保障体系。[④] 党的十九大要求按照兜底线、织密网、建机制的要求，全面建成覆盖全民、城乡统筹、权责清晰、保障适度、可持续的多层次社会保障体系；全面实施全民参保计划；完善城镇职工基本养老

---

　　① 《中共中央关于完善社会主义市场经济体制若干问题的决定》，人民出版社 2003 年版。

　　② 《中国共产党第十六届中央委员会第六次全体会议公报》，《党的建设》2006 年第 11 期。

　　③ 胡锦涛：《高举中国特色社会主义伟大旗帜，为夺取全面建设小康社会新胜利而奋斗——在中国共产党第十七次全国代表大会上的报告》，人民出版社 2007 年版。

　　④ 胡锦涛：《坚定不移沿着中国特色社会主义道路前进，为全面建成小康社会而奋斗——在中国共产党第十八次全国代表大会上的报告》，人民出版社 2012 年版。

保险和城乡居民基本养老保险制度，尽快实现养老保险全国统筹；完善统一的城乡居民基本医疗保险制度和大病保险制度；完善失业、工伤保险制度。建立全国统一的社会保险公共服务平台；统筹城乡社会救助体系，完善最低生活保障制度。① 社会保障的城乡统筹发展在政策层面迈出了坚实的一步。我国学者也在政策引导下，逐步展开对社会保障城乡统筹的研究，现有的研究主要从城乡统筹内涵、城乡统筹的必要性，城乡统筹的难点、养老保险转移接续以及发展路径等几个方面展开。

二、养老保险城乡统筹内涵

对城乡统筹的内涵，诸多学者存在不同的见解。景天魁认为，城乡统筹不是城乡统一，而是整体的保障体系、不同的保障水平、灵活的保障方式、多样化的保障模式，同时也是财政统筹安排，其中包括各级财政合理分担、明确责任。② 黄英君和郑军认为城乡统筹并非城乡统一，统筹强调统一筹划，即在社会保障制度的设计过程中，要摒弃城乡分治的观念和做法，要有一种城乡整合的意识，务必求得城乡社会保障制度安排能够适应工业化、城镇化的发展，能够适应社会转型的大趋势。③但是，郑功成认为，统筹主要是强调统一④；郑永红认为城乡统筹不等于城乡平均，而是在有差别基础上的统一⑤。如何建立统一的社会养老保险制度，在赞成统一的前提下，不同研究者的看法也不尽一致。宋晓梧提出城乡有别论⑥，郑功成提出渐进统一论⑦。政府在统筹城乡社会

① 习近平：《决胜全面建成小康社会，夺取新时代中国特色社会主义伟大胜利——在中国共产党第十九次全国代表大会上的报告》，人民出版社 2017 年版。

② 景天魁：《社会保障：公平社会的基础》，《中国社会科学院研究生院学报》，2006 年第 6 期。

③ 黄英君、郑军：《我国二元化城乡社会保障体系反思与重构：基于城乡统筹的视角分析》，《保险研究》2010 年第 4 期。

④ 郑功成：《中国社会保障改革与制度建设》，《中国人民大学学报》2003 年第 1 期。

⑤ 郑永红：《城乡统筹视域下的城乡居民养老保险制度研究》，《华北水利水电大学学报（社会科学版）》2019 年第 2 期，第 53—56 页。

⑥ 宋晓梧：《我国社会保障制度面临的严峻形势》，《经济与管理研究》2001 年第 3 期，第 1—9 页。

⑦ 郑功成：《中国社会保障改革与制度建设》，《中国人民大学学报》2003 年第 1 期，第 17—25 页。

养老保险制度中扮演何种角色，有的学者将其提高到宪法确定的权利保障层面强调政府责任；有的则强调个人及家庭应当承担起自身的责任。主流观点则是建立社会养老保险的共担机制，即政府、企业（集体）、个人甚至社会均应分担相应的责任。

第二节 养老保险城乡统筹的必要性与难点

一、养老保险城乡统筹的必要性

1. 二元结构理论视角

从二元结构表现形式和形成原因看，刘艳玲认为我国二元结构主要特点是存在"双重二元结构"，即不仅存在以现代工业为代表的现代部门与以农业为代表的传统部门之间的经济二元结构，同时也存在着以城市社会为一元与农村社会为一元的社会二元结构。[①] 黄锟总结了城乡二元制度形成的原因，认为学界主要有以下三种观点：第一种观点是从国家实行重工业优先发展战略的目标和途径来解释。认为在重工业优先发展战略下，经济资源向城市重化工业集中，政府实行农产品统购统销政策、人民公社制度和户籍制度等来严格控制人口的流动，实行城乡分割。第二种观点认为，农民虽然人数众多，但因居住分散导致集体行动存在较高的沟通成本，以及由于单个农民的产品只是农业产出的微小份额，造成免费搭车现象，因而缺乏政治力量。由此便形成农民人数众多而政治影响力微弱这种所谓"数量悖论"。第三种观点认为，我国上级政府对下级政府的政绩考核方式导致了城市偏向的经济政策和城乡二元

[①] 刘艳玲：《论我国二元经济结构与农村消费需求问题》，《生产力研究》2009 年第 8 期，第 30—32 页。

制度。[①] 在财政对养老保险制度的投入方面就可以明显证明上述第三种观点，刘军伟发现从 1998 年至 2004 年，中央财政补贴当期基本养老保险制度资金近 2000 亿元。然而，相对于政府在城镇职工社会养老保险制度中的积极作用而言，政府财政对于农村养老保险制度的支持就显得微乎其微了。2009 年新型农村社会养老保险制度的试点工作刚刚启动时，中央财政补助仅有 3 亿多元。在此之前，中央财政几乎没有向农村社会养老保险制度投入专项资金。[②] 孙德超和徐文才也发现，在其研究期间内基本社会保障体系的工作重心还是偏向城镇，造成农村基本社会保障资金投入不足、体系建设相对滞后。[③]

从二元制度造成的问题来看，刘昌平和殷宝明认为目前二元制度的存在造成了针对不同对象的政策差异，政策标准大多是"一地一策"，甚至"一地多策"，从而导致目前农村养老社会保障呈现出"碎片化"特点。[④] 赵坤发现农民工流动性大，不仅往返流动于城乡之间，并在单位之间、城镇之间频繁变换工作岗位，而且外出人群类型每年都在不断变动，新老农民工进行着代际更替。由于存在着城乡二元的养老保险制度，所以导致各类问题频发。较为突出的是农民工变换工作地点时，在养老保险转移接续上存在困难，这直接造成当时农民工的实际参保率没有超过 20%，而且每年年末农民工返乡时，都会出现大规模的退保潮。[⑤] 丁建定认为城乡二元养老保险制度发展不均衡，造成目前存在着各个群体享受到的养老保险权益不公平的情况，特别是农民工养老保险

① 黄锟：《城乡二元制度对农民工市民化影响的实证分析》，《中国人口·资源与环境》2011 年第 3 期，第 76—81 页。

② 刘军伟：《二元经济理论视角下的城乡养老保险统筹发展路径研究》，《经济问题探索》2011 年第 5 期，第 130—133 页。

③ 孙德超、徐文才：《基本社会保障服务不均等的现实考察及均等化途径研究》，《福建论坛（人文社会科学版）》2012 年第 12 期，第 206—209 页。

④ 刘昌平、殷宝明：《农村养老社会保障体系整合路径及政策选择》，《西北大学学报（哲学社会科学版）》2013 年第 4 期，第 14—19 页。

⑤ 赵坤：《农民工养老保险转移接续态势与政策效果评估》，《改革》2010 年第 5 期，第 77—84 页。

制度缺乏全国性的制度安排以及各项制度间的良好衔接机制。① 谭中和认为在城乡间人口流动已成常态的背景下，城乡二元基本养老保险制度的转移衔接问题，已经成为我国养老保障体系建设的主要瓶颈。② 白维军和童星认为城乡发展不协调和二元结构已是严重制约经济社会发展的突出矛盾，对此社会保障的城乡统筹发展与一体化就成为统筹城乡经济社会发展的应有之义。③

2. 养老保险统筹层次视角

就统筹层次本身而言，郑功成认为养老保险统筹账户在主权国家内实行全国统筹是养老保险制度发展的内在要求和基本规律。④ 首先，全国统筹是基本养老保险制度的内在属性，是实现制度公平与效率最优结合的必然选择。只有实现了全国统筹，才能平衡不同地区的养老保险缴费负担，实现制度的自我平衡，确保市场环境的公平。如果一国的基础养老金制度停留在地方统筹的层次，就会导致不同地区间企业养老保险缴费负担的不均等，不仅破坏了企业的公平竞争环境，也扭曲了资源分配效率，阻碍了产业在地区间的转移和升级。其次，养老保险制度应能适应全国统一的劳动力市场发展要求，使劳动者的养老保障权益不会在流动过程中受到损害甚至丧失。因此，只有实现了全国统筹，才能从根本上解决劳动力流动过程中的养老保障权益保障问题，促进全国统一劳动力市场的形成。陈晓安通过分析农民工"退保"现象，认为养老保险统筹层次不高，且封闭运营是导致农民工社会保障利益流失和农民工最终选择"退保"的原因。⑤ 李连芬和刘德伟认为，提高统筹层次在解决不同地区的养老保险负担畸轻畸重、增强养老保险抗风险能力、促进

①　丁建定：《中国社会保障制度整合与体系完善纵论》，《学习与实践》2012 年第 8 期，第 97—102 页。

②　谭中和：《城乡养老保险关系转移接续问题研究》，《社会保障研究》2011 年第 2 期，第 16—21 页。

③　白维军、童星：《"稳定省级统筹，促进全国调剂"：我国养老保险统筹层次及模式的现实选择》，《社会科学》2011 年第 5 期，第 91—97 页。

④　郑功成：《尽快推进城镇职工基本养老保险全国统筹》，《经济纵横》2010 年第 9 期，第 29—32 页。

⑤　陈晓安：《建立全国统筹的农民工养老保险制度的必要性及对策研究》，《农业经济》2009 年第 2 期，第 59—62 页。

劳动力合理流动等方面发挥了积极作用。[1] 杨宜勇和谭永生从养老金调节能力和抵御风险能力的角度，分析了提高养老保险统筹层次的重要性。[2] 吴湘玲从打破地区分割的不利因素出发，指出建立全国统筹对于提高养老保障的公平性和覆盖面具有重要意义。[3] 封铁英和贾继开认为城乡统筹养老保险体系应有利于实现社会资源在不同阶层之间的流动，通过改善部分社会成员的资源占有状况，从制度根本上改善其保障状况，引导社会成员从一个阶层向另一个阶层流动，进而保证社会效率和促进社会公平。[4] 陈晓安从理论角度出发认为，社会保障制度的再分配性质体现在制度设计的统筹层次上，统筹层次越高越有利于人口的流动和管理，越有利于不同收入人群之间社会保障风险的分散，越有利于体现社会公平与社会正义。而对于农民工养老保险制度而言，统筹的层次越高，越有利于农民工的流动，有利于更好地实现人力资源最优配置，也有利于制度管理成本的节约。[5]

3. 收入分配与公共服务均等化视角

从收入分配角度出发，顾海兵等通过社会保障均匀度这一概念分析社会保障的福利待遇和福利资源在城乡全体社会成员之间分布的均匀状况。[6] 通过计算当前中国社会保障均匀度发现，社会养老保险是城镇居民养老保障的主要福利来源，农村地区养老保障几乎都来源于土地保障，并没有享受到多少社会保险福利。因此进行城乡统筹、缩小城乡社会保障差距是十分必要的。孙德超和徐文才从公共服务均等化角度考

① 李连芬、刘德伟：《我国基本养老保险全国统筹的动力源泉与路径选择》，《财经科学》2013 年第 11 期，第 34—43 页。

② 杨宜勇、谭永生：《全国统一社会保险关系接续研究》，《宏观经济研究》2008 年第 4 期，第 11—13、20 页。

③ 吴湘玲：《缩小我国城乡不合理差距的公共政策分析》，《科学社会主义》2006 年第 5 期，第 108—110 页。

④ 封铁英、贾继开：《社会养老保险城乡统筹发展问题研究综述》，《生产力研究》2008 年第 1 期，第 148—150 页。

⑤ 陈晓安：《建立全国统筹的农民工养老保险制度的必要性及对策研究》，《农业经济》2009 年第 2 期，第 59—62 页。

⑥ 顾海兵、张实桐、张安军：《我国城乡社会保障均匀度的衡量方法与测度评价》，《财贸经济》2012 年第 11 期，第 37—47 页。

察，发现目前我国地区、城乡基本社会保障服务差距较大。[①] 王谦认为城乡公共服务均等化作为重要的公共政策手段，能有效促进城乡居民机会均等，是实现包容性增长的重要体现，也是衡量包容性增长的重要指标，并且实现公共服务供给的均等化有助于减少公民对公共服务的需求与政府提供公共服务有限性之间的矛盾，同时有利于要素的充分自由流动，进一步扩大内需，进而促进经济增长。[②]

二、养老保险城乡统筹的难点

党的十六届六中全会提出 2020 年"覆盖城乡居民的社会保障体系基本建立"的目标。李迎生认为，该目标不仅仅是指届时要让城乡居民都能享受社会保障，而且要通过科学的设计实现社会保障基本项目和待遇标准的城乡衔接，从实现城乡统筹的角度看，后者比前者更重要。[③] 何平认为，统筹城乡社会保障制度的长远目标是"城乡居民人人平等享受社会保障"。但是，实现这个目标需要逐步推动，循序渐进。要实现上述目标，我们应该解决养老保险城乡统筹过程中的若干难题。[④]

1. 城乡养老保险制度差异化

白维军和童星发现，与统筹城乡经济社会发展、城乡社会保障一体化要求形成尖锐矛盾的是，我国各级各类养老保险制度在规则与运作上的不统一。[⑤] 即使是在同一地区，养老保险诸项目在不同单位、不同性质的劳动部门之间也差异极大。养老保险制度的这些差异与全国城乡经济社会统筹发展、一体化要求形成了强烈的反差，并且制约着城乡统筹

---

① 孙德超、徐文才：《基本社会保障服务不均等的现实考察及均等化途径研究》，《福建论坛（人文社会科学版）》2012 年第 12 期，第 206—209 页。

② 王谦：《包容性增长范式下城乡公共服务均等化公平效率分析》，《财政研究》2013 年第 3 期，第 18—21 页。

③ 李迎生：《农村养老保障改革的"过渡模式"设计》，《中国社会保障》2006 年第 3 期，第 23—25 页。

④ 何平、华迎放：《灵活就业群体的社会保险》，《中国劳动》2005 年第 11 期，第 15—18 页。

⑤ 白维军、童星：《"稳定省级统筹，促进全国调剂"：我国养老保险统筹层次及模式的现实选择》，《社会科学》2011 年第 5 期，第 91—97 页。

发展的进程。周爱玲发现受到制度差异的影响，城乡流动的农民工一直被拒于我国的社会保障体制之外，而且在其研究时点有近 1 亿人口的灵活就业人员没有参加社会养老保险，农民工作为灵活就业人员的主体，由于其自身的高流动性，企业并没有为其缴纳养老保险而缺乏应有的保障。① 韩雁江认为当前面临的难点是城职保、城居保与新农保之间在经办中不能兼容。为解决这一问题，他提出了年限折算观点，也就是从一种保险中退保后再到另一种保险中进行补缴。这种办法的优点是业务经办方便，计算养老待遇简单，且国家当前的养老保险政策也不需要作任何调整。缺点是参保人损失已有的缴费年限，如果城职保转为新农保或城居保，损失会更大。②

在制度转移接续的研究方面，刘昌平和殷宝明从农村养老保险"碎片化"制度安排出发，发现现行制度容易造成不同群体之间互相攀比，不仅养老保障开支在福利刚性的作用下不断提高，而且加剧了阶层分化，引起矛盾对立，不利于农村社会的和谐稳定。同时制度转移成本的增加，不利于城乡社会养老保险关系的转移接续。③ 谭中和发现各地在城职保和新农保转移接续办法上的不一致，不利于全国统一的转移接续办法的形成，同时，不同地区采取不同的转移接续办法，也会导致农民工在转移接续时的攀比，不同办法之间缺乏公平。④ 沙治慧与罗静发现目前转移接续政策各异，责任的划分缺乏法律保障，现行规定都属于政策规范性文件，各级主体转移接续责任规定不明确，转移接续的区域阻隔性较强。⑤ 岳宗福分析新农保、城居保与城职保的缴费金额，发现目前缴费金额差别较大并不是参保人员自愿选择的结果，而是不同养老

---

① 周爱玲：《城乡一体化背景下提升农民工福利的策略》，《经济导刊》2012 年第 4 期，第 34—35 页。

② 韩雁江：《关于不同基本养老保险之间关系转移接续问题的思考》，《劳动保障世界（理论版）》2012 年第 9 期，第 23—26 页。

③ 刘昌平、殷宝明：《农村养老社会保障体系整合路径及政策选择》，《西北大学学报（哲学社会科学版）》2013 年第 4 期，第 14—19 页。

④ 谭中和：《城乡养老保险关系转移接续问题研究》，《社会保障研究》2011 年第 2 期，第 16—21 页。

⑤ 沙治慧、罗静：《农民工基本养老保险关系转移接续机制研究》，《经济体制改革》2012 年第 2 期，第 81—85 页。

保险制度差异实施所致，参保人员在养老保险关系转接过程中承受非自身原因造成的养老保险权益损失，存在明显的不合理性。① 夏艳玲从重复参保角度出发进行研究，发现重复参保的情况下，新农保和城居保缴费是可以退掉的，但是职工养老保险中的统筹资金直到退休也不能清退，除非参保者达到缴费满15年的条件领取职工养老保险金，否则对参保者个人养老保障水平的提升意义不大，还给退休地的养老保险基金带来压力。三大社会保险转移衔接制度的不完善，可能会影响年轻群体参保的积极性，不利于城乡养老保险的一体化，也不利于城乡统一的劳动力市场的形成。②

2. 财政责任与资金负担

郑功成认为部分历史负担沉重的地区需要大量财政资金的补助，而政府财政的过度介入并不利于养老保险的自我平衡和自我发展。另外，现阶段拥有大量基金结余的地区在若干年之后也将面临支付高峰，届时同样会给当地财政造成巨大压力。③ 因此，养老保险二元背离与区域分割的格局违背了养老保险制度的内在发展规律，人为扩大了老龄化对养老保险基金造成的压力，扭曲了财政资金与养老保险基金的关系，不利于制度的良性发展。同时，地方财力与地方养老金支付压力不对应，造成不同地方政府之间的不公平。部分中西部地区和老工业基地地方财力有限，退休人员数量较多，农村剩余劳动力又大量外出务工，导致基金支付压力较大。相反，在部分沿海地区，其地方财力充沛，但人口结构相对年轻，基金支付压力反而较小。这种状况既不利于区域间公共服务的均等化，也造成了不同地方政府间财政负担的不公平。李连芬和刘德伟认为职工养老保险完成省级统筹后在一定程度上增加了省级财政负担。省级统筹后，离退休人员基本养老金全部由省财政解决，这直接导致有些市县政府的地方保护主义现象盛行，使省级政府财政负担大为增加。

① 岳宗福：《城乡养老保险关系转续与制度衔接的路径思考》，《中州学刊》2013年第5期，第49—53页。
② 夏艳玲：《三大社会养老保险关系转移接续问题的思考：基于公平的视角》，《金融与经济》2013年第9期，第77—80页。
③ 郑功成：《尽快推进城镇职工基本养老保险全国统筹》，《经济纵横》2010年第9期，第29—32页。

未来养老保险城乡统筹的情况下，可能会对各级财政造成巨大负担。[1]

第三节　养老保险城乡统筹的发展路径

一、养老保险城乡统筹转移接续

1. 现行转移接续办法评价

转移接续作为养老保险城乡统筹的枢纽制度，大部分学者均将其作为重要的研究内容。罗静和匡敏对当时的城镇职工养老保险转移接续办法进行了分析评价。首先，转移接续办法具有权威性，实现了劳动者养老保险权益的接续，同时扩大了风险分担范围，提高了养老保险金的安全性。其次，办法的实施有利于人才合理、有序的流动，消除了人力资源流动的障碍，缓和了养老保险地区利益争端，为构建统一的劳动力市场奠定了基础。[2] 但是城镇职工养老保险转移接续办法仍然存在一些无法解决的问题：一是未能实现养老保险待遇与经济发展成果挂钩；二是统筹层次对接困难；三是工作量较大，容易引发转移接续高峰；四是转移接续仅涉及养老保险，其余保险仍不能转续，转移接续配套尚未完善，参保人仍面临权益的损失；五是尚未真正实现农民工养老保险转移接续；六是可能带来转移资金压力；七是对于中途中断购买养老保险部分是否能够继续缴费无具体规定。赵坤也发现当时的转移接续办法会增加农民工的经济负担，同时会直接损害农民工的权益。[3]

---

① 李连芬、刘德伟：《我国基本养老保险全国统筹的动力源泉与路径选择》，《财经科学》2013 年第 11 期，第 34—43 页。
② 罗静、匡敏：《国内外养老保险关系转移接续经验借鉴》，《社会保障研究》2011 年第 4 期，第 43—49 页。
③ 赵坤：《农民工养老保险转移接续态势与政策效果评估》，《改革》2010 年第 5 期，第 77—84 页。

2. 转移接续办法设计原则

韩雁江着眼于未来，认为转移接续制度要遵循三个原则[①]：一是公平性原则，任何人不论户籍和身份，只要参加了社会基本养老保险，无论是参加城职保、新农保还是城居保，都有权利在流动到异地就业时迅速转移接续基本养老保险关系，享受的养老金待遇也不应因转移而增加或减少；二是保障性原则，凡是达到国家规定的领取待遇年龄，在多种保险中缴费后只要符合规定的累计缴费年限，不论曾经在几个地方流动就业和参保转移，都应该保障其同样领取基本养老保险待遇的权利；三是唯一性原则，流动就业人员无论在多少个地方流动就业，但养老保险关系在同一时期应该是唯一的，不能有重叠养老保险缴费，待遇也由一地统一支付。杨慧则建议未来的转移接续办法应坚持三大原则[②]：首先是非歧视原则，这是实现劳动力自由转移的基础；其次是权益不受流动性削减原则，农民工养老保险的对接应以劳动者权益不受损失为首要原则，对地方利益给予合理分配和保护；最后是多缴多得原则，该原则的确立不仅能够增加基本养老保险制度的吸引力，为民众建立信任及安全感，更重要的是能给参保人提供一个明确的预期，使其愿意接受这样的基本养老保险安排。

3. 转移接续办法设计思路

谭中和认为一是要立足城乡养老保险全覆盖的方向，养老制度要保护流动人员的养老权益，使他们不因跨制度参保而失去领取养老待遇资格；二是要体现公平，公平性是社会保障的本质要求，体现在城乡养老关系转移方面，既不能因转移使当事人的权益受到损害，也不应因转移影响转出或转入地和相关人员的利益；三是城乡养老关系的转移经办手续要简便快捷。[③] 袁涛从"缴费年限"来量化城职保统筹养老金和新农

---

① 韩雁江：《关于不同基本养老保险之间关系转移接续问题的思考》，《劳动保障世界（理论版）》2012 年第 9 期，第 23—26 页。

② 杨慧：《农民工基本养老保险对接原则、维度与政府行为》，《人民论坛》2014 年第 5 期，第 43—45 页。

③ 谭中和：《如何打开城乡养老保险关系转接通道》，《中国人力资源社会保障》2011 年第 4 期，第 32—33 页。

保基础养老金，以此解决城乡养老保险关系的转移接续。这一思路其实质是参保者关系转移后，仍然享有原制度缴费年限所对应的基础养老金份额，不仅实际操作简单明确，而且无论国家还是个人的权益均没有被加重或损失，真正坚持了"不降低标准、不冲减数额"的无缝衔接原则，体现了社会保障制度"公平、正义、共享"的基本价值理念。[①] 沙治慧与罗静认为当前农民工养老保险呈现碎片化样态，转移接续情况十分复杂，一蹴而就地统一养老保险制度的做法不现实，因此养老保险关系转移接续的发展应采取渐进性措施。首先，实现省内的转移接续，这是实现全国范围转移接续的基础，也是最容易实现的转移接续，因为省内的转移接续不涉及基金的转移，仅需完成参保农民工身份和缴费模式上的转移与接续。其次，要实现省际间转移接续。最后，在完成省内、省际转移接续的基础上，实现在全国范围内的农民工基本养老保险关系的顺利流动，保障农民工养老权益的实现。[②] 谭中和通过比较不同方案，认为"分段计算，不转账户资金"是新农保转城职保较为合理的转移接续方案，而城职保转新农保则建议分别在省级和国家的社保基金专户中设立转移调剂账户。在养老保险财政基金专户设立关系转移调节基金，可以平衡转移时权益的失衡，打消最终承担养老责任较多地区的财政负担忧虑。[③] 在具体思路的设计创新方面，盖根路建议建立全国统一的养老保险信息和基金清算中心，承担全国所有跨统筹、跨制度参保人员的参保信息记载、交换、共享和查询服务，负责不同统筹地区和制度之间的统筹与个人账户基金清算。[④] 杨慧建议在参保时应给予参保人更多的选择权，但最终只能选择享受一种基本养老保险待遇。[⑤] 以城职

---

① 袁涛：《"以缴费年限量化基础养老金"可解"转续"症结》，《中国社会保障》2011年第9期，第30—31页。

② 沙治慧、罗静：《农民工基本养老保险关系转移接续机制研究》，《经济体制改革》2012年第2期，第81—85页。

③ 谭中和：《城乡养老保险关系转移接续问题研究》，《社会保障研究》2011年第2期，第16—21页。

④ 盖根路：《跨统筹跨制度参加养老保险均应适用分段计算》，《经济界》2011年第4期，第22—24页。

⑤ 杨慧：《农民工基本养老保险对接原则、维度与政府行为》，《人民论坛》2014年第5期，第43—45页。

保转入城居保为例，由原参保地保存并暂时冻结其城职保缴费记录和个人账户，允许其选择参加城居保，如果在一定期限内再未从业，城职保按照 5 年前的账户余额做退保处理，如果有从业机会，可以激活其城职保账户，城居保做退保处理。这样的好处在于：一方面为城职保暂退人员提供了选择城居保的机会，另一方面即使两个账户同时存在，最后参保人员也只能享受一种养老保险待遇，在选择中没有额外受益。

4. 名义账户制

郑秉文认为引入名义账户制不但可以解决我国社会养老保障中的巨额转制成本问题，而且兼顾了"社会互济"和"自我保障"，即公平与效率的问题。[①] 曾瑾也认为引入名义账户制模式，可以解决各个制度之间转移难的问题，同时可以做到既实现简便的转移接续操作，又能降低经办管理成本；既保护参保人的养老权益不受损，又不产生逆向选择动机。[②] 夏艳玲对三大保险体系进行综合分析，认为可以考虑引入可转移的名义账户制，解决缴费不满 15 年的农民工社会统筹账户向新农保或者城居保转接难，以及影响公平性的问题。[③]

二、养老保险城乡统筹制度整合

1. 养老保险整体发展战略

从养老保险整体战略出发，雷晓康和席恒从健全社会保障制度这一角度进行了理论探讨，设计了未来制度：养老保险制度由三个层次五个项目组成，第一层为国家基本养老保险制度，它是由国家设计的正式制度安排，它可以整合现有的机关事业单位基本养老保险、职工基本养老保险、农民基本养老保险、城乡居民老年津贴等项目。第二层是与职业和地区相关联的职业或地方附加养老金。第三层为政策诱导与激励相结

---

① 郑秉文：《"名义账户"制：我国养老保障制度的一个理性选择》，《管理世界》2003年第 8 期，第 33—45 页。

② 曾瑾：《基本养老保险社会统筹模式探讨——基于可转移的名义账户制设计》，《中国社会保障》2010 年第 11 期，第 28—30 页。

③ 夏艳玲：《三大社会养老保险关系转移接续问题的思考：基于公平的视角》，《金融与经济》2013 年第 9 期，第 77—80 页。

合的私人养老储蓄或私人商业养老保险。① 刘军伟对城乡养老保险制度的发展步骤进行了具体化，首先是在 2020 年前，在现有城乡二元养老保险制度差距的基础上提升覆盖范围。② 其次是从 2021 年到 2040 年，抓紧实现"二元养老保险模式"向"一元养老保险模式"的过渡。政府应当在"制度统一，待遇有别"原则指导下，扫除阻碍城乡养老保险统一的制度性因素，建立城乡养老保险制度的过渡机制。最后是从 2050 年起为"城乡一元化养老保险模式"的形成期。在这一阶段中，实现"二元养老保险制度"向"一元养老保险制度"转换的时机已经成熟，政府应当在这一阶段将城乡两种社会养老保险制度统一为城乡一元的国民社会养老保险制度。

2. 养老保险制度衔接战略

陈雷等为了实现新农保与相关养老保障制度之间的有效衔接，设计了三步走战略③：第一步（2011—2012 年）是新、老农保制度间的整合衔接。在妥善处理老农保基金债权问题的基础上，做好与新农保制度衔接，积极引导农户自愿参加新农保。第二步（2013—2015 年）是新农保与其他农村社会保障制度间的整合衔接。应处理好新农保与五保供养、失地农民养老保险、水库移民后期扶持、农村计生家庭奖励扶助等制度的配套衔接。第三步（2016—2049 年）是城乡养老保险的整合衔接。在完成新农保的全覆盖后，应将新农保与城职保等制度进行整合衔接。到新中国成立一百周年之际，我国养老保险制度将由统一的国民年金制度与居民老年津贴制度构成，共同覆盖全体国民，实现人人享有体面的老年生活。刘昌平和殷宝明认为，未来中国养老社会保障体系发展的必由之路是，从实现城乡社会养老保险制度的对接进而实现城乡统筹

---

① 雷晓康、席恒：《基本养老保险全国统筹方案比较与选择》，《中国社会保障》2011年第 6 期，第 34—36 页。

② 刘军伟：《二元经济理论视角下的城乡养老保险统筹发展路径研究》，《经济问题探索》2011 年第 5 期，第 130—133 页。

③ 陈雷、江海霞、张秀贤：《城乡统筹下新农保与相关养老保障制度整合衔接战略研究》，《管理现代化》2011 年第 6 期，第 3—5 页。

到最终建立覆盖城乡居民的社会养老保险制度。[①] 建立统筹城乡的养老社会保障体系应当实行"整合—衔接—统一"的三步走战略：即首先整合农村和城镇的社会养老保险制度，然后实现城乡社会养老保险关系的有效转续，最终统一城乡社会养老保险制度。邓大松等认为在未来制度整合过程中，要坚持城乡统筹原则。各项制度建设与衔接处理要有利于缩小城乡差距，城乡养老保障的待遇水平应逐渐接近，为城乡制度统一创造条件。[②] 黄英君等建议明晰三方筹资机制和突出政府出资责任，特别强化政府在农村社会保障制度建设中的出资责任。他认为，必须明确各级政府的财政责任，并提供相应的财政支持。建议对农村社会保障的支持力度，可以纳入经济社会发展的战略布局和长期发展计划。[③] 按照社会保障可持续发展的视角，建立适度的战略储备基金，提高社保基金投资管理效益，提前做好应对人口老龄化挑战的准备。努力提高社会保障基金投资管理效益，推动城乡社会保障制度可持续发展。

第四节　国外养老保险城乡统筹相关研究

社会保障制度最早在 19 世纪末的德国建立，经过长时间的发展，西方国家的社会保障制度已经逐渐完备。但是，"福利国家"政策自 20世纪 70 年代以来面临了极大挑战，如财政危机、经济危机、社会危机等，出现了所谓"福利国家病"的问题。因此，从 20 世纪 80 年代起，

---

① 刘昌平、殷宝明：《农村养老社会保障体系整合路径及政策选择》，《西北大学学报（哲学社会科学版）》2013 年第 4 期，第 14—19 页。

② 邓大松、刘远风：《制度替代与制度整合：基于新农保的规范分析》，《经济学家》2011 年第 4 期，第 71—77 页。

③ 黄英君、郑军：《我国二元化城乡社会保障体系反思与重构：基于城乡统筹的视角分析》，《保险研究》2010 年第 4 期，第 52—60 页。

各国对整个"福利国家"体制进行全面的检讨，纷纷寻求对策，试图摆脱危机。

一、城乡二元制度与劳动力流动研究

加拿大学者麦基（McGee）在对亚洲一些国家进行长期研究后提出了"城乡融合区"的概念。所谓的"城乡融合区"就是区域综合发展基础之上的城市化，其本质是统筹协调城乡之间的一体化发展问题。[1]道格拉斯（Douglass）通过对泰国东北部地区的研究，证明了如果走城乡一体化的道路，构建城乡紧密联系的区域网络系统就能够促进城乡经济的共同增长。他发现如果缺乏合理有效的制度安排，或者不能提供有利于生产要素重新集聚的制度创新机制，城乡统筹发展无异于纸上谈兵，无法实现。[2]从劳动力流动角度，迪斯内和埃默森（Disney，Emmerson）对劳动力流动产生的影响进行了研究，发现参加养老保险的劳动者，其失业率明显低于未参加养老保险的劳动者，而且不同的养老保险模式对劳动力流动的影响也不尽相同。[3]美国经济学家亚当（Adam）认为劳动者的就业工资水平在一定程度上影响着劳动力的供给水平，同时对养老待遇支付水平有一定影响。[4]马丁·巴比（Martin Baebie）等指出完善的养老保险制度不仅可以促进对劳动力资本的投资，而且能够降低劳动力资本投资存在的风险。[5]威利（Whalley）等在假设户籍制度是劳动力迁移的唯一障碍的条件下，通过模拟实验发现，一旦取消以

---

① T. G. McGee, "Building Research Networks in the Asia-Pacific Region as a Basis for Academic Cooperation", *Asian Perspective*, Vol. 21, No. 2 (1997), pp. 9–36.

② M. Douglass, *Regional Inequality and Regional Policy in Thailand: An International Comparative Perspective*, Bangkok: Thailand Development Research Institute Foundation, 1990, pp. 48–49.

③ Disney, Emmerson, "British Pension System and Labor Mobility", *Journal of Vocational Behavior*, No. 3 (2002), pp. 18–32.

④ Adam, "Corporate Pension Level Would Increase the Supply of Labor", *Social Science*, No. 2 (2004), pp. 25–36.

⑤ Martin Barbie, Ashok Kaul, Wilson, "Job Loss as a Blessing in Disguise: The Role of Career Exploration and Cancer Planning in Predicting Reemployment Quality", *Journal of Vocational Behavior*, No. 3 (2006), pp. 391–409.

户籍制度为代表的劳动力迁移障碍，现存的收入不平等就会全部消失。①

二、养老保险制度完善研究

世界银行分别对亚洲、非洲及拉美三大地区的农村社会保障制度的现状、特征、政策效果以及未来发展趋势进行了详尽的分析。② 德国波恩大学发展研究中心在发展中国家农村社会保障的研究成果中，提出了农村社会保障的制度框架。③ 舍尔达（Rodrigo A. Cerda）分析发现社会保障改革对低收入的劳动者有一定的影响，这部分人群的供给链一旦出现问题，必然会对养老保险制度的运行产生消极的影响。他认为在个人账户基础上建立的社会保障制度是解决政府面临的金融危机的重要工具。④ 罗宾·埃里森（Robin Ellison）研究了欧洲养老金政策发生的重大变化，结果显示强制建立跨国界养老金制度对于雇主的影响比较显著，其中包括：提供跨境加入职业养老金体系的机会，降低成本并分散风险。⑤ 针对中国的社会保障体系，外国学者也有诸多见解：理查德·杰克逊和尼尔·豪（Richard Jackson, Nell Howe）在其著作中指出，中国将在 21 世纪后半期面临一场严重的养老危机，为了应对这场养老危机，政府需要提前做好准备，以应对突发情况和财政危机。⑥ 德国专家

---

① Whalley, John and Shunming Zhang, "Inequality Change in China and (HuKou) Labor Mobility Restrictions", *Journal of Development Economics August*, Vol. 83, No. 2 (2004), pp. 391-410.

② World Bank, *Averting the Old Age Crisis-policies to Protect the Old and Promote Growth*, New York: World Bank, 1994, pp. 3-48.

③ L. Leisering, S. Gong, and A. Hussain, *Old-Age Pensions for Rural China? From Land Reform to Globalization*, Beijing, Bielefeld: Asian Development Bank, 2001, p. 52.

④ Rodrigo A. Cerda, "Social Security and Wealth Accumulation in Developing Economies: Evidence from the 1981 Chilean Reform", *World Development*, Vol. 10, No. 3 (2008), pp. 2029-2044.

⑤ Ellison R, "European Pensions Policy and the Impact of the EU Pensions Directive for Employers Worldwide", *Pensions An International Journal*, Vol. 17, No. 4 (2012), pp. 305-333.

⑥ Jackson, R., Howe, N., *The Graying of the Middle Kingdom: The Demographics and Economics Ofretirement Policy in China*, Washington DC: Center for Strategic & International Studies, 2004, pp. 27-32.

鲁兹·莱塞因（Lutz Leisering）在其研究报告中认为，中国的农村居民对社会养老的需求越来越强烈，因为农村地区传统的家庭养老和土地养老功能已经逐渐弱化。[①] 德劳因和汤普森（Drouin，Thompson）认为中国的养老保险应该合理划分各类保障组织之间的职能并加强数据信息建设。[②] 尼古拉斯·巴尔（Nicholas Barr）认为要实现中国养老保险制度效用的最大化，制度设计就应该尽可能的简单。[③] 威廉姆森和凯瑟琳（John B. Williamson, Catherine Deitelbaum）指出中国养老保险改革取得了良好的效果，特别是"统账结合"模式，更是向正确的方向迈进了一步，但是地区分割统筹仍然制约制度的健康发展。[④] 雷科内和约翰娜（Rickne，Johanna）认为中国养老保险制度地区分割的原因是，在相关法律法规下的政策方针制定得相对宽泛，同时又由地方政府负责具体执行，由此也就决定了各地区之间不同的缴费率、不同的参保条件等。[⑤]

三、养老保险统筹研究

米切尔（Mitchell）从管理成本角度出发，认为为了降低管理成本，应该提高养老保险统筹层次。简言之，养老保险统筹层次愈高、涵盖地域范围愈广、牵涉人数愈多，相应的运营成本就会愈低，效率就愈理想。全国统筹是最高的统筹层次，在降低管理成本方面，具有特殊的优势。[⑥] 挪威经济学家斯多尔斯莱登（Storesletten）认为提高养老保险统

[①] L. Leisering, S. Gong, and A. Hussain, *Old-Age Pensions for Rural China? From Land Reform to Globalization*, Beijing, Bielefeld: Asian Development Bank, 2001, p. 52.

[②] A. Drouin, L. H. Thompson, *Perspectives on the Social Security System of China*, Geneva: International Labour Organization, 2006, p. 80.

[③] Nicholas Barr, "Long-term Care: A Suitable Case for Social Insurance", *Social Policy And Administration*, Vol. 44, No. 4 (2010), pp. 359-374.

[④] John B. Williamson, and C. Deitelbaum, "Social Security Reform: Does Partial Privatization Make Sense for China?", *Journal of Aging Studies*, Vol. 19, No. 2 (2005), pp. 257-271.

[⑤] Rickne, and Johanna, "Labor Market Conditions and Social Insurance in China", *China Economic Review*, No. 27 (2013), pp. 52-68.

[⑥] Olivia S. Mitchell, "Administrative Costs in Public and Private Retirement System", *Privatizing Social Security*, Martin Feldstein (eds.), Chicago: University of Chicago Press, 1998, pp. 403-456.

筹层次意义重大，不仅有利于扩大养老保险覆盖范围，更有利于降低管理成本，能够在一定程度上调节养老金待遇水平，有效维持养老保险基金的财务收支平衡。① 同时他认为，养老保险地域分割统筹在成本和运营效率方面远逊全国统筹，扩大养老保险覆盖面，适当降低养老保险待遇水平等可使养老保险制度运行得更加健康有序。塔玛拉·特林（Tamara Trinh）指出，中国的地区分割统筹制度不利于社会公平；同时，不同省份养老保险制度的内涵和质量由于地区分割而大相径庭，不利于经济与社会发展。② 约瑟夫·斯蒂格利茨（Joseph E. Stiglitz）指出中国以区域为单位的较低的统筹层次，在运行过程中会产生很多问题，尤其是在制约劳动力的流动方面，其带来的负面影响比较大，不仅限制了劳动力的自由流向，还会影响整体经济运行效率③。

第五节　国内外文献述评

　　纵观国内外的研究成果，我们发现国内外学者围绕养老保险城乡统筹的内涵、必要性与养老保险城乡统筹的发展路径，提出了许多富有思想内涵和应用价值的研究成果与政策建议。总结来看，养老保险制度城乡二元结构造成了城乡养老保险保障水平的明显差距：城镇社会保障水平高，与经济发展水平比较适应；而农村社会保障水平低且存在较大波动，与经济发展水平不相适应。同时"碎片化"的农村养老保险制度造成各项制度之间的转移接续程序复杂，增加了参保人员的经济负担，直接损害了参保人员的权益。从某种程度上来说，现行制度在缩小城乡

① Storesletten, Kjetil, "Sustaining Fiscal Policy through Immigration", *The Journal of Political Economy*, Vol. 108, No. 2. (2000), pp. 300-323.

② Tamara Trinh, *China's Pension System Caught Between Mounting Legacies and Unfavorable Demographics*, Berlin: Dcutsche Bank Research, 2006, p. 12.

③ Stiglitz, Joseph E., "Globalization and Growth in Emerging Markets", *Journal of Policy Modeling*, Vol. 26, No. 4. (2004), pp. 465-484.

差距方面的效果不明显。而统筹层次的提高，在分担社会保障风险的同时，也能节约管理成本，可以进一步体现社会公平与社会正义，为劳动力流动创造条件，从而促进经济增长。国内外学者已就提升统筹层次，完善制度间转移接续机制达成了基本共识。在未来发展路径的研究中，诸多学者提出了用缴费年限来量化城职保统筹养老金和新农保基础养老金、名义账户制以及"分段计算，不转账户资金"等解决制度转移接续问题的新思路。已有的成果为进一步深化养老保险城乡统筹问题研究提供了很好的理论基础、实践案例和方法借鉴。

但同时也应当看到，对于养老保险城乡统筹还有许多关键性问题没有得到更多重视和深入探讨。问题之一：国内外学界缺乏对城乡养老保险制度给付水平适度性的定量分析。养老金给付的适度性正是城乡养老保险制度运行的基础性条件，如果没有对当前城乡居民养老需求水平的准确认识，出台政策的有效性及实施效果都是令人无法把握的。问题之二：国内外学界缺乏对城乡养老保险制度财政补贴的合理性和动态变化性的研究。财政补贴的合理性与城乡养老保险给付水平适度性紧密相关，没有对财政补贴合理性的研究，就会失去对财政补贴作用的准确把握，而没有对财政补贴动态变化性的研究，就会导致无法判断城乡养老保险统筹后的养老金是否满足城乡居民基本生存需要。问题之三：国内外学界缺乏针对城乡养老保险适度给付水平与财政动态补贴二者契合关系的研究。城乡养老保险适度给付水平为财政的动态补贴提供了客观参考和运行基准，而财政的动态补贴则为城乡养老保险的适度给付提供了政策可能和现实基础，二者之间存在着紧密的契合关系。鉴于此，本书将从养老金与财政动态契合的视角，对职工基本养老保险全国统筹与中央调剂、农民工养老保险制度统筹、城乡居民养老保险制度统筹等内容进行深入探讨，从制度顶层设计层面、可持续发展能力建设、配套机制设计等方面提出优化养老保险城乡统筹的政策，为进一步加速养老保险城乡统筹进程提供新思路。

第三章　城乡养老保险制度改革
历程与统筹必要性

　　1951 年政务院颁布的《中华人民共和国劳动保险条例》标志着新中国养老保险制度的诞生，但在"文化大革命"时期这一制度遭到破坏，社会保险基金统筹调剂功能停止，相关负担全部由各企业自理，社会保险变成了企业保险，正常的退休制度中断，直到 1984 年我国对养老保险制度进行改革才算真正意义上开启了社会养老保险事业。

　　回顾我国社会保障制度近 70 年的改革发展历程，不难发现，其制度设计的典型特点是坚持"人群分设"思路，即将社保对象按照群体特征、社会身份等方面来进行制度的分层设计。如分别建立城镇职工、公务员或机关事业单位职工、农民工等具有某些共同特点的目标群体制度安排。这种传统的城乡分治路径，虽然在一定程度上能够相对集中地解决当时某一类社会群体的社会保障需求，便于制度及政策的设计管理和渐进推行，但这种"摸着石头过河"的中国特色经验，从长远来看，必定会给新时代城乡养老保险制度统筹留下重重难题。本章将对我国养老保险制度改革历程进行详细的总结，并对城乡统筹的必要性做出解释说明。

第一节　城乡养老保险制度改革历程

一、城乡二元发展阶段

　　所谓城乡二元发展阶段就是城市和农村的养老保险分别发展、互不融合、绝对独立的历史发展阶段。中国特殊的城乡二元结构的长期发展造成养老保险长期处于二元状态，这种二元状态是一种非均衡的二元，与当时的二元经济结构和社会结构相适应，是为了配合国家的工业化发展而采取的政策手段，具有其自身的有限合理性和适应性。

（一）机关事业单位养老保险

我国机关事业单位养老保险制度的变迁从时间上来看，经历了四个阶段。第一阶段是在新中国成立后至20世纪90年代；第二阶段是1992年至2008年；第三阶段是2008年至2015年，以2008年国务院出台《事业单位养老保险制度改革方案》，确定在山西、上海、浙江、广东、重庆5省市试点事业单位养老制度及分类改革为标志；第四阶段是2015年以来，以国务院颁布《关于机关事业单位工作人员养老保险制度改革的决定》（国发〔2015〕2号）为标志，是机关事业单位与企业职工养老保险并轨后建立城镇职工养老保险制度的阶段。

由于第三阶段与第四阶段两次的变迁在目的、改革对象和具体政策框架等方面对制度变迁产生影响的因素均不相同，故对其分别进行论述。

1. 机关事业单位养老保险制度萌芽阶段

新中国成立之初，为了衔接旧中国的职工退休制度，我国于1950年发布了《关于退休人员处理办法的通知》。1951年又颁布了《中华人民共和国劳动保险条例》，这是新中国成立后的首个较为完整的社会保险法规。这个法规具体规定了企业职工的养老保险制度，但并不包括机关事业单位人员。这主要是因为新中国成立之初机关事业单位实行供给制，对职工的生老病死等全权负责，并且当时人员较为年轻，退休职工数量不多。直到1955年12月，随着《关于国家机关工作人员退休处理暂行办法》和《国家机关工作人员退职处理暂行办法》两部法规的颁布，才对机关事业单位人员的退休制度有了明确的规定，1956年又对工作年限计算等问题做出补充规定。至此，机关事业单位退休制度独立出来，区别于企业职工，形成了最初的养老保险"双轨制"。然而，后来机关事业单位人员与企业职工退休养老方面的区分对待产生了许多问题。于是在1958年，机关事业单位人员与企业职工的退休制度进行了合并，在当年发布的《关于工人、职员退休处理的暂行规定》中对退休工龄年限、退休待遇进行了调整，养老保险的经费全部或部分来源于财政，待遇按退休时基本工资的一定比例计发。

改革开放后，为适应新形势的要求，机关事业单位退休制度又进行了调整，1978年6月国务院颁布的《关于安置老弱病残干部的暂行办法》和《关于工人退休、退职的暂行办法》，相对于1958年的退休办法发生了较大的改动，使得原本统一的退休养老制度再次分立，又恢复了机关事业单位人员与企业职工的退休养老制度分立的局面。

2. 机关事业单位养老保险制度探索阶段

1992年，以人事部下发的《关于机关事业单位养老保险制度改革有关问题的通知》为起点，机关事业单位养老保险制度改革进入探索阶段，但最后该次改革因受到较大阻力而搁浅，此次改革的终点是2000年12月下发的《国务院关于印发完善城镇社会保障体系试点方案的通知》。1992年云南、江苏、福建、山东、辽宁、山西等省份开启机关、事业单位养老保险制度改革的局部试点。从1994年开始，全国各地陆续有地方省份自主开展机关事业单位养老保险制度改革。1994年1月，福建省人民政府下发了《福建省机关事业单位工作人员退休养老保险暂行规定》，从合同制工人、自收支和差额拨款事业单位人员、聘用制干部等六种人员开始试行养老保险制度。辽宁省也下发了相关文件，并先行从省直机关合同制工人开始进行养老保险费用社会统筹。山东省也于1994年开展了相关的调研工作，准备通过三步改革完成机关事业单位养老保险制度改革：第一步，建立机关事业单位合同制工人、聘用制干部养老保险制度；第二步，对自收自支等事业单位实行退休费用社会统筹；第三步，机关事业单位养老保险改革全面起步。同时开展试点的还有云南、江苏、黑龙江、上海等省市，各省市均有自身的改革方案。至1997年，全国就机关事业单位养老保险制度出台改革文件的有19个省市，试点的有27个省市，共有约1000万机关事业单位职工参加了养老保险。但由于条件限制，各地均采取了"部分推进"的措施，基本上都是首先在机关事业单位的合同制工人、聘用制干部和自收自支的事业单位中进行养老保险制度改革试验。但各地在养老保险缴费费率、养老待遇、调整机制等方面并没有一个统一的框架。1998年，我国成立了劳动和社会保障部，负责城镇全体职工的社会保险工作；同年，国务院明确要求各地机关事业单位养老保险改革要严格按照国务院统一部署的方案，在试点的基础上，总结经验积极稳妥地推进，各地不宜自行其是。2000年12月，《国务院关于印发完善城镇社会保障体系试点方案的通知》（国发〔2000〕42号）规定，国家公职人员和全部由财政供款的事业单位维持现行养老保险制度，部分财政供款事业单位的养老保险办法在调查研究和试点的基础上分别制定，已经进行改革试点的地区继续完善和规范。① 2001年9月，劳动和社会保障部发布《关于职工在机关事业单位与企业之间流动时社会保险关系处理意见的通知》（劳社部〔2001〕13号），对职工在机关事业单位和企业单位之间流动时各项社会保险的转移接续办法做了规定。这两个文件的出台无疑是对自1994年开始的机关事业单位养老保险制度改革画上了暂时的句号。这就意味着，机关事业单位养老保险制度的改革试点不再继续推广，已经试点的则继续探索，这打乱了政府改革政策的连续性，削弱了各地进行改革的动力，也降低了人们对机关事业单位养老保险制度改革的期望。最终由于各地试点步调不一、一直没有形成全国统一的事业单位养老保险的全面改革方案等原因，改革处于停滞中。

3. 机关事业单位养老保险制度发展阶段

虽然2000年《国务院关于印发完善城镇社会保障体系试点方案的通知》中已经要求我国机关事业单位养老保险制度改革暂缓进行，但随着机关事业单位与企业养老待遇差距越来越大，关于机关事业单位养老保险改革的呼声也变得愈发高涨。越来越多的人认为机关事业单位不进行养老保险改革是很不公平的，政府也意识到了这一问题。2008年2月，国务院常务会议讨论并原则通过了《事业单位工作人员养老保险制度改革试点方案》，确定在山西、上海、浙江、广东、重庆5省市先期开展事业单位养老保险改革的试点工作，与事业单位分类改革配套推

---

① 《国务院关于印发完善城镇社会保障体系试点方案的通知》，第三章第2条、第4条，2000年12月25日，中国政府网，见 http：//www.gov.cn/xxgk/pub/govpublic/mrlm/201011/t20101112_62507.html。

进。试点的主要内容包括：实行社会统筹与个人账户相结合的基本养老保险制度，养老保险费用由单位和个人共同负担，确定相应的缴费基数、缴费比例和计发办法，建立基本养老金正常调整机制，建立职业年金制度，逐步实行省级统筹等。① 由于试点方案对职业年金建立的日程进展和资金来源并没有明确安排，因此，该方案一出，舆论一致认为事业单位养老保险制度改革是要向企业看齐，该试点方案遇到了极大的实施阻力。究其原因是在事业单位养老保险待遇远高于企业的情形下，大多数事业单位工作人员认为公务员可以继续享受较高的养老待遇，而一旦事业单位养老保险制度与企业职工养老保险制度合并，其养老待遇必然下降，因此，这项改革遭到了大多数事业单位工作人员的抵制，导致改革举步维艰。

4. 机关事业单位养老保险制度完善阶段

为统筹城乡更公平、更可持续的养老保障体系的建立，2015 年 1 月 14 日，国务院颁布了《国务院关于机关事业单位工作人员养老保险制度改革的决定》，提出机关事业单位工作人员退休养老制度改革思路，即实行社会统筹与个人账户相结合的基本养老保险制度。基本养老保险费由单位和个人共同承担，单位按照职工工资总额 20% 的比例缴纳保险费，个人按照工资 8% 的比例缴纳，个人缴纳的 8% 纳入个人账户之中。个人工资超过上年度在岗职工平均工资 300% 以上部分，不计入缴费基数，而低于上年度在岗职工平均工资 60% 以下部分，则按上年度在岗职工平均工资 60% 缴纳。计发办法中个人缴费以 15 年为限，个人缴费满 15 年，退休后按月领取基本养老金，基本养老金以当地上年度在岗职工月平均工资与本人指数化月平均缴费工资的平均值为基数，每缴费 1 年发 1%；个人账户发放标准则是用账户总额除以计发月数（正常退休女职工个人账户计发月数是 195 个月，男职工是 139 个月）。个人账户储存额不变的情况下，一名职工退休越早，作为分母的计发月数就越大，退休金也就越低。新计发办法的原则是鼓励多劳动，多

---

① 《事业单位工作人员养老保险制度改革试点方案》，第二章，中国政府网，见 http：//www. gov. cn/Zhengce/content/2015-01/14/content_ 9394. htm。

缴费，如果 65 岁退休计发月数是 101 个月，70 岁退休计发月数才是 56 个月，每月平均发放。

为建立多层次养老保险体系，2015 年 4 月，国务院办公厅颁发了《国务院办公厅关于印发机关事业单位职业年金办法的通知》，规定了国家机关事业单位在基本养老保险基础上，机关事业单位同时还建立职业年金的补充养老保险制度，职业年金缴费由单位和个人承担，单位缴费标准为本单位工资总额的 8%，个人缴费标准为本人缴费工资的 4%。职业年金基金采用个人账户方式管理，基金投资收益纳入职业年金账户。职业年金领取标准为机关事业单位工作人员在退休后按月领取职业年金。

2015 年 6 月，人社部颁布了《关于机关事业单位工作人员养老保险信息系统建设指导意见》，提出建立机关事业单位工作人员养老保险信息系统，实现机关事业单位工作人员养老保险业务规范化和信息化，全国实行统一的《社会保险管理信息系统指标集与代码》（LD/T92—2013），建立机关事业单位工作人员养老保险信息与其他政府部门信息的共享机制，加快了统筹城乡社会保障体系建设的步伐。

（二）企业职工养老保险

城镇地区的基本养老保险制度起源于新中国建立之初的《中华人民共和国劳动保险条例》。《中华人民共和国劳动保险条例》的出台最初是国家保护工人阶级劳动利益的重要内容，是执行《中国人民政治协商会议共同纲领》，落实劳动者在劳动保险中的权利和义务的主要手段。在当时国民经济百废待兴的关键时刻，其目的是为了能在尽快恢复生产的同时还能有效应对企业职工的生老病死伤残问题。城镇地区的社会保险以企业职工为主要保障对象，劳动保险包含对企业职工的生、老、病、死、伤、残以及直系亲属的供养，对于维护职工的利益、保护和发展生产、维护社会稳定发挥了重要作用。企业职工养老保险的发展历程大致可以分为两个阶段：第一阶段为计划经济体制背景下的企业职工养老保险制度；第二阶段为市场经济体制背景下的企业职工养老保险制度。以 1995 年引入个人账户制为主要标志，这一举措加强了我国企业职工养老保险的个人责任及对个人的激励，对养老保险制度运行的可持续性及再分配功能产生了重要影响。

1. 计划经济体制背景下的企业养老保险制度

1951 年,《中华人民共和国劳动保险条例》的颁布标志着我国企业职工养老保险制度初步建立。当时的企业职工养老保险制度实行社会统筹,以企业为单位,每月缴纳职工工资总额的 3%。上缴的基金不仅用于支付劳动保险待遇,也用于全国总工会举办集体劳动保险事业。然而"文化大革命"之后,企业职工养老保险发生倒退,转变为由职工所在企业完全保障的模式。个人不需缴费,按照现收现付模式由企业从当期收入中支付退休金。

我国在 1978 年做出了改革开放的决定,这是我国企业养老保险制度改革的大背景。改革开放对市场经济体制的认可,要求企业拥有独立的经营权和用人自主权,而我国在计划经济体制下却是政企不分。因此,将占据我国经济主导地位的国有企业转化为自主经营自负盈亏的现代企业是改革的首要目的。随着 1986 年《中华人民共和国企业破产法(试行)》的实行,经营不善的企业要依法破产倒闭,传统的企业内退休制度以及职工生老病死都依靠企业的情形无法继续维持。国有企业改革客观上迫切需要一项制度能够将职工的养老保障从企业中剥离出来,这是企业职工养老保险制度改革的动力来源之一。1986 年,国务院颁布《国营企业实行劳动合同制暂行规定》,要求国营企业对新招收员工的养老保险费用实行社会统筹,企业按照职工工资总额的 17% 缴纳,职工个人缴费比例为其工资的 3%。这一政策的出台直接推动了国营企业养老保险费用社会统筹工作的全面铺开。实践证明,县级企业职工养老保险费用社会统筹试行效果良好,它保证了离退休职工退休费的发放,均衡了养老保险费用负担,对于减轻企业负担,维护社会稳定,保证经济体制改革的顺利进行都起到了很好的促进作用。

2. 市场经济体制背景下的企业养老保险制度

改革开放之后,我国逐步转变为社会主义市场经济体制,伴随着人口老龄化程度的不断加深,这种完全由企业负担、现收现付制的企业养老保险制度存在的问题开始凸显。一些企业养老负担过重,严重影响了企业的发展。为了适应市场经济体制改革的要求,企业养老保险迫切需要转变制度模式。在这种形势下，政府有关部门对我国企业养老保险制度进行了细致全面的分析研究，于 1991 年建立了国家、企业、个人三方共担机制。在 1995 年国务院下发的《关于深化企业职工养老保险制度改革的通知》（国发〔1995〕6 号）中，决定在企业职工养老保险体系中引入个人账户。这次个人账户制的引入并没有进行试点，国家以强制措施直接出台了两个备选方案，其中对个人账户制的缴费规定也分为两个方案，方案之一是：职工按不低于个人缴费工资基数的 3% 缴费，以后一般每两年提高 1 个百分点（后来统一规定为 8%），均计入个人账户，企业缴费按个人缴费工资基数的 5% 进入职工个人账户；第二种方案是：职工个人缴费的全部或者一部分记入个人账户，企业缴费中的职工缴费工资基数高于当地职工平均工资 200% 以上至 300% 的部分，可以全部或者一部分记入个人账户。① 1997 年又下发了《关于建立统一的企业职工基本养老保险制度的决定》，统一了全国企业职工养老保险制度。至此，我国企业职工养老保险制度基本确立，缴费模式为三方共担机制，并采取统账结合的制度模式，实现了公平与效率兼顾、权利与义务对等。企业职工养老保险制度改革历程如表 3-1 所示：

表 3-1　企业职工养老保险制度改革方案

政策名称	发布年份	主要内容
《中华人民共和国劳动保险条例》	1953 年	首次对企业职工养老保险作出规定
《关于工人退休、退职的暂行办法》	1978 年 6 月	重新规定了干部和工人离退休、退职的条件及待遇标准
《关于企业职工养老保险制度改革的决定》	1991 年 6 月	提出了建立多层次的养老保险体系，鼓励企业实行补充性养老保险
《建设社会主义市场经济体制改革若干问题的决定》	1993 年 11 月	第一次提出建立社会统筹与个人账户相结合的养老保险制度，且指出了养老保险由现收现付制向基金积累制过渡的思路

① 《国务院关于深化企业职工养老保险制度改革的通知》，附件一和附件二中第一章的第 1 条。

政策名称	发布年份	主要内容
《关于深化企业职工养老保险制度改革的通知》	1995 年 3 月	进一步明确了改革的目标、统账结合的原则、养老金的增长机制和改革后养老基金的筹集管理模式，并在全国推行两个改革方案
《关于建立统一的企业职工基本养老保险制度的决定》	1997 年 7 月	按照社会统筹与个人账户相结合的原则，从三个方面统一了企业职工基本养老保险制度
《关于印发完善城镇社会保障体系试点方案的通知》	2000 年 12 月	明确了缴费比例以及参加企业基本养老保险的条件，还提出了建立企业年金制度的要求
《关于完善企业职工基本养老保险制度的决定》	2005 年 12 月	对 2000 年试点方案的肯定，并进一步完善试点方案，统一了城镇个体工商户和灵活就业人员的参保缴费政策

资料来源：参见《养老保险制度改革 40 年大事记（1978—2018）》，《中国社会保障》2018 年第 9 期，第 30—31 页。

（三）农村养老保险制度

新中国成立之初，农村地区养老保险不是农村社会保障建设的主要内容，其原因是考虑到当时农民分到了土地，有了基本生存保障，土地保障能够发挥家庭养老保障的作用，完全可以解决农村地区的养老问题。所以从新中国成立之初一直到 20 世纪 80 年代，农村除了五保供养制度对老弱人口进行保障外，其他保障制度几乎是空白。随着改革开放进程的加速以及城镇企业职工养老保险制度改革的不断推进，我国在1986 年开始探索农村养老保险制度建设，直至 2019 年已经有 30 多年历史。在这个过程中，农村养老保险制度共经历了三大阶段：第一，农村养老保险（也被称为"老农保"），时期为 1986—2002 年；第二，新型农村养老保险（也被称为"新农保"），时期为 2003—2014 年；第三，城乡居民养老保险，时期从 2014 年 3 月以来。

1. 农村养老保险（1986—2002 年）

1986 年，《中共中央关于制定国民经济和社会发展第七个五年计划的建议》中提出了"抓紧研究建立农村社会保障制度，并根据各地经济发展情况，进行试点，逐步实行"目标之后，在部分地方开始了农村养老保险制度的探索。同年，民政部和国务院相关单位在江苏沙洲县召开了"全国农村基层社会保障工作座谈会"，会议要求农村养老保险要视各地区的具体情况因地制宜，由此建立了农村养老保险（以下简称为"老农保"）制度，标志着我国农村养老保险制度正式开启了探索和发展的道路。老农保在各地区试点六年后，民政部总结试点地区的发展经验，于1992年制订颁发并推行了《县级农村社会养老保险基本方案》（民办发〔1992〕2号），主要是实行由个人缴费、集体补助和国家补贴三者结合的筹资方式。但在县级单位施行农村养老保险政策时也出现了一些问题，例如落实集体补助的筹资方式效果并不显著，大部分地区只能仅仅依靠个人的缴费来实现个人账户积累。

1993年国务院批准建立农村社会养老保险管理机构，各种规章制度与操作方案陆续出台，农村社会养老保险工作在全国展开。1995年召开的全国农村社会养老保险工作会议，明确了"在有条件的地区积极稳妥地实施农村社会养老保险，并分类指导，规范管理"原则。1995年《国务院办公厅转发民政部关于进一步做好农村社会养老保险工作意见的通知》（国办发〔1995〕51号），"要求各级政府要切实加强领导，积极稳妥地推进农村社会养老保险工作"。农村社会养老保险制度被大范围推广。1997年全国建立了农保机构，基本形成了中央部委、省、市、县、乡、村多级工作网络和上下贯通的管理体系，基本操作程序比较规范，管理制度也在逐步健全，农村大部分地区初步建立起农村社会养老保险制度。

1997—1998年受到东南亚金融危机的影响，国内经济下行压力加大，农村养老保险发展处于停滞阶段。1997年中共中央、国务院印发《关于深化金融改革，整顿金融秩序，防范金融风险的通知》（中发〔1997〕19号），要求防范金融风险，整顿金融秩序。此外，自1996年，央行不断降低银行利率，导致社会保险基金收益远远低于预期。到1999年7月，整顿的内容和目标发生了重大转折，《国务院批转整顿保险业工作小组〈保险业整顿与改革方案〉的通知》（国发〔1999〕14号）提出："目前我国农村尚不具备普遍实行社会保险的条件。对民政系统原来开展的'农村社会养老保险'，要进行清理整顿，停止接受新业务，区别情况，妥善处理，有条件的可以逐步将其过渡为商业保险。"① 受到以上政策的影响，老农保参保人数从鼎盛时的约 8000 万人逐渐下降到 5000 万人左右。自此，农村社会保险制度建设进入了停滞期。

2. 新型农村社会养老保险（2003—2014 年）

21 世纪初，党的十六大成功召开，会议提出要求有条件的地方应"探索建立农村养老、医疗保险和最低生活保障制度"。2003 年，劳动和社会保障部接连印发了《关于做好当前农村养老保险工作的通知》（劳社部函〔2003〕115 号）和《关于认真做好当前农村养老保险工作的通知》（劳社部函〔2003〕148 号），要求"积极稳妥地推进农村养老保险工作"。为了贯彻落实党中央要求，自 2003 年开始，我国新型农村养老保险（以下简称为"新农保"）开始建设。北京、江苏、陕西等21 个省（市、区）的 3000 多个县在总结老农保的经验与不足的基础上，自行开展了由地方政府给予补贴的试点工作，由此开始了探索新农保之路。2006 年中央一号文件指出："按照城乡统筹发展的要求，逐步加大公共财政对农村社会保障制度建设的投入。探索建立与农村经济发展水平相适应、与其他保障措施相配套的农村社会养老保险制度。"② 就此开始了财政对农村社会养老保险进行补贴的破冰行动，初步实现了农村养老保险相对公平的待遇。同时 2007 年党的十七大报告更是明确地将"覆盖城乡居民的社会保障体系基本建立，人人享有基本生活保障"作为"到 2020 年实现全面建成小康社会的奋斗目标"之一。报告中明确提出建立农村养老保险制度，鼓励各地开展农村养老保险试点。这可以看作是政府对新型农村养老保险加大了支持力度，也意味着城乡养老保险制度统筹发展的正式开始。由于农村地区人口众多、老龄化程度严重，社会问题尤其复杂，因此城乡基本养老保险

---

① 《国务院批转整顿保险业工作小组〈保险业整顿与改革方案〉的通知》（国发〔1999〕14 号），1999 年。

② 《中共中央国务院关于推进社会主义新农村建设的若干意见》，人民出版社 2006年版。

制度的统筹规划方案采取的是"先农村后城市"的战略路线，中央政府要求各地根据本地区的经济社会状况先行开展农村养老保险的试点探索，在此基础上由中央政府统一组织全国性试点。从试点实际推进状况可以分为两大阶段：第一是各地区分别试点阶段，第二是全国统一试点阶段。

在地方试点阶段，劳动和社会保障部、民政部 2007 年颁布了《关于做好农村社会养老保险和被征地农民社会保障工作有关问题的通知》。劳动和社会保障部与日本国际协力组织（JICA）合作开展了"中国农村社会养老保险制度创新与管理规范"中日合作项目。该项目在北京、山东和安徽等 7 个省市的 8 个县（市、区）开展实地调查和政策研究，各地区在试点过程中，设计了形式多样的新农保试点模式，总体来说可以归纳为以下三种：一是基础养老金和个人账户养老金相结合的模式。这种模式的基本特点是养老金由两部分组成：非缴费型的基础养老金和三方筹资积累的个人账户养老金。非缴费体现了公平原则和普惠原则，积累的个人账户体现了效率原则和义务原则。采取这种模式的主要是北京市和宝鸡市。二是社会统筹与个人账户相结合的模式。这种模式主要参照城镇职工养老保险制度进行设计，三方筹集的资金分别进入社会统筹账户和个人账户，采取这种模式的地区包括江苏、浙江、广东、山东的部分县市区。三是完全个人账户模式。这种模式的资金按照个人缴费为主、集体补助为辅、政府给予适当补助的原则筹集，筹集的资金全部纳入个人账户实现积累。安徽省马鞍山市自 2007 年开展新农保建设工作，遵循个人缴费、集体补助、政府补贴、老年人实行老年津贴的原则。

在全国试点阶段，2008 年颁布的《中共中央关于推进农村改革发展若干重大问题的决定》中明确提出："贯彻广覆盖、保基本、多层次、可持续原则，加快健全农村社会保障体系。按照个人缴费、集体补助、政府补贴相结合的要求，建立新型农村社会养老保险制度。"[①] 这

---

① 《中共中央关于推进农村改革发展若干重大问题的决定》，人民出版社 2008 年版。

个决定文件对新农保这一制度具有里程碑的意义，此项决定中还提出要对制度实施过程中的基本要求和筹资待遇机制作出明确规定，至此新农保的制度雏形已经基本显现。直到 2009 年，国务院出台《关于开展新型农村社会养老保险试点的指导意见》（国发〔2009〕32 号），决定从 2009 年开始在 10%的县（市、区）实行新型农村社会养老保险的试点，明确了中央与地方的财政责任，中央财政以"补出口"为主，向全国 60 岁以上的农村居民发放基础养老金，同时要求地方财政也提供相应补贴。由中央和地方共同发放的基础养老金即是中国特色的零支柱养老保险金。同时，地方财政也对"进口端"进行补贴，根据当地的财政状况向参保人员提供缴费补贴。

《关于开展新型农村社会养老保险试验点的指导意见》对新农保的基本原则、基金筹集、养老金待遇、个人账户的建立等几个方面作出了规定，新农保制度以其自身制度设计的合理性以及国家和集体给予政策性的财政补助，有效地激励了农村居民参与养老保险的积极性，因此新农保制度自实施以来受到广大农民的好评，使养老保险的覆盖面在农村地区得到快速扩展。至 2010 年 6 月底，全国 320 个试点县和 4 个直辖市全部启动参保缴费和发放基础养老金工作，参保人数共计 5965 万人，占试点地区农业人口的 63.82%，领取养老金人数高达 1697 万人。[①] 2011 年末全国又扩大到 27 个省、自治区的 1914 个县（市、区、旗）和 4 个直辖市部分区县，试点地区参保人数 32643 万人。2011 年 3 月发布的《国民经济和社会发展第十二个五年规划纲要》中提出要在"十二五"期间实现新农保制度全覆盖。

我国各类养老保险制度齐头并进的过程中，对于城镇未就业的社会人员而言，其养老保险仍存在缺位。从社会建设和社会成员的公平性角度来看，建立城镇居民养老保险制度势在必行。国务院于 2011 年 7 月下发了《关于开展城镇居民社会养老保险试点的指导意见》，开启了城镇居民社会养老保险（以下简称为"城居保"）试点的新篇章，这标志

---

① 《人社部：截至 6 月底　新农保参保人数 5965 万人》，中国新闻网，2010 年 7 月 23 日，见 https：//www. Chinanews. com/2010/07-23/242118. shtml。

着城镇非从业居民从此实现老有所养，中国基本养老保险迈向了"全民皆保"新的历史发展时期。

新农保和城居保实行个人缴费、集体补助、政府补贴的筹资方式，满足了广大城乡居民的现实需求，因此能够在较短的时间内实现全覆盖。新型农村社会养老保险和城镇居民社会养老保险是为解决城镇职工基本养老保险的有限包容性而建立的特殊制度，这两项制度虽然资金来源相对单一、待遇水平较低，但从无到有的巨大质变还是得到了参保对象的大力支持，加之各地政府不遗余力的宣传和引导，参保人数连年攀升，截至 2015 年已基本实现人口全覆盖。

3. 城乡居民养老保险（2014 年 3 月至今）

2014 年 2 月，国务院总理李克强主持召开国务院常务会议，"决定在已基本实现新型农村社会养老保险、城镇居民社会养老保险全覆盖的基础上，依法将这两项制度合并实施，在全国范围内建立统一的城乡居民基本养老保险制度（以下简称'城乡居保'）"①。此后，发布了《国务院关于建立统一的城乡居民基本养老保险制度的意见》（国发〔2014〕8 号），文件中明确规定了城乡居保的参保范围、基金筹集方式、缴费标准、待遇水平、领取条件、制度衔接转移以及基金的管理运营等具体事项，提出到"十二五"后期，要在全国基本实现新农保和城居保的制度并轨。此后，全国城乡居民基本养老保险基础养老金最低标准也开始渐进式调整。在 2015 年基础养老金由原来的 55 元/月提高到 70 元/月，2018 年又提高至每人每月 88 元。"到 2020 年前，全面建成公平、统一、规范的城乡居民养老保险制度，与社会救助、社会福利等其他社会保障政策相配套，更好地保障参保城乡居民的老年生活。两项养老保险制度合并，建立统一的城乡居民基本养老保险制度。"② 使全体公民公平地享有基本养老保障，是我国经济社会发展的必然要求。

---

① 《李克强主持召开国务院常务会议听取关于 2013 年全国人大代表建议和全国政协委员提案办理工作汇报　决定建立全国统一的城乡居民基本养老保险制度》，中国政府网，2013 年 2 月 7 日，见 http：//www. gov. cn/zhuanti/2014-02/07/content_ 2796390. htm。

② 《国务院关于建立统一的城乡居民基本养老保险制度的意见》（国发〔2014〕8 号），中国政府网，2014 年 2 月 21 日，见 http：//www. gov. cn/zhengce/content/2014-02/26/content_ 8656. htm。

农村社会养老保险和城镇居民社会养老保险制度的统一并不是简单的相加，而是需要通过整合资源推动城乡居民基本养老保险制度与其他社会保障制度相衔接。城乡居民养老保险的统一，不仅让亿万老年人能够老有所依、生活无忧，更增强了全社会的安全感和凝聚力。同时，它还对人口自由流动、拉动消费具有重要意义。新农保和城居保制度的合并统一是我国养老保险制度全国统筹的第一步，基础养老金和个人账户相结合的模式不仅完善了我国多层次、多支柱的养老保障体系，而且是全球迄今为止覆盖人数最多的零支柱养老金，是中国社会保障制度建立以来最大的成就之一。

表 3-2　城乡居民基本养老保险制度的改革历程

发展历程	老农保阶段 （1986—2002 年）	新农保阶段 （2009—2014 年） 城居保阶段 （2011—2014 年）	城乡居保阶段 （2014 年至今）
制度名称	农村社会养老保险	新型农村社会养老保险 城镇居民社会养老保险	城乡居民基本养老保险
保障对象	是农村户口、不由国家供应商品粮的农村人口	年满 16 周岁、未参加城镇职工基本养老保险的农村居民和城镇居民	年满 16 周岁，非国家机关和事业单位工作人员及不属于职工基本养老保险制度覆盖范围的城乡居民
筹资模式	个人缴费为主，少数地区有集体补贴，无政府补贴	个人缴费、集体补助、政府补贴	个人缴费、集体补助、政府补贴
保障水平	勉强维持基本生活需要	分档缴费，多缴多得	分档缴费，多缴多得
账户类别	个人账户	个人账户+社会统筹	个人账户+社会统筹

资料来源：米红：《参数调整与结构转型：改革开放四十年农村社会养老保险发展历程及优化意见》，《治理研究》2018 年第 6 期，第 17—27 页。

二、城乡养老保险统筹的改革实践

面对人口老龄化问题，党中央作出了全新部署："加强社会保障体系建设，按照兜底线、织密网、建机制的要求，全面建成覆盖全民、城乡统筹、权责清晰、保障适度、可持续的多层次社会保障体系。全面实施全民参保计划。完善城镇职工基本养老保险和城乡居民基本养老保险制度，尽快实现养老保险全国统筹。"① 养老保险制度的城乡一体化建设要按照这一目标推进改革进程，这不仅是由于养老保险是社会保障体系的重要组成部分，更是基于现行的城乡养老保险制度与党的十九大提出的新目标存在诸多差距的现实考量。

（一）城乡居民基本养老保险一体化的改革实践

城乡养老保险统筹发展的目标是，实现全体社会成员公平的参与权，无论身处城市还是农村、城镇户口还是农村户口、正式就业还是非正式就业，都可根据自身具备的条件参与与之相对应的养老保险制度。然而养老保险的城乡统筹规划虽然在逐步消除曾经存在制度外的不公平，却无法解决制度内由于筹资和给付所产生的不公平，并且以城乡户籍或职业为界限划分的参与权利带来了制度管理的低效和参保人员博弈选择的低效。所以城乡统筹必然在制度前行进程中不断优化调整，向更加科学合理的方向——"城乡一体"演化。这种演化进程的长短取决于较多因素的影响：政府财政状况、政治需求、制度能力以及经济文化传统等，从目前来看，2014 年开始实施的城乡居民基本养老保险制度可以看作是养老保险城乡一体化的开端。

城乡居民基本养老保险设计最初是建立在新农保的制度方案之上。而城乡居保的建立目的是为了打破城乡二元结构，使城乡居民真正享受到公共服务均等化福利。新农保与城居保两项制度的高度相似性主要源于保障对象的类同性。新农保自 2009 年在全国推开试点之后，经过近四年的实践发现缴费档次的设计不能满足农村较高收入群体的参保需求，因此 2011 年开启城居保试点时，有些地方政府又自主地开始了另一项重要的试点——新农保与城居保合并实施，颁布并实施城乡居民社会养老保险实施细则，对参保的城镇和农村居民实行

---

① 习近平：《决胜全面建成小康社会 夺取新时代中国特色社会主义伟大胜利——在中国共产党第十九次全国代表大会上的报告》，人民出版社 2017 年版。

同一套制度。《社会保险法》还对两种制度并轨预先作出法律规定，要求"省、自治区、直辖市人民政府根据实际情况，可以将城镇居民养老保险和新型农村养老保险合并实施"，从而启动了养老保险城乡一体化的进程。

至 2012 年年初共有包括北京、天津、浙江等 12 个省（市、自治区）实现了城乡居民养老保险制度的统一。在随后的两年时间里，又有部分省、市、自治区逐渐对两项制度进行了合并。到《国务院关于建立统一的城乡居民基本养老保险制度的意见》出台前，全国已有 15 个省份完成了并轨，而且有些省份虽然在整体上还没有完成并轨，但省内的部分市县区已经率先完成了并轨试点。

在城乡居民养老保险与城镇职工养老保险的衔接方面，国内出台了适用于城镇职工养老保险与城乡居民养老保险两种制度之间的衔接文件——《城乡养老保险制度衔接暂行办法》。该文件指出，养老保险的转接开始于 2014 年 7 月，不能办理转接的人群为已开始领取的人员。按现行规定，参保人员达到领取养老保险的年龄时，如果职工养老保险缴费年限满 15 年，则可申请从居民养老保险转入职工养老保险，享受职工养老待遇。其原来的居民养老保险个人账户中的余额划并到职工养老保险个人账户，但缴费年限不能合并计算。如果职工养老保险缴费年限不足 15 年，则可以选择继续逐年缴费至满 15 年，再按上述方式申请享受职工养老待遇。当然，也可申请从职工养老保险转入居民养老保险，职工养老保险个人账户余额归并到居民养老保险个人账户，同时缴费年限可一并计算。职工养老保险没有一次性补缴的政策，而居民养老保险在参保人年满 60 周岁，缴费累计未满 15 年的，按缴费年限一次性补缴养老保险费后，就可以申领城乡居民养老保险待遇。对此，参保人员可根据自身的实际情况决定参加哪种保险。居民养老保险同职工养老保险之间的互换，只需办理新参保手续即可，增加了公民享受养老保险权益的公平性。城乡居民养老保险制度的改革发展历程如表 3-3 所示。

表 3-3　我国城乡居民养老保险改革方案汇总表

时间	政策名称	政策内容
2009 年 9 月	《关于开展新型农村社会养老保险试点的指导意见》	2009 年试点覆盖面为全国 10% 的县（市、区、旗），以后逐步扩大试点，在全国普遍实施，2020 年之前基本实现对农村适龄居民的全覆盖。新农保基金由个人缴费、集体补助、政府补贴构成。个人缴费标准设为每年 100 元、200 元、300 元、400 元、500 元 5 个档次，地方人民政府可以根据实际情况增设缴费档次；有条件的村集体应当对参保人缴费给予补助，补助标准由村民委员会召开村民会议民主确定；政府对符合领取条件的参保人全额支付新农保基础养老金
2011 年 6 月	《关于开展城镇居民社会养老保险试点的指导意见》	2011 年 7 月 1 日启动试点，实施范围与新型农村社会养老保险试点基本一致，2012 年基本实现城镇居民社会养老保险制度全覆盖。城镇居民社会养老保险基金主要由个人缴费和政府补贴构成。个人缴费标准设为每年 100 元、200 元、300 元、400 元、500 元、600 元、700 元、800 元、900 元、1000 元 10 个档次，地方人民政府可以根据实际情况增设缴费档次，政府对符合待遇领取条件的参保人全额支付城镇居民社会养老保险基础养老金
2014 年 2 月	《关于建立统一的城乡居民基本养老保险制度的意见》	城乡居民基本养老保险基金由个人缴费、集体补助、政府补贴构成。个人缴费标准目前设为每年 100 元、200 元、300 元、400 元、500 元、600 元、700 元、800 元、900 元、1000 元、1500 元、2000 元 12 个档次；地方人民政府应当对参保人缴费给予补贴，对选择最低档次标准缴费的，补贴标准不低于每人每年 30 元；对选择较高档次标准缴费的，适当增加补贴金额；对选择 500 元及以上档次标准缴费的，补贴标准不低于每人每年 60 元，具体标准和办法由省（区、市）人民政府确定

时间	政策名称	政策内容
2014 年 2 月	《城乡养老保险制度衔接暂行办法》	参加城镇职工基本养老保险和城乡居民基本养老保险人员，达到城镇职工基本养老保险法定退休年龄后，城镇职工基本养老保险缴费年限满 15 年（含延长缴费至 15 年）的，可以申请从城乡居民基本养老保险转入城镇职工基本养老保险，按照城镇职工基本养老保险办法计发相应待遇；城镇职工基本养老保险缴费年限不足 15 年的，可以申请从城镇职工基本养老保险转入城乡居民基本养老保险，待达到城乡居民基本养老保险规定的领取条件时按照城乡居民基本养老保险办法计发相应待遇。该办法于 2014 年 7 月 1 日起施行

资料来源：根据人力资源和社会保障部网站相关资料整理得出，见 http：//www. mohrss. gov. cn。

（二）城镇职工基本养老保险一体化的改革实践

我国城镇企业职工养老保险和机关事业养老保险制度经历了六十多年的发展，形成了两种不同的制度模式。改革开放后也在不断进行着改革尝试，然而基本管理运行、待遇给付模式、退休条件都没有发生太大的变化。回顾我国企业职工养老保险和机关事业单位养老保险的发展及二者关系，可发现大体上经历了分立、统一调整、再次分立、初步并轨的过程。

1. 制度"双轨"时期

新中国成立初期，我国企业单位人员与机关事业单位人员这两类群体在养老保险制度的具体适用以及实行措施方面并不相同。我国第一部有关养老保险制度的法规——1951 年颁布的《劳动保险条例》，较为系统地规定了企业单位养老保险的缴纳主体、缴纳对象、缴纳比例等，为完善我国养老保险提供了坚实的基础。在这一时期，企业单位的养老保险制度从理论到实践均得到了法律上的规范，但对机关事业单位养老保险具体实行，国家只出台了相关的通知和暂行办法，并没有系统的设计方案，其中最早的是 1950 年颁布的《关于退休人员处理办法的通知》，这是对于机关事业单位养老保险制度的初步探索，可以视为我国第一部退休养老法规，其中规定的工龄计算方法和劳动人员退休后的养老待遇都与企业单位的规定有所差异。由于这一时期机关事业单位与企业单位两类群体之间的养老保险内容差异明显，所以政府也在不断进行制度探索，并于 1955 年颁布了《国家机关工作人员退休处理暂行办法》，这一办法对机关事业单位劳动人员的退休条件以及退休金标准相关问题进行了规范，拉开了与企业单位养老保险待遇的差距，使机关事业单位与企业单位养老保险制度正式形成了双轨运行的格局，是养老保险双轨制初步形成时期。

2. 首次"并轨"时期

养老保险制度的双轨运行造成了机关事业单位与企业单位劳动人员两个群体退休后的待遇被明显拉开，为了缓解并改变这种不公平待遇，适应计划经济新形势的发展要求，国务院于 1958 年出台了《关于工人、职员退休处理的暂行规定》。这一规定使机关事业单位与企业单位养老保险制度首次得到统一，对两类群体的退休年龄以及退休费等做出了具体化、统一化规定，并对退休时的最低工作年限和退休待遇进行了一定调整，对两类群体的养老待遇进行并轨。这一举措具有重要的历史意义，不仅解决了不同群体之间养老保险待遇的差异问题，也标志着我国养老保险制度的首次统一。然而，1966 年到 1978 年期间，由于受到"文化大革命"的冲击，我国的机关事业单位与企业单位相同的养老保险法律制度执行起来困难重重，这一时期在制度内容上也进行了重大调整，如劳动人员退休费用的统筹被取消以及撤销养老保险管理机构等，都对当时我国养老保险制度的发展造成了很大的影响，此时养老保险制度的社会统筹功能已经丧失。

3. 再次"双轨"运行

"文化大革命"结束后，在致力于社会保障制度重建方面，国务院于 1978 年颁布了《关于安置老弱病残干部的暂行办法》，这一规定是对 1958 年的退休办法进行的修改，对机关单位退休人员和事业单位人员的退休工资构成做出了较为详细的规定。根据这一暂行办法，机关单位劳动人员退休后，在职时的工龄和基础工资可以全部领取，另外，还可以领取到较大比例的职务和级别工资；对事业单位养老保险的规定，则是按退休之前基础工资的一定比例计发。总之，机关事业单位退休人员在退休后可以获得接近退休前最低百分之八十比例的养老费用。而这一时期的企业养老保险制度实际上由企业单位自身负责，采取现收现付制。这一财务模式的特点是：以收入来决定支出，筹资规模较小，预算周期较短，在职人员供养退休人员。对机关事业单位退休待遇和企业单位退休待遇的不同规定，使两类群体的养老保险制度再次一分为二，形成双轨运行格局。

4. 改革尝试阶段

由于企业退休职工的不断增加，单纯由企业单位负担本企业退休员工养老金的现收现付模式已无力持续运行。为了减轻企业负担，建立可持续发展的养老保险制度，国家对企业养老保险进行了多次改革尝试和探索。1984 年，国家对单位负责制的企业养老保险进行改革，提出了国家和企业共同承担的模式构想。国务院于 1991 年出台的《关于企业职工养老保险制度改革的决定》又在原有改革构想基础上转变成国家、企业、个人联合承担的模式，但是对国家、企业、个人三方的承担比例以及具体操作没有做出统一规定。此后，政府在汲取国外社会保险模式设计经验的基础上，首次提出建立多层次、多支柱以及统账结合的养老保险模式。尽管企业养老保险制度在改革中不断完善，但机关事业单位养老保险却一直处于停滞不前的状态，导致我国养老保险制度发展不平衡。为了实现社会的公平公正以及制度的和谐统一，中央政府开始着重解决两类群体由于不同养老保险制度所造成的退休待遇差距过大问题，并于 1992 年下发了明确改革方向的通知，各地也相继下发相关文件进行试点改革。经过几年的尝试，国务院又在 2008 年初出台了《事业单位工作人员养老保险制度改革试点方案》，决定在上海、广东、浙江、重庆和山西进行试点工作。但此后在近七年的时间里，由于各地综合因素存在差异，改革进展缓慢，试点并未取得明显的成效。这一时期是国家不断地进行养老保险并轨改革的尝试阶段，但改革范围不大，程度不深，效果也并不明显。

5. 并轨改革的正式确立

在经历了改革尝试阶段后，并轨改革方案正式提上日程。尽管

2009 年先期试点的山西、上海、浙江、广东、重庆五省市开展了并轨工作，但相关的配套措施自始至终没有出台，这种状况一直持续到2014 年。但政府推进机关事业单位养老制度改革的步伐一直没有停止过，最终促成 2015 年 1 月国务院发布了《机关事业单位工作人员养老保险制度改革的决定》（国发〔2015〕2 号，以下简称《决定》）。《决定》中明确"改革现行机关事业单位工作人员退休保障制度，逐步建立独立于机关事业单位之外、资金来源多渠道、保障方式多层次、管理服务社会化的养老保险体系"。《决定》初步确立了养老保险并轨的目标、原则，使机关事业单位与企业养老保险并轨改革有了实质性的进展，是我国现阶段在养老保险制度统筹方面的一次重大调整。

表 3-4　城镇职工养老保险并轨改革方案汇总

时间	政策名称	政策内容
2009 年 12 月	《城镇企业职工基本养老保险关系转移接续暂行办法》	参保人员跨省份流动就业的，其基本养老保险关系应随同转移到新参保地。参保人员达到基本养老保险待遇领取条件的，其在各地的参保缴费年限合并计算，个人账户储存额（含本息）累计计算；未达到待遇领取年龄前，不得终止基本养老保险关系并办理退保手续
2010 年 10 月	《中华人民共和国社会保险法》	基本养老保险实行社会统筹与个人账户相结合。参加基本养老保险的个人，达到法定退休年龄时累计缴费满 15 年的，按月领取基本养老金；不足 15 年的，可以缴费至满 15 年，按月领取基本养老金
2011 年 6 月	《实施〈中华人民共和国社会保险法〉若干规定》	参加职工基本养老保险的个人达到法定退休年龄后，累计缴费不足 15 年（含依照第二条规定延长缴费）的，可申请转入户籍所在地新型农村社会养老保险或者城镇居民社会养老保险，享受相应的养老保险待遇；未转入新型农村社会养老保险或者城镇居民社会养老保险的，个人可以书面申请终止职工基本养老保险关系，并将个人账户储存额一次性支付给本人

续表

时间	政策名称	政策内容
2014年2月	《城乡养老保险制度衔接暂行办法》	参加城镇职工基本养老保险和城乡居民基本养老保险人员，达到城镇职工基本养老保险法定退休年龄后，城镇职工基本养老保险缴费年限满15年（含延长缴费至15年）的，可以申请从城乡居民基本养老保险转入城镇职工基本养老保险，按照城镇职工基本养老保险办法计发相应待遇；城镇职工基本养老保险缴费年限不足15年的，可以申请从城镇职工基本养老保险转入城乡居民基本养老保险，待达到城乡居民基本养老保险规定的领取条件时按照城乡居民基本养老保险办法计发相应待遇。该办法于2014年7月1日起施行
2015年1月	《国务院关于机关事业单位工作人员养老保险制度改革的决定》	实施社会统筹与个人账户相结合的基本养老保险制度。基本养老保险费由单位和个人共同负担。单位缴纳基本养老保险费的比例为本单位工资总额的20%，个人缴纳基本养老保险费的比例为本人缴费工资的8%，由单位代扣。个人账户储蓄额只用于工作人员养老，不得提前支取，每年按照国家统一公布的记账利率计算利息
2016年3月	《国民经济社会发展第十三个五年规划纲要》	完善统账结合的城镇职工基本保险制度，构建包括职业年金、企业年金和商业保险的多层次养老保险体系。推出税收递延型养老保险
2016年11月	《城镇企业职工基本养老保险关系转移接续若干问题的通知》	基本养老保险关系在户籍所在地的，由户籍所在地负责办理待遇领取手续；基本养老保险关系不在户籍所在地，而在其基本养老保险关系所在地累计缴费年限满10年的，在该地办理待遇领取手续；基本养老保险关系不在户籍所在地，且在其基本养老保险关系所在地缴费年限不满10年的，将其基本养老保险关系转回上一个缴费年限满10年的原参保地办理待遇领取手续；基本养老保险关系不在户籍所在地，且每个参保地累计缴费年限均不满10年的，将其基本养老保险关系及相应资金归集到户籍所在地

续表

时间	政策名称	政策内容
2017 年 1 月	《机关事业单位基本养老保险关系和职业年金转移接续有关问题的通知》	参保人员在同一统筹范围内的机关事业单位之间流动的,只转移基本养老保险关系,不转移基金;跨统筹范围流动的,在转移基本养老保险关系的同时,转移基金;从机关事业单位流动到企业的,在转移基本养老保险关系的同时,转移基金

资料来源:根据人力资源和社会保障部网站相关资料整理得出,见 http://www. mohrss. gov. cn。

第二节　城乡养老保险制度统筹的必要性

《社会保险法》提出"基本养老保险基金逐步实行全国统筹"[①],党的十九大报告中再次要求"尽快实现养老保险全国统筹"。之所以要推进养老保险全国统筹,主要是因为养老保险城乡统筹是破除二元结构的先决条件、是农业现代化发展客观需要、是城镇化发展必然要求、是建立城乡统一劳动力市场的内在要求、是维护社会公平的内在保证。

习近平总书记在党的十九大报告中明确提出,中国特色社会主义进入新时代,社会的主要矛盾已经变化。可以认为,人口老龄化在新时代所面临的主要矛盾是老年人口日益增长的对于美好生活需要同老龄事业与养老服务体系建设发展不平衡不充分之间的矛盾。这种矛盾的长期存在,扩大着地区间、群体间的待遇差距,不利于消除长期以来养老保险制度运行中城乡分割的痼疾。上述问题若得不到妥善解决,其负面影响会越来越大,对此应引起充分的关注。所以,应尽快着手养老保险制度的城乡一体化建设,设计适应新时代、新要求的城乡养老保险统筹方案。

---

① 《中华人民共和国社会保险法》,第 64 条,中国政府网,2010 年 10 月 28 日,见 http://www. gov. cn/flfg/2010-10/28/content_ 1732964. htm。

一、城乡养老保险制度统筹是破除二元结构的先决条件

纵观世界各国养老保险的发展与改革历程，虽然其制度安排各具特色，但共同体现出的基本特征就是公平、公正和共享原则。瑞典作为福利国家，自 1999 年开始的养老保险改革是以渐进方式逐步过渡到新制度，其最大的特点是不同群体之间的待遇水平几乎没有差别。美国自 1990 年建立的包括上至总统、下至一般雇员和全体职业群体在内的覆盖城乡、统一的社会基本养老保险制度，不仅大幅降低了老年救助的开支，还消除了制度分割带来的空白，为人口在城乡及各城市的流动提供了便利。其他许多国家也都基本建立了覆盖全体国民、统一的养老保险制度，如加拿大的老年保障养老保险制度、荷兰的老年养老保险、韩国的国民养老保险制度以及印度的老年人救助专案等，而我国现行的养老保险制度实际上是一种"二元体制"。随着我国市场经济的发展，城乡养老保险制度差异带来的弊端越来越明显，如制度相互独立造成碎片化，不能体现养老保险的公平与效率，越来越多的退休金加重了财政负担以及阻碍劳动力市场的建立等。虽然目前城乡养老保险制度在扩大覆盖面中取得了进展，但即使是全民参保也不意味着实现了制度公平，城乡养老保险制度结构二元化问题依旧比较严重，主要表现在以下两个方面：

第一，城乡居民基本养老保险制度实质上就是新农保制度的延续。新农保的建立具有划时代的重要意义，其本身的细则设计充分考虑了农村居民的收入水平和收入特点，不仅缴费档次设定多样，并且充分给予农民参保的自主选择权。在新农保获得了农民高度认同的前提下，为了实现人口的全覆盖，政府又适时推出了城镇居民社会养老保险制度，而且制度设计与新农保完全相同。因此当两项制度合并实施时，统一的城乡居民基本养老保险制度与新农保相比，除了缴费档次有所增加之外其他细则设计并无差别，因此城乡居民基本养老保险制度仍体现出明显的农村特征。

第二，城乡居民基本养老保险与城镇职工基本养老保险的缴费和待遇存在的巨大差异，充分反映了城市与农村之间的差别。根据目前的制

度设计，城镇职工个人账户参保缴费标准是本人缴费工资的 8%，以 2017 年在岗职工年平均工资为 76121 元计算，个人年缴费额为 6089.68 元，而同期城乡居保的个人年缴费水平最高为 2000 元。目前城乡居保 有 12 个缴费档次（部分地区缴费档次更多，见表 3-5）可供参保者选 择，其缴费水平的设计很显然更多地考虑了农村居民的经济负担能力， 但却将一些有能力进一步提高缴费水平的参保者束缚在低水平的缴费 档次。

表 3-5　2018 年 31 个省（市、自治区）城乡居民养老保险缴费档次设定

地区	档次	缴费标准	地区	档次	缴费标准
北　京	12	1000—9000 元	宁　夏	6	100—2000 元
福　建	20	100—2000 元	浙　江	12	100—2000 元
河　南	15	200—5000 元	云　南	12	100—2000 元
湖　南	13	200—3000 元	青　海	12	100—2000 元
海　南	13	200—5000 元	广　西	12	100—2000 元
内蒙古	13	100—3000 元	江　苏	12	100—2500 元
贵　州	13	100—2000 元	山　东	12	100—5000 元
四　川	13	100—3000 元	山　西	12	100—2000 元
辽　宁	12	100—2000 元	上　海	10	500—5300 元
吉　林	12	100—2000 元	江　西	12	100—2000 元
西　藏	12	100—2000 元	湖　北	12	100—2000 元
重　庆	12	100—2000 元	天　津	10	600—3300 元
甘　肃	12	100—2000 元	广　东	10	120—3600 元
新　疆	14	100—3000 元	黑龙江	12	100—2000 元
河　北	13	100—3000 元	陕　西	12	100—2000 元
安　徽	13	100—3000 元			

资料来源：根据 2018 年全国各省人社厅网站相关资料整理得出，见 http://www.mohrss.gov.cn。

　　缴费水平的不同直接导致了待遇水平的差距悬殊。从我国现行养老 保险制度的实施情况来看，机关事业单位的待遇水平偏高；企业单位的 养老金水平偏低且与机关事业单位差距较大；城乡居保待遇水平更低， 基本满足不了老年人的生活需求。这一结果明显体现了政策制定中根深

蒂固的城乡二元化思维。虽然城乡居保将城镇非就业群体纳入基本养老保险体系当中，并使我国的养老保险体系建设进入到城乡一体化的发展阶段。但是各项制度之间差异的根源实质仍为城市与农村的差异，没有摆脱城乡二元经济社会体制对养老保险制度建设的深层次影响。

城乡养老保险制度统筹是实现城乡一体化发展、维护全社会的公平与正义、保障城乡居民的基本生存权利、实现我国公共服务均等化目标的重要条件。社会发展的根本目的是为了使人们过上体面而有尊严的生活，并充分实现人们的自由与权利。我国宪法规定：任何公民，无论民族、性别、年龄、居住地点，都有平等地享受国家提供的法定保障的权利。统筹发展城乡养老保险制度，为全体国民提供均等化的养老保障及服务，使他们老有所养，既是政府重视公民基本权利的重要体现，也是实现我国社会公平与正义的重要手段。

二、养老保险城乡统筹发展是农业现代化发展的客观需要

党的十六届四中全会提出了两个普遍趋向，即"工业化初始阶段，农业支持工业、为工业提供积累是带有普遍性的趋向；工业化达到相当程度以后，工业反哺农业、城市支持农村，实现工业与农业、城市与农村协调发展，也是带有普遍性的趋向"[1]。为了提高农民收入，促进农村发展，党的十七届三中全会指出："允许农民以转包、出租、互换、转让、股份合作等形式流转土地承包经营权，发展多种形式的适度规模经营。"[2] 党的十八届三中全会指出，"通过社会体制、收入分配等改革来保障和改善民生，并形成以工支农、以城带乡、工农互利互惠、城乡一体的新型城乡关系，根本破除城乡二元结构，促进社会公平正义及城乡公共服务均等化"[3]。当前，中国不少农村地区存在着生产规模小、科技含量低、从业人口多、产出效益偏低等问题，制约了农村地区的发展。2017 年第三次农业普查数据显示，我国小农户数量占到农业

---

① 《十六大以来重要文献选编》（中），中央文献出版社 2006 年版，第 13 页。
② 《〈中共中央关于推进农村改革发展若干重大问题的决定〉辅导读本》，人民出版社 2008 年版，第 15 页。
③ 《中共中央关于全面深化改革若干重大问题的决定》，人民出版社 2013 年版。

经营主体的 98% 以上，小农户从业人员占农业从业人员的 90%，小农户经营耕地面积占总耕地面积的 70%。我国现在的农户有 2.3 亿户，户均经营规模 7.8 亩，经营耕地 10 亩以下的农户有 2.1 亿户，这是个小规模甚至超小规模的经营格局。[①] 提高农村土地经营规模化水平，不仅要提高第二、三产业吸纳农村劳动力的能力，还要促使转移出来的农村劳动力愿意放弃土地经营权。农民尽管获得了国家的大力支持，但也面临着这一不易选择的问题，即一方面希望通过来自工业和城镇的反哺和土地流转等提升农业生产力以增加收入，另一方面又担心土地流转等措施会影响自身未来的老年生活。在农村养老保障制度缺失的情况下，土地的保障功能使得农民不愿意放弃土地经营权。因此，把大量农民从土地上解放出来，必然要求建立能替代土地保障的社会保障制度，改变农民对生活风险的应对观念和规避手段。从这个角度看，养老保险制度城乡统筹就成了农业现代化发展的客观需要，也是社会经济发展到一定阶段后的必然产物。因此，适应社会经济发展就需要促进社会制度的建设，需要推进养老保险制度的城乡统筹。

三、养老保险城乡统筹发展是城镇化发展的必然要求

1978 年改革开放以来，随着农村家庭联产承包责任制的推行，大量的农村剩余劳动力从土地上被解放出来，我国人口迁移和流动规模不断扩大。当前推进城镇化、工业化发展的主要动力之一，是农村富余人力资源为工业化、城镇化发展提供人力资源保障。从城镇化发展进程来看，工业化中期也是城镇化加速发展的时期。城镇化加速发展时期，越来越多的农村劳动力流动到城镇，同时城镇的规模也要不断扩大。农村劳动力流动到城镇后，面临着和产业工人一样的风险。为了解决农民工的后顾之忧，使他们在城镇安定下来，政府必须作出相应的制度安排，使他们老有所养、病有所医。此外，城镇规模的扩大要征用农民的土地，农民土地被征用后，土地保障功能随之丧失，需要相应的制度保障

---

① 国家统计局：《第三次全国农业普查主要数据公报》，2017 年 12 月 14 日，见 ht-tp：//www. stats. gov. cn/tjsj/tjgb/nypcgb/。

他们的生活。现阶段，由于农民工市民化政策的不完善，尽管农民工，特别是"二代"农民工有融入城镇的意愿，但因缺乏有针对性、必要性的社会保障制度设计，农民工难以享有与城镇居民同等的保障待遇，增加了农民工融入城镇的难度，也导致其增加了对农村土地的依赖。因此，养老保险城乡统筹发展也是我国城镇化发展的必然要求。

四、养老保险城乡统筹发展是建立城乡统一劳动力市场的内在要求

发展经济学家认为，造成城乡二元经济结构的一个重要原因是工农业两部门间在生产效率方面的巨大差别，实现城乡经济一体化发展目标关键因素在于促进城乡劳动力的自由流动。在改革开放以来的几十年里，我国有超过 2 亿的农村剩余劳动力被转移到了城镇，成为新兴的农民工阶层。城乡分割的养老保险制度已不能适应市场经济发展的内在要求，成为阻碍劳动力流动的一大障碍。首先，农村劳动力一旦脱离土地，流动到城镇后同城镇职工面临相同的养老问题，现行以城镇企业职工为主要覆盖对象的城镇企业职工基本养老保险无法为农村流动劳动力提供足够的保护，限制了人口的城乡流动。其次，即使有些地方尝试为脱离土地的农民提供养老保险，由于缺乏统一规划和制度设计，各地区养老保险制度千差万别，参保人养老保险关系不能从一个地方转移到另一个地方，阻碍了劳动力流动。如果实现养老保险城乡统筹，养老保险关系和基金转移问题就可以迎刃而解，参保人员跨区域流动将不再存在地区限制问题，因此养老保险城乡统筹发展是消除阻碍劳动力自由流动的制度性因素、促进劳动力流动、优化社会资源配置、提高农民工收入水平、缩小城乡居民收入差距的重要措施与手段。

五、养老保险城乡统筹发展是维护社会公平的内在保证

我国从计划经济体制向市场经济体制转型的过程中，经济发展取得了很大成就，但同时城乡之间以及城乡内部贫富差距也在逐步扩大。包括养老保险制度在内的社会保障制度，不仅能够为遭受风险的各类社会成员提供必要的生活保障，解决他们的基本需求，而且也是政府实施收

入再分配，实现社会公平的主要手段之一。养老保险制度具有调节收入功能，能够在一定程度上缩小老年人口的收入差距；养老保险制度作为促进城乡发展的重要社会政策，是缩小城乡社会差距的重要手段，有利于实现社会公平和构建和谐社会。和谐社会的本质要求就是要实现社会中不同群体、不同阶层、不同产业间的人员能够平等地享受生存与发展的各种权利，实现城镇与农村的良性互动与协调发展。和谐社会要求完善养老保险制度，保障群众的基本生活；要求完善收入分配制度、规范收入分配秩序；要求完善公共财政制度、逐步实现基本公共服务均等化。和谐社会的基础是社会公平，社会公平的实质则是利益公平。养老保险制度的功能之一便是促进社会公平。因此，从构建和谐社会、实现社会公平的目标出发，养老保险城乡统筹发展，构建覆盖城乡全体居民的养老保险制度，有助于缓解收入分配不公，维护社会公平正义。

第四章　人口老龄化模式与
养老保障发展指数

在我国社会保障制度的改革发展过程中，每一个时期出台的政策文件都与当时的人口情况及社会保障水平紧密相关。人口老龄化与养老保障水平作为养老保险制度改革的宏观背景和先决条件，无疑也是养老保险制度改革的重要推力。随着人口老龄化程度的不断加深，我国的养老保险制度发展水平从总体上不断提高，但是细化到各地区则表现出较大差异。各地区的人口年龄结构在普遍出现老龄化的前提下，其老龄化程度与变化趋势不尽相同，同时衡量养老水平的养老保障指数也存在着巨大差异，因此考量人口老龄化趋势与养老保障水平的关系及类型，对于进一步协调养老保险制度统筹步伐、实现养老保险制度的有效统筹具有重要意义。

目前，中国的人口老龄化正在加速。预计到 2040 年，65 岁及以上老年人口占总人口的比例将超过 20%。同时，老年人口高龄化趋势日益明显：80 岁及以上高龄老人正以每年 5%的速度增加，到 2040 年将增加到 7400 多万人。迅速发展的人口老龄化趋势，与人口生育率和出生率下降、死亡率下降以及预期寿命提高密切相关。目前，中国的生育率已经降到更替水平以下，人口预期寿命和死亡率也接近发达国家水平。随着 20 世纪中期出生高峰的人口陆续进入老年，可以预见，21 世纪前期将是中国人口老龄化发展最快的时期。快速的人口老龄化必然会给社会经济发展带来一系列的问题，其中最直接的就是老年人口比重上升使老年福利支出增加，导致社会保障财政支出增加，从而影响到国民收入再分配和经济的可持续发展。

由于我国疆域辽阔、人口众多、多民族共存和地区间经济社会发展不平衡，因此全国不同省份和地区之间在人口老龄化程度上存在着较大的地区差异。不同类型地区人口规模变动、人口老龄化发展速度不同。而且，劳动年龄人口中高龄劳动人口比重增加的速度及未来人口红利剩余期限也存在很大的差异。因此，有必要按照老龄化程度，将全国划分为不同地区，根据地区差异进行进一步研究。

第一节　人口年龄结构区域
差异及模式分析

一、对不同地区人口年龄结构差异的聚类分析

对人口年龄结构的分析选取了 2002—2012 年人口自然增长率、人口机械增长率、老年人口比重、老年人口抚养比、老年人口增长率五个指标：其中人口自然增长率，衡量当年地区人口出生死亡引起的人口数的变化；人口机械增长率，衡量当年该地区人口迁移所引起的人口数的变化；老年人口比重，指各地区 65 岁及以上老年人口占当地人口的比重；老年人口抚养比，指各地区 65 岁及以上老年人口与劳动年龄人口之比；老年人口增长率，指各地区 2012 年比 2002 年老年人口比重增长的百分点。以下采用 Q 聚类分析下的 K—Means Cluster 分类法对区域人口年龄结构展开研究。经过 3 次迭代聚类完成聚类结果，在第三次迭代后形成的 4 个新类中心点距初始类中心点的欧氏距离都为 0，即中心点几乎与上次确定的中心点没有差别，此时迭代聚类结束。基于聚类分析的分组结果，可以将我国各地区人口老龄化状况分为四类模式：人口老龄化高位静止模式、人口老龄化高位扩张模式、人口老龄化中位扩张模式、人口老龄化低位静止模式。结果如表4-1所示。

表4-1 迭代聚类分析结果及人口老龄化模式划分

迭代	聚类中心内的更迭			
	1	2	3	4
1	0.022	0.015	0.019	0.025
2	0.000	0.006	0.006	0.007
3	0.000	0.000	0.000	0.000
模式划分	高位静止模式	高位扩张模式	中位扩张模式	低位静止模式
包含地区	北京、天津、上海、浙江、江苏	重庆、贵州、安徽、四川、湖南	黑龙江、辽宁、河北、福建、江西、山东、河南、广西、湖北、陕西、甘肃	海南、山西、内蒙古、吉林、广东、云南、西藏、青海、宁夏、新疆

资料来源：根据《中国统计年鉴2003》和《中国统计年鉴2013》数据，采用spss17.0 Q聚类分析，选用K—Means Cluster分类法计算得出。

二、人口老龄化模式对应地区及特征

1. 高位静止模式对应地区及特征

属于高位静止模式的有北京、天津、上海、浙江、江苏，都位于我国东部经济发达地区。这些地区人口年龄结构的基本特征是，老龄化起步早、老龄化程度高、外来迁入人口多、人口老龄化速度放缓，甚至出现老年人口数量的负增长。第一，老龄化起步早。上海早在1982年就进入了老年型社会，北京、天津、浙江、江苏则都于2000年前后进入老年型社会。第二，老龄化程度高。2012年该类地区65岁及以上老年人口比重为9.66%，位于四类地区的第二位，超出国际老龄化标准2.66个百分点。第三，老龄化速度放缓，甚至出现负增长。2002—2012年间，北京、天津、上海、浙江的老年人口比重分别以年均2.18%、0.28%、4.30%、2.40%的速度递减，只有江苏以年均1.60%的速度递增。

形成高位静止模式的原因是，第一，根据美国哈佛大学经济学教授H.莱宾斯坦的"收入效应"理论，当人均收入不断增加时，生育抉择就会倾向于少育。该类地区经济发达，人均收入水平高，导致少年儿童比例不断下降。从全国水平看，2012 年上海、北京、天津的少儿人口比重分别以 10.72%、11.43%、14.56%位于全国少儿人口最少的前三位地区，同时浙江和江苏也分别位于第 6 位、第 8 位这样非常靠前的位置。该类地区较少的少儿人口数量从底部推动了人口年龄结构的老化。第二，该地区有雄厚的财力支持医疗卫生事业，2012 年北京、上海、浙江每千人的卫生技术人数分别为 9.48 人、6.21 人、6.02 人，分列全国的第 1 位、第 2 位、第 4 位，天津也以 5.45 人的水平位于第 10 位。该类地区较高的医疗水平延长了老年人口平均寿命，降低了死亡率，进而从顶部拉动了人口年龄结构的老化。第三，大量青壮年劳动力不断涌入该地区。该类地区年均人口机械增长率高达 21.59%，有效抑制了人口老龄化趋势。

　　2. 高位扩张模式对应地区及特征

　　高位扩张模式对应地区包括重庆、贵州、安徽、四川、湖南，主要是我国中西部省份。该模式的主要特征是，老龄化起步较晚，速度快、程度高。2012 年该类地区人口自然增长率为 5.34%，老年人口比重为 11.06%，老年抚养比高达 15.68%，2002—2012 年的人口机械增长率为-6.92%，同期老年人口增长幅度为 2.77%，以上各项指标都位居四类地区之首。2012 年重庆、湖南、四川、安徽、贵州的年人均 GDP 分列全国第 12 位、第 20 位、第 24 位、第 26 位和第 31 位。除重庆居于全国中游水平外，其他省份均在全国下游位置，说明该地区人口高度老龄化并不是由于高度发达的社会经济推动造成的。从人口机械增长率可以发现，该类地区存在着人口大量流出的现象，贵州、安徽、湖南、四川人口机械增长率分别为-15.91‰、-9.43‰、-6.42‰、-4.22‰，分别位于全国第 1、第 3、第 5、第 7 的位置。根据人口迁移推拉理论，人口为了追求更丰厚的经济回报，会由经济落后地区向经济发达地区流动，并且人口流动的主体是青壮年劳动力，留在当地的主要是无力外出的老年人。随着劳动人口的大量外迁，该类地区的老年人口比重增长幅度显著上升，2002—2012 年重庆、四川、湖南、贵州、安徽老年人口比重增长幅度各自位于全国的第 1 位、第 2 位、第 4 位、第 6 位、第 7 位。

3. 中位扩张模式对应地区及特征

该类地区为黑龙江、辽宁、河北、福建、江西、山东、河南、广西、湖北、陕西、甘肃 11 个省份，可以分为东部地区和部分内陆地区两种类型，其老年人口比重为 9.32%，仅次于前两个模式。该模式的基本特征是老龄化速度为 1.62%，略高于全国 1.24% 的平均水平；老龄化程度为 9.32%，几乎与全国平均水平 9.40% 相持平。该类模式的成因主要有两方面：一是经济社会发展水平较高，主要是辽宁、福建、山东、河北 4 个东部省份，2012 年四省人均 GDP 分别为 56649 元、52763 元、51768 元、36584 元，均高于全国平均水平，位于全国前列。其老龄化程度相对较高的原因与高位静止模式类似：社会经济相对发达，当地居民生育观念转变，以及抚养孩子的成本上升，人们更加倾向于少生优生。同时随着经济发展和医疗卫生技术进步，死亡率下降，平均预期寿命不断延长，老年人口比重不断增加，最终推高了老龄化水平。二是劳动力大量外流，成因与高位扩张模式相似，主要是黑龙江、江西、河南、广西、湖北、陕西、甘肃 7 个中西部地区。在 2002—2012 年全国人口净迁出率前十位的地区中该类地区占了 6 个，广西、河南、甘肃、湖北、陕西、江西分列第 2 位、第 4 位、第 6 位、第 8 位、第 9 位、第 10 位，大量劳动力外流成为该类地区人口老龄化加剧的重要推动力。该类地区人口老龄化程度虽然没有前两类地区高，但也超出国际 7% 的标准 2.32 个百分点，老龄化危机也不可忽视。

4. 低位静止模式对应地区及特征

低位静止模式包括海南、山西、内蒙古、吉林、广东、云南、西藏、青海、宁夏、新疆。除广东外，其他地区为我国新兴经济地区或经济不发达的中西部地区。基本特征是：老龄化起点最低，速度最慢，尚处于老龄化初始阶段。2012 年该类地区老年人口比重为 7.14%，为四类地区中最低。其中西藏、宁夏、新疆、广东老年人口比重分别为 5.41%、6.63%、6.80%、6.98%，还未进入老年社会。老龄人口增长幅度为 0.56%，在四类地区中位居第三位，有些地区老龄人口甚至出现了负增长，如海南为 -0.30%、广东为 -0.75%、西藏为 -0.99%。形成低位静止模式的原因主要有两个：一是该模式中大多数省份的经济不很发达，传统生育观念比较牢固，人们倾向于多生育，因此与其他省份相比出生率较高。2012 年西藏、新疆、海南、青海、宁夏的人口出生率分别以 15.48‰、15.32‰、14.66‰、14.30‰、13.26‰，位于全国第 1 位、第 2 位、第 3 位、第 4 位、第 9 位。二是多数省份位于内陆或边疆地区，经济发展相对落后且少数民族聚居，国家对部分地区的计划生育政策相对更为宽松些。该种模式对应的地区正处于由成年型社会结构向老年型社会结构过渡的初期阶段。

第二节　养老保障发展指数的地区差异

养老保障发展指数（Old-age Security Development Index，OSDI）是用来衡量一个地区养老保障发展水平的综合指标。它涵盖养老保险和老年福利两个子项目，与地区的养老保障水平呈正向变动关系。该指数通过分析各地区养老保障发展阶段、结构及水平的差异、可用于判断各地区养老保障制度建设的进程。养老保障发展指数主要受到养老保险待遇水平、养老保险覆盖率、养老保险资金可持续性、老年医疗保障的因素的影响，因此下文基于以上四个指标构建养老保障发展指数。

一、养老保障发展指数的公式设计

在计算中国养老保障指数（OSDI）时，以下将城镇职工基本养老保险、城乡居民社会养老保险进行统一处理。同时，养老保险的基金收支状况直接关系到养老保障事业的可持续发展，老年医疗保障水平也在很大程度上体现养老保障水平。因各指标的影响力和作用不同，进行综合指数计算时在权重分配上也体现了差异性。依据德尔菲赋值法可将养老保障指数公式设计为：

$$OSDI = 0.4P_1 + 0.3P_2 + 0.1P_3 + 0.2P_4 \qquad (4-1)$$

公式（4-1）中 OSDI 为养老保障指数，P_1 为地区养老保险待遇水平，P_2 为地区养老保险覆盖率，P_3 为地区养老保险基金收支比，P_4 为地区老年医疗保障水平。养老保险待遇水平是考察某地区企业职工、城乡满 60 周岁居民能够从社会养老保险制度获得的养老待遇的综合指标，由城镇企业职工养老金、城乡居民养老金构成，能够测量某地区养老保障的综合发展水平。其计算公式为：

$$P_1 = TEP \times \frac{TRA}{DPA} + TCP \times \frac{TCA}{DPA} \qquad (4-2)$$

$$TEP = \frac{TEE}{TRA} \qquad (4-3)$$

$$TCP = \frac{TCE}{TCA} \qquad (4-4)$$

公式（4-2）中，TEP 为城镇职工基本养老保险待遇，TRA 为城镇职工离退休人员数，DPA 为领取养老金待遇的总人数，TCP 为城乡居民社会养老保险待遇，TCA 为城乡居民社会养老金领取人数，TEE 为城镇职工基本养老保险基金支出额，TCE 为城乡居民社会养老保险基金支出额。

养老保险覆盖率是考察某地区城镇职工、城乡居民参加养老保险制度的综合参保率，是评估某地区养老保险"全覆盖"进展情况的指标。计算公式为：

$$P_2 = \frac{ACA}{DYA} \times 100\% \qquad (4-5)$$

公式（4-5）中，ACA 为地区养老保险参保总人数，DYA 为 15 岁及以上年龄的人口数。

养老保险基金收支比是衡量养老保险财务可持续程度的指标，如果收支比大于 1，就意味着参保人员当期缴纳的养老保险费及其他基金收入能够满足当期老年人的养老费用需求，且存在一定程度的基金结余；当收支比等于 1 时，表示当期养老金供给与需求二者平衡；当收支比小于 1 时，表示当期养老保险基金收入不能抵补当期支付，养老基金出现亏空。计算公式为：

$$P_3 = \frac{PFI}{PFE} \times 100\% \qquad (4-6)$$

公式（4-6）中，PFI 为地区养老保险基金收入，PFE 为地区养老保险基金支出。

老年医疗保障水平是表示某地区医疗保障水平高低的指标，用每千人卫生技术人员数量来衡量。卫生部曾对全国多个省市抽样调查，结果表明我国老年人中患有冠心病、高血压、糖尿病、恶性肿瘤和其他退行性疾病的情况较为普遍，身体健康状况较好的老年人只占 1/3，而 2/3 的老年人身体健康状况不佳。因此，一个地区医疗保障水平的高低也直接决定了老年人口养老保障水平的高低。计算公式为：

$$P_4 = \frac{SPA}{CPA} \times 100\% \tag{4-7}$$

公式（4-7）中，SPA 为卫生技术人员数，CPA 为地区人口数。

二、养老保障发展指数测算

为消除指标量纲上的差异，首先需要进行标准化处理，即以各指标的实际值除以实际值所在组数据的算术平均值。设实际值为 X，标准化值为 Z，则利用实际值及标准化值可以测得 2012 年中国各地区养老保障发展指数，如表 4-2 所示。

表 4-2　2012 年中国各地区养老保障发展指数

排名	地区	OSDI（养老保障发展指数）	P_1（养老保险待遇）		P_2（养老保险覆盖率）		P_3（养老保险基金收支比）		P_4（老年医疗保障）	
			X_1	Z_1	X_2	Z_2	X_3	Z_3	X_4	Z_4
1	北京	1.5149	2950.24	1.56	74.93%	1.04	1.56	1.21	9.48	1.87
2	上海	1.2102	2757.09	1.46	59.07%	0.82	1.23	0.95	6.21	1.23
3	山东	1.1343	2190.64	1.16	89.25%	1.24	1.27	0.99	5.47	1.08
4	西藏	1.1232	2948.47	1.56	71.95%	1.00	1.56	1.21	3.03	0.60
5	浙江	1.1167	1994.14	1.05	79.07%	1.10	1.53	1.19	6.02	1.19
6	陕西	1.0762	1958.84	1.03	80.70%	1.12	1.24	0.96	5.76	1.14
7	山西	1.0760	1985.76	1.05	77.25%	1.08	1.47	1.14	5.53	1.09
8	广东	1.0759	1986.81	1.05	79.80%	1.11	1.86	1.44	4.89	0.97

续表

排名	地区	OSDI（养老保障发展指数）	P₁（养老保险待遇）		P₂（养老保险覆盖率）		P₃（养老保险基金收支比）		P₄（老年医疗保障）	
			X₁	Z₁	X₂	Z₂	X₃	Z₃	X₄	Z₄
9	新疆	1.0500	2022.10	1.07	58.09%	0.81	1.27	0.99	6.12	1.21
10	青海	1.0443	2165.86	1.14	70.07%	0.98	1.15	0.89	5.11	1.01
11	内蒙古	1.0081	1960.25	1.03	60.07%	0.84	1.21	0.94	5.62	1.11
12	江苏	1.0007	1842.25	0.97	73.68%	1.03	1.42	1.10	5.00	0.99
13	河北	0.9950	1982.38	1.05	83.13%	1.16	1.14	0.89	4.32	0.85
14	福建	0.9899	1866.07	0.98	79.75%	1.11	1.23	0.95	4.7	0.93
15	海南	0.9854	1886.90	1.00	72.03%	1.00	1.10	0.85	5.08	1.00
16	河南	0.9830	1720.26	0.91	91.16%	1.27	1.23	0.96	4.56	0.90
17	辽宁	0.9795	1772.24	0.94	65.36%	0.91	1.16	0.90	5.62	1.11
18	天津	0.9733	2105.75	1.11	40.61%	0.57	1.19	0.93	5.45	1.08
19	宁夏	0.9715	1875.03	0.99	63.99%	0.89	1.08	0.84	5.29	1.05
20	安徽	0.9642	1704.97	0.90	96.03%	1.34	1.33	1.03	3.94	0.78
21	甘肃	0.9392	1764.80	0.93	75.79%	1.05	1.27	0.99	4.33	0.86
22	湖北	0.9194	1523.85	0.80	74.11%	1.03	1.22	0.95	5.00	0.99
23	重庆	0.9177	1586.39	0.84	77.95%	1.09	1.30	1.01	4.47	0.88
24	湖南	0.9075	1447.90	0.76	85.83%	1.19	1.26	0.98	4.47	0.88
25	四川	0.8884	1483.10	0.78	69.13%	0.96	1.25	0.97	4.82	0.95
26	云南	0.8821	1638.69	0.86	75.37%	1.05	1.47	1.14	3.58	0.71
27	贵州	0.8799	1742.67	0.92	66.65%	0.93	1.36	1.06	3.72	0.74
28	广西	0.8759	1571.82	0.83	63.53%	0.88	1.12	0.87	4.72	0.93
29	黑龙江	0.8529	1546.09	0.82	48.71%	0.68	1.03	0.80	5.25	1.04
30	江西	0.8408	1360.74	0.72	76.48%	1.06	1.34	1.04	3.99	0.79
31	吉林	0.8201	1393.87	0.74	47.61%	0.66	1.06	0.83	5.24	1.04

资料来源：根据公式4-1至4-7综合计算得出。

表 4-3 变量描述性统计结果

指标	养老保障发展指数	养老保险待遇水平	养老保险覆盖率	养老保险基金收支比	老年医疗保障水平
平均值	0.9999	1894.71	71.84%	1.29	5.06
中位数	0.9830	1866.07	74.11%	1.25	5.00
标准差	0.1345	399.47	12.61%	0.18	1.12
方差	0.0181	159575.16	1.59%	0.03	1.25
最小值	0.8201	1360.74	40.61%	1.03	3.03
最大值	1.5149	2950.24	96.03%	1.86	9.48
极值比	1.8472	2.17	2.36	1.81	3.13
变异系数	0.1345	0.21	0.18	0.14	0.22

资料来源：根据表4-2数据计算得出。

表4-3数据是对表4-2数据进行统计处理后得到的。从极值比来看，各地老年医疗保障水平两极分化最严重，其次是养老保险覆盖率和养老保险待遇水平，养老基金收支比两极分化最轻。从变异系数看，老年医疗保障水平为0.22，离散程度最大，其次为养老保险待遇水平0.21，离散程度最小的是养老保险基金收支比0.14。因此，在总体上老年医疗保障水平和养老保险待遇水平的变动对养老保障发展指数的影响最大。

第三节 人口老龄化模式与养老保障发展指数关系的地区差异分析

一、人口老龄化与养老保障发展指数关系的象限图

可以将养老保障发展指数与区域人口老龄化程度二者之间的关系分为四个维度：（1）老龄化程度高与养老保障发展水平高并存，简称为"双高模式"；（2）老龄化程度高与养老保障发展水平低并存，简称为

"高低模式";(3) 老龄化程度低与养老保障发展水平低并存,简称为"双低模式";(4) 老龄化程度低与养老保障发展水平高并存,简称为"低高模式"。为检验我国各地区的老龄化程度与养老保障发展水平的具体关系,以下依据我国 31 个省级行政区域养老保障发展指数的中位值与老年人口比的中位值作为象限图横轴与纵轴的交叉点坐标(0.9830,8.84%)构建象限图。将各地区投射至四个象限内,直观展现 31 个地区的人口老龄化程度与养老保障发展水平的关系,并进行交叉分类分析。

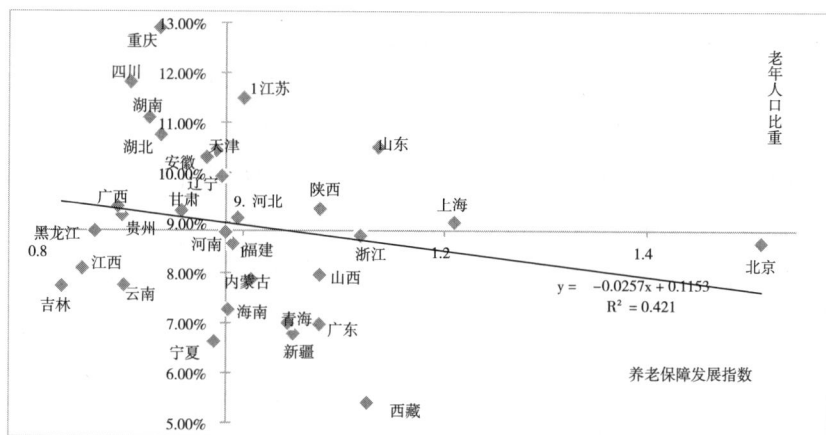

图 4-1 各地区老年人口比重与养老保障发展指数象限图

资料来源:根据对各省份养老保障发展指数与老年人口比数据绘制象限图得到。

二、人口老龄化与养老保障发展指数关系的分析结论

第一象限为"双高模式",即人口老龄化程度处于全国前列,养老保障发展指数高于各地区中位值。包括上海、山东、江苏、河北、陕西 5 个省级行政区域。除陕西外,均分布在我国东部沿海地区,该地区经济发展水平高,2012 年上海、江苏、山东、陕西、河北的人均 GDP 分别位列全国第 3 位、第 4 位、第 10 位、第 14 位、第 15 位,河北和陕西虽然名次稍靠后但也位于全国中位名次之前。发达的社会经济在很大程度上为养老保障发展提供了良好的物质基础。从养老保险待遇水平来

看，上海、山东、河北分别位居全国第3位、第4位、第11位；从老年医疗保障水平看，上海、陕西、山东分列全国第2位、第5位、第9位。一般情况下，社会经济越发达的地区，居民受教育水平越高，对国家各项政策理解越透彻，也越有积极性参加社会保险。山东、河北、陕西养老保险覆盖率分别为89.25%、83.13%、80.70%，分列全国第3位、第5位、第6位。

第二象限为"高低模式"，即人口老龄化程度位于全国前列，养老保障发展指数低于全国中位水平。包括重庆、四川、湖南、湖北、天津、安徽、辽宁、甘肃、广西、贵州、黑龙江11个省级行政区域，大部分位于我国人口外迁比较大的中西部地区和个别东部地区。除天津、辽宁外，大部分地区社会经济发展水平较低。在人均GDP方面，2012年贵州、广西、安徽、四川分别位列全国第31位、第27位、第26位、第24位。社会经济基础的薄弱限制了养老保障发展水平的提高。从养老保障待遇水平看，湖南、四川、湖北、黑龙江分别位于全国第29位、第28位、第27位、第26位；从老年医疗保障水平看，贵州、安徽、甘肃、湖南分列全国第29位、第28位、第25位、第24位。该类地区劳动力流出量比较大，剩下大部分为老年人口，尤其是农村老年人口。从人口老龄化程度看，重庆、贵州、安徽、四川、湖南均属于高位扩张模式，天津属于高位静止模式，其他地区均属于中位扩张模式，且正位于向高位模式过渡的拐点上。

第三象限为"双低模式"，即人口老龄化程度低于全国中位水平，养老保障发展指数也低于全国中位水平。包括江西、吉林、云南、宁夏4个地区。该地区养老保障发展指数低的原因与"低高模式"相似，主要由于社会经济发展水平较低。2012年云南、江西人均GDP分列全国第29位和第25位，吉林、宁夏的人均GDP位于全国中游水平。从养老保险待遇水平看，江西、吉林位于全国倒数两位；从老年医疗保障水平看，云南、江西分列全国第30位、第27位，宁夏和吉林位于中游水平。从人口老龄化程度看，云南、吉林、宁夏属于低位静止模式，只有江西属于中位扩张模式，且属于由低位模式进入中位扩张模式的初始阶段。

　　第四象限为"低高模式"，即人口老龄化程度低于全国中位水平，养老保障发展指数高于中位水平。包括北京、西藏、浙江、福建、广东、山西、内蒙古、河南、海南、青海、新疆 11 个地区，其中部分为沿海地区，部分为内陆地区。沿海地区高度发达的社会经济为较高的养老保障发展水平提供了物质保障，内陆地区如新疆、内蒙古、青海、西藏，自然资源丰富，且受国家财政大力补贴，同时人口相对稀少，致使各指标水平较高。在养老保险待遇水平上，北京、西藏、青海分列全国第 1 位、第 2 位、第 5 位；从老年医疗保障水平看，北京、新疆、内蒙古分居全国第 1 位、第 3 位、第 6 位。在人口老龄化程度上，除北京、浙江、福建外，其他 8 个地区均属于低位静止模式。

第五章 职工基本养老保险全国统筹与中央调剂制度

第一节 职工基本养老保险全国统筹的难点重点问题

尽快实现基本养老保险全国统筹，推动基本养老保险制度可持续的平稳运行，是健全的养老保险制度、增进民生福祉的客观需要。然而，当前基本养老保险全国统筹仍面临着诸多挑战。厘清职工基本养老保险全国统筹的难点、重点问题，有利于为基本养老保险全国统筹扫清障碍，突破当前养老保险全国统筹面临的困境，助力推进基本养老保险全国统筹目标的实现。

一、职工基本养老保险全国统筹亟须解决的难点问题

1. 基本养老保险现有统筹层次多样化

当前，全国范围内以省级统筹层次为主，部分地区也存在着县市级统筹的情况，总体来看，全国统筹层次方面还不统一。1991 年国务院下发文件要求全国各省份要逐步将基本养老保险县市级统筹过渡到省级统筹层次以来，推进基本养老保险统筹层次提升的工作从未停下，2010年通过的《社会保险法》更是提出要逐步实现基本养老保险全国统筹的目标，虽然提升统筹层次的政策措施陆续出台，但统筹层次现状依然不理想。2007 年劳动保障部、财政部下发了《关于推进企业职工基本

养老保险省级统筹有关问题的通知》，其中提出了判断基本养老保险省级统筹的六条具体标准，即按照统一制度政策、统一费率、统一待遇、统一调度使用基本养老保险基金、统一编制基金预算、统一全省的经办业务流程。[①] 按照这六条标准，2009 年全国各省、自治区和直辖市均已宣布建立起了基本养老保险省级统筹，但从更加严格的基金统收统支管理标准来衡量是否达到省级统筹，纵观全国，真正实现省级统筹的只有北京、天津、陕西、青海等少数几个省份，其余多数省份基金的收支依然集中在市县层级，部分省份只是建立了省级调剂金制度。

党的十九大报告提出"要尽快实现养老保险全国统筹"，体现了中央对推进养老保险全国统筹的决心。国务院印发了《关于建立企业职工基本养老保险基金中央调剂制度的通知》（以下简称《通知》），决定建立养老保险基金中央调剂制度，自 2018 年 7 月 1 日起实施。这是出于对我国地区发展不够平衡，各地的缴费基数、费率标准、待遇水平存在着较大差异，很难一步实现基金理想化统收统支的考量，因此中央政府采取了较稳妥的办法，从较低比例起步，先建立基金中央调剂制度，作为全国统筹的第一步，来缓解省际之间、地区之间的养老保险基金不平衡的矛盾，增强基本养老保险制度运行的可持续性。[②]《通知》明确提出，我国将通过实行部分养老保险基金中央统一调剂使用，合理均衡地区间基金负担，对各省份养老保险基金进行适度调剂，确保基本养老金按时足额发放。具体来说，中央调剂基金由各省份养老保险基金上解的资金构成，按照各省份职工平均工资的 90% 和在职应参保人数作为计算上解额的基数，上解比例从 3% 起步，逐步提高，中央调剂金制度的建立为养老保险全国统筹迈出实质性的一步，也是未来短期内基本养老保险全国统筹所采取的具体形式。

2. 职工基本养老保险制度参数碎片化

当前养老保险制度地区分割状态下，全国基本养老保险的制度参数呈现碎片化，全国统筹后设计科学合理的制度参数是推进全国统筹的核

---

① 郭晋晖：《养老金全国统筹为何举步维艰？》，《第一财经日报》2013 年 6 月 21 日。

② 张丽敏：《养老保险全国统筹迈出重要步伐》，《中国经济时报》2018 年 6 月 22 日。

心内容，也是难点问题之一。各地区地域差异明显，集中体现在制度抚养比、历史债务规模以及各地区自身的经济发展水平等方面。其中，各地区制度抚养比差距是导致当前各地基金面临不同支付压力的主要原因。从全国整体视角来看，养老保险全国统筹后，各省份养老保险基金收支短期内将通过横向调剂得到平衡；但从长期来看，还应将人口老龄化问题来通盘考虑，随着人口老龄化问题不断深化和劳动力流动趋于稳定，当前基金盈余省份在未来也将同样面临收不抵支问题，不合理的参数设计相当于将这些盈余省份人口红利时期的积累进行非合理转移，因此设计何种制度参数以实现制度的可持续运行是职工基本养老保险全国统筹亟须突破的难点问题之一。

3. 各地区基本养老保险缴费率差异化

实现统一的养老保险缴费率是基本养老保险全国统筹的重要目标之一，虽然企业养老保险费率有统一的标准，但中央允许各地按照经济状况及居民收入等自身状况自行设定。从基金征缴角度来看，当前职工养老保险社会统筹账户的缴费额是以工资总额为基数计算的，经济发展水平高的地区，人均工资较高，人均缴费绝对数较人均工资低的省份多。我国各地养老保险费率也存在较大差异，如表5-1所示，2016年全国人均基本养老保险缴费率为18.65%，受制度抚养比等因素影响，黑龙江、广西、四川、甘肃、青海、西藏等省份的基本养老保险缴费率均明显高于其他省份，同时北京、江苏、广东、贵州、河南等省份的基本养老保险缴费率则明显低于全国平均水平，实现基本养老保险的全国统筹，必然会使部分省份费率有所下降，而另一部分省份的费率上升，从而导致各地区基本养老保险缴费率出现差异化情况。

表5-1 2016年各地基本养老保险缴费率估算

地区	人均养老保险缴费额（元）	人均工资（元）	缴费率（%）	地区	人均养老保险缴费额（元）	人均工资（元）	缴费率（%）
全 国	12598.69	67569	18.65	河 南	8191.12	49505	16.55
北 京	17691.94	119928	14.75	湖 北	13341.88	59831	22.30
天 津	17458.18	86305	20.23	湖 南	13191.31	58241	22.65

地区	人均养老保险缴费额（元）	人均工资（元）	缴费率（%）	地区	人均养老保险缴费额（元）	人均工资（元）	缴费率（%）
河　北	12070.57	55334	21.81	广　东	5790.38	72326	8.01
山　西	14495.95	53705	26.99	广　西	16682.32	57878	28.82
内蒙古	14632.11	61067	23.96	海　南	12492.11	61663	20.26
辽　宁	14958.5	56015	26.7	重　庆	13531.94	65545	20.65
吉　林	15139.25	56098	26.99	四　川	19857.23	63926	31.06
黑龙江	15340.15	52435	29.26	贵　州	10228.47	66279	15.43
上　海	24547.53	119935	20.47	云　南	16053.65	60450	26.56
江　苏	10875.87	71574	15.2	西　藏	52649.01	103232	51.00
浙　江	12796.53	73326	17.45	陕　西	11971.25	59637	20.07
安　徽	12863	59102	21.76	甘　肃	17013.44	57575	29.55
福　建	8560.26	61973	13.81	青　海	19196.92	66589	28.83
江　西	10344.88	56136	18.43	宁　夏	15650.19	65570	23.87
山　东	11389.03	62539	18.21	新　疆	24560.09	63739	38.53

注：这里人均养老保险缴费额与缴费率均为近似估算。人均养老保险缴费额＝基金收入/在职
　　参保职工人数；缴费率＝人均养老保险缴费额/人均工资。
资料来源：《中国统计年鉴（2017）》。

各地缴费率存在的差异对养老保险全国统筹的阻碍主要体现在以下两个方面：一方面，全国统筹后实现缴费率下降的省份普遍存在基础养老金收支不平衡问题，降低这些省份的基础养老金缴费率所形成的收支缺口，需要由缴费率提高的省份进行横向转移，因而当前缴费率较低的省份对全国统筹会消极对待；另一方面，因基本养老保险全国统筹导致缴费率升高，会增加当前缴费率较低省份的企业经营成本，其对高缴费率省份企业的成本优势会减少，企业所在地省份对企业的吸引力也会相对减弱，而地方政府均极力避免此类情况的发生。因而，各地区基本养老保险缴费率差异化的存在阻碍着职工基本养老保险全国统筹的实现。

在当前养老保险以调剂金形式为主的省级统筹模式下，各省份参保缴费受经济发展水平与人口结构差异影响。在31个省份中，各省份缴费基数和费率存在较大差异。部分省份养老保险最低缴费基数低于国家

规定的在岗职工平均工资的 60%，如北京、四川养老保险最低缴费基数仅为在岗职工平均工资的 40%。部分省份企业养老保险缴费费率低于国家规定的 20%，如浙江、广东养老保险费率仅为 14%。在缴费基数与缴费率碎片化模式下，各地企业负担存在明显差异，从长期来看，这显然缺乏公平性且影响基本养老保险全国统筹。此外，各地在当前碎片化模式下易形成"马太效应"，例如东北地区企业在产业结构转型过程中收益下降，却要承担较重的养老保险缴费额，既不利于当地企业的转型发展，也降低了对新兴高技术企业的区域吸引力。平衡全国各地区养老保险的缴费基数与缴费率也是推进基本养老保险全国统筹、提升基本养老保险公平性所面临的难点之一。

从养老金计发视角来看，全国多数省份基础养老金的计发办法是参保人员退休时当地上年度在岗职工月平均工资和本人指数化月平均缴费工资的平均值乘以缴费年限的 1%，这种计发模式下，工资较高的省份，人均基础养老金的水平自然也就相对较高。在这种背景下强制实现一步到位的基本养老保险全国统筹，高收入地区退休群体的养老金会相对下降，部分养老金会由高收入地区流入低收入地区，这会引发高收入地区已经退休职工群体的不满，降低了基本养老保险全国统筹的民意支持力度，因此需要探索合理的渐进式基本养老保险全国统筹模式。

4. 属地管理思维下的地方政府利益博弈

1994 年中央与地方实行分税的财政体制后，地方财政管理体制相对独立，养老保险由地方政府负责，养老保险也成为政府收入的重要来源，同时当养老保险出现收不抵支情况时，需要地方政府安排相应财政资金进行兜底。受改革开放后资源禀赋、区位因素、经济基础与产业结构的差异化影响，各省级区域间经济发展分化趋势明显，加之人口年龄结构等因素影响，各地区养老保险收支情况存在较大差距，属地管理思维下的政府利益就存在博弈的可能。

例如，广东省与山东省将部分养老基金结余划转全国社会保障基金理事会后，本省依然有相当数量的基金结余，而同期的黑龙江省养老基金则存在较大的基金收支缺口。从 2016 年数据看，广东省养老基金结余 7652.6 亿元，可支付 54.7 个月，是全国基金结余和可支付月数最多的省份，而同期黑龙江省养老基金严重收不抵支，累计赤字 196.1 亿元，成为全国第一个累计结余为负的省份。在此情况下进行全国统筹，势必将基金盈余省份的部分养老基金调剂给收不抵支省份，基金盈余省份便损失了对盈余基金的控制权，在属地管理思维模式下，就意味着地区利益的损失，与其追求自身利益最大化的意愿相违背，挫伤了那些足额征缴养老金、职工基本养老保险基金结余省份的积极性，使这些地方产生了相对剥夺感，甚至某种程度增加了他们反对和阻碍基本养老保险全国统筹的抵触情绪，从而不愿与基金收不抵支的地区进行横向统筹调剂；而那些基本养老保险基金收不抵支的省份也容易产生搭便车心理，从而加重中央调剂基金以及中央财政补助的负担，影响全国统筹目标的实现。

目前的财政分级管理体制所导致的政府间利益分歧与养老保险基金的统筹调剂要求之间存在着难以调和的矛盾，导致养老保险基金统一管理和调剂使用这一关键问题难以得到落实，阻碍基本养老保险全国统筹的进程。因此，协调属地管理模式所导致的政府间利益分歧是推进养老保险全国统筹的难点之一。

5. 省际基本养老保险待遇公平性

制定基础养老金给付的合理标准，解决省际基本养老保险待遇公平性问题迫在眉睫。现行的职工基本养老保险政策通常遵循"多缴多得、长缴多得"原则，同一省份内部由于人均预期寿命差距不大，省份内部各地参保人员领取基本养老保险金的时间基本相似，这样的公平容易为大家所接受。但如果省份之间因为人均预期寿命相差很大，则容易出现多缴少得、长缴少得问题，进而产生相对剥夺感。按照现行的政策设计，职工基本养老保险全国统筹的顺序是先省内后省际、先地方后全国。同一省份内各地区之间经济发展水平虽然有所差异，基本养老保险基金丰歉程度亦有所不同，但毕竟在同一省份范围内各县市间人均预期寿命的差异较小，退休后各地领取养老金的时间差距也不大，因而省份内统筹容易得到民众的认同，而省际的统筹则完全不同。统筹后各地区均按国家统一规定缴纳基本养老保险，但是人均预期寿命的差异会造成领取基本养老金的年限及额度差异较大。通常来说，较高的预期寿命意味着领取更多的养老金，假设那些人均预期寿命超过 80 岁的东部沿海省份平均可以领取 20 年的养老金，而相同收入、缴费费率和缴费年限的西部省份因为人均预期寿命为 66 岁只领取了 6 年的养老金，由此会造成省际因为人均预期寿命的不同而带来的基本养老金待遇相对剥夺感以及不公平感的显著增加。实现基本养老保险全国统筹需要迫切解决省际基本养老保险待遇公平问题。

6. 推进统筹基金保值增值的艰难性

目前养老保险基金管理是调剂金形式的省级统筹，其实基金管理权仍在地市级或区县级，形成众多的小规模养老保险基金，缺乏有效的保值增值手段，基金无效损耗较大。2015 年，国务院发布了《基本养老保险基金投资管理办法》，但由于缺乏实施细则，多数地区的养老保险基金投资运营仍没有新的突破。2017 年底，北京、安徽等 9 个省份签署了 430 亿元的委托投资合同，2731. 5 亿元养老金已经到账并开始投资。① 但加上之前广东省和山东省委托投资的部分资金，相对于我国 4 万亿元的养老保险基金总结余，基金投资途径仍不多，仍有较漫长的路要走。养老保险基金全国统筹，可以提高基金的规模和管理能力，更好地实现基金的保值增值。

但是，推进统筹基金的保值增值也十分艰难。养老金实现全国统筹后，如何实现统筹基金保值增值是制度面临的巨大挑战。在统筹账户方面，养老保险全国统筹后，可投资运营的基金规模便会扩大，但投资风险也相应会提高，此时基金的保值增值能力决定了基金的可持续性；在个人账户方面，如果个人账户基金不能进行有效投资，则当基础养老金实现全国统筹后，做实个人账户将是一种缺乏经济性的行为。当前国家层面负责基金投资运营的机构是全国社会保障基金理事会，投资运营方式包括信托贷款投资、证券投资等多种。财政部数据显示，2014 年全国社会保障基金理事会的基金投资收益率达到 11. 43%，超过同期通货膨胀率 9. 47 个百分点。因此，实现全国统筹后如何像全国社会保障基

---

① 李常印：《养老保险全国统筹的必要性及面临的主要难题》，《中国人力资源社会保障》2018 年第 3 期，第 19 页。

金理事会一样保持较高的投资收益率，如何为规模庞大的基金设计最优投资结构、实现统筹基金保值增值是养老保险制度全国统筹的难点之一。

7. 基本养老保险全国统筹信息共享的迟缓性

信息系统是养老保险整合与统筹的基础、平台与载体，职工基本养老保险全国统筹目标的实现依赖参保信息及参保数据的准确及标准化，依赖统一的信息系统与操作平台，应做到基本养老保险信息系统、信息标准、公共服务平台及操作手段的统一，从而能够让各省份的职工参保数据整合为一个系统。但实际情况是，不仅各省份之间的养老保险经办标准不统一，各省份人口特别是就业人口数据不共享，应该参保人数甄别标准不统一，参保信息不互通，信息系统不兼容、数据不共享，甚至同一省份内部各地区之间的经办标准与信息系统也不相兼容与共享。另外，各省份职工养老保险信息系统独立设置，信息系统完全分割，各省份之间存在着企业的缴费基数、缴费费率和待遇计发等数据不统一等情形。这种缺乏统一、标准化、共享性的信息系统必然会对各省份职工基本养老保险的数据、信息交换带来困难，加大不同省份之间的数据整合难度，给养老保险全国统筹带来了风险与挑战。① 因此，解决基本养老保险全国统筹信息共享的迟缓性，加快全国范围内基本养老保险数据共享的实效性也是职工基本养老保险全国统筹的一个难点问题。

二、推进职工基本养老保险全国统筹的重点问题

1. 基本养老保险全国统筹层次的提升

提高统筹层次是解决养老保险关系转移接续问题的主要手段。尽管《城镇企业职工基本养老保险关系转移接续暂行办法》已实施多年，但具体落实过程中，由于当前各地养老保险政策不同，经办服务流程不统一，信息系统建设标准不一致等因素，导致参保人员在跨地区流动时关系接续仍存在着很多的问题。从养老保险关系转移利益得失角度看，按

---

① 高和荣、薛煜杰：《基本养老保险全国统筹面临的挑战及其应对》，《华中科技大学学报（社会科学版）》2019 年第 1 期，第 32 页。

照《城镇企业职工基本养老保险关系转移接续暂行办法》政策规定，养老保险异地转移过程中，个人账户资金全部转移，而统筹基金只转移部分。按照现有政策进行养老保险关系的转移接续，则养老保险转入地需要承担本应由养老保险迁出地所应承担的社会统筹部分的养老金给付责任，进而造成养老保险关系转入地社会统筹部分基金的损失；而从基本养老保险个人账户给付的角度看，在实际转移过程中，养老保险迁出地往往仅将职工个人缴费部分资金进行转移，而养老保险转入地需要将个人账户名义积累额进行全额记账，因而养老保险转入地便承担了记账额空账部分的支付责任。由于各统筹地区各自负责自身的基金收支平衡，因而养老保险转入地政府对养老保险转移接续产生抵触态度，最终影响劳动力跨地区的合理流动。通过实现养老保险全国统筹，参保人员跨地区流动将不再存在异地问题，养老保险关系和基金转移问题也就迎刃而解。因此可以说，基本养老保险基金全国统筹是解决基本养老保险权益有效衔接的关键所在。但是，提升基本养老保险统筹层次，实现基本养老保险基金全国统筹还要突破很多重点问题。

（1）养老金全国范围的统收统支的实现问题

当前实行的中央调剂制度只是养老保险全国统筹的过渡模式，完全意义上的养老金全国统筹要实现基金全国范围内的统收统支，因此推进养老保险全国统筹的工作重点之一是研究合理的统收统支方案。在基金统收方面，需要关注两个问题：一是如何确保各地基金收缴积极性不下降，征收的养老保险基金如不能为地区独立使用，则势必会影响部分地区的基金征缴积极性，这在基金结余地区会尤为明显，虽然2019年起试行由税务部门统一征收社会保险费，提升了保费的征缴力度，为养老保险基金全国统收奠定了基础，但仍需探索提升各地保险经办工作的积极性。二是各省份基金结余部分是否上缴，当前各省份养老保险基金结余情况存在较大的差异，在实现养老保险基金全国范围内的统收后，考虑到各地基金累计结余数额巨大，同时基金的累计结余涉及地方利益，将累计结余进行统收会遭到基金收支结余地区的抵制，因此是否将各地养老保险基金的累计结余一并统收应是在推进养老保险全国统筹过程中重点考量的问题；在基金统支方面，需重点考量如何制定全国统一的计发办法、适度科学的待遇标准、规范而清晰的待遇调整机制和明确的各级财政保障机制。

2018年7月20日，中共中央办公厅、国务院办公厅印发了《国税地税征管体制改革方案》，明确从2019年1月1日起，将基本养老保险费、基本医疗保险费、失业保险费、工伤保险费、生育保险费等各项社会保险费交由税务部门统一征收。社会保险费征缴体制改革的决定是完善社会保险管理体制和治理方式的重大改革，有利于进一步明确部门职责分工，规范征缴管理，提高征缴效率，降低征收成本，优化缴费服务，增强参保缴费人获得感，实现社会保险资金安全、可持续增长，为降低社保费率创造条件；有利于进一步深化社会保险制度改革，更好地确保发放、维护广大参保人的利益，有利于为深化"放管服"改革和进一步激发市场主体活力奠定良好基础。统筹协调、平稳有序做好社保费征缴移交工作，人社部门与税务部门要紧紧围绕明确职责和厘清责任、流程衔接和业务对接、系统连接和数据共享等问题，特别是信息共享平台的建设问题，重点开展好沟通协作，实现征收业务的有序移交，决不能在落实党中央、国务院决策部署方面打折扣。①

（2）统筹基金和个人账户基金分账管理的实施

是否在"混账"管理模式下实现养老金全国统筹应是统筹工作第一个考虑的工作重点，"混账"管理模式下，统筹基金需承担个人账户基金兜底的责任，但是挪用个人账户资金现象并不罕见。《中共中央关于制定国民经济和社会发展第十三个五年规划的建议》在内的多部文件均要求基础养老金全国统筹，但在"混账"模式下实施全国统筹，并非单一意义上的基本养老金全国统筹，因此首先应对基本养老保险全国统筹的概念进行界定。从个人账户的运行特点来看，个人账户在收支平衡的基础上，并不存在统筹层次划分问题，而从账户性质和养老金全国统筹的意义来看，养老金全国统筹体现保险的互助共济性质，而养老金个人账户是个人储蓄性质，强调个体的效率性，不体现保险的互助共

---

① 《中国社会保障》杂志社：《2018年中国社会保障十大新闻》，《中国社会保障》2019年第2期，第15页。

济性质，因此在实施基本养老保险全国统筹过程中应将个人账户进行剥离。在推进全国统筹的过程中，需要重点明确统筹基金和个人账户基金的定位，促使两类账户的产权更加明晰，统筹部分应更好地发挥基金的互助共济作用，未来在多支柱模式完善的情况下，逐步回归保基本的角色；而对于个人账户空账问题根据其产生的原因，可采用不同的方法进行剥离处理，同时通过各级财政的合理分担以逐步解决。

2. 养老保险精算报告制度的建立，统一的制度参数的设计

推进基本养老保险全国统筹，需要建立精算报告机制，对基金支付风险进行预警，并合理调整制度参数。养老保险精算报告制度以保障基金平稳运行为目标，定期对基本养老保险开展精算评估并发布评估报告。随着职工退休年龄、人口预期寿命等因素的变化，养老保险精算报告制度有利于对基金收支风险进行预估，并以此作为制度参数调整的依据。此外，养老金全国统筹过程中中央财政的补贴数额、各级政府对于历史债务的分担比例、全国统筹后基金保值增值的投资运营选择也都离不开精算数据的支持。因此，加快建立养老保险精算报告制度，通过精算报告客观评价制度运行情况，以便对基本养老保险全国统筹后基金支付能力和统筹层次提升中财政负担能力作出科学的预测与判断。

养老金地区间的分割统筹是导致基础养老金制度分化的根本原因。缴费方面，各地区间缴费基数与缴费率存在较大差异，当前各地区缴费基数与缴费率受当前劳动人口年龄结构影响，例如广东省经济发展水平较高，青壮劳动力流入比较明显，人口年龄结构较为年轻，因而其设定的养老保险缴费基数与缴费率也较低，而东北地区离退休职工人数较多，即使设定了较高的缴费率，但收不抵支现象仍然十分严重，而高缴费率加大了企业的用工成本，不利于区域间的协调发展。当前养老金中央调剂制度具体方案已经出台，中央调剂制度利于缓解收不抵支省份养老金支付压力，但却没有解决养老基金保值增值、劳动力市场公平等问题，中央调剂制度只是全国统筹的过渡方案。基本养老保险全国统筹重点之一是需要统一的基本养老金制度来结束地区间养老金分割统筹的现状，要进一步设计统一的制度参数，确保缴费基数计算口径与缴费率在全国范围内采用统一标准，这也是全国统筹的关键所在。

3. 地方政府提升职工基本养老保险全国统筹贡献率

（1）历史债务的分担途径，地区间利益冲突的化解问题

1997年职工养老保险由现收现付模式转型为当前统筹账户与个人账户相结合模式，制度转型之前已经退休及新制度实施前参加工作的职工，这两类人群由于在旧制度下积累下来的养老权益在新的养老保险财务模式下没有得到明确的偿付，因此形成了新旧制度转型所要承担的养老保险历史债务，受各地区原有的产业布局及人口分布，各地区所承担的养老保险历史债务总量存在明显的差距，债务总量是历史债务水平的重要影响因素，但并不是影响地区间养老保险历史债务水平的唯一因素，人口年龄结构、工资水平、参保比例等因素均影响着养老保险历史债务水平的高低。由于在养老保险制度改革过程中，并未明确规定历史债务的最终承担者，各地历史债务多由现收现付的统筹账户负担，即希望通过代际转移来逐渐消化这笔历史债务，因此人口年龄结构对养老保险历史债务水平的影响尤为重要。当前各地区间人口年龄结构存在着巨大的差异，例如，据《中国统计年鉴（2017）》数据显示，2016年辽宁省基本养老保险制度抚养比达到了37.75%，而同期广东省基本养老保险制度抚养比仅有9.73%，如表5-2所示，各地制度抚养比差异较大。

表5-2　2016年基本养老保险制度抚养比

地区	离退休人数	参保职工人数	抚养比（%）	地区	离退休人数	参保职工人数	抚养比（%）
全　国	10103.4	37929.7	26.64	河　南	450.3	1848.4	24.36
北　京	275.4	1546.6	17.81	湖　北	458	1355	33.8
天　津	208.6	639	32.64	湖　南	362.9	1186.7	30.58
河　北	391.3	1403.1	27.89	广　东	524.6	5392.4	9.73
山　西	216.6	760.2	28.49	广　西	240.7	751.9	32.01
内蒙古	236.5	655	36.11	海　南	66.5	224.9	29.57
辽　宁	679.7	1800.3	37.75	重　庆	346.3	952.2	36.37
吉　林	286.7	706.8	40.56	四　川	777.8	2157.6	36.05
黑龙江	488.5	1144.1	42.7	贵　州	99.6	423.6	23.51

地区	离退休人数	参保职工人数	抚养比（%）	地区	离退休人数	参保职工人数	抚养比（%）
上　海	476.3	1527.1	31.19	云　南	168	581.8	28.88
江　苏	724.2	2861.5	25.31	西　藏	6	21.1	28.44
浙　江	663.9	2506.9	26.48	陕　西	213.6	790.8	27.01
安　徽	257.9	892.2	28.91	甘　肃	114.1	315	36.22
福　建	174	979.8	17.76	青　海	41.4	132.3	31.29
江　西	284.6	957.3	29.73	宁　夏	57.8	189.3	30.53
山　东	607.4	2576.4	23.58	新　疆	196.5	625	31.44

注：基本养老保险制度抚养比＝参保离退休人员/参保总人数，反映基本养老保险制度负担情况。

资料来源：《中国统计年鉴（2017）》。

　　虽然辽宁省与广东省的历史债务总量均较大，但由于广东省人口年龄结构相对年轻化，其代际转移效应明显，所承担的历史债务水平也就相对较轻，因此广东省养老保险统筹账户收支还存在结余。在人口老龄化进程加快背景下，可以预见中短期内基金收不抵支省份的历史债务压力会进一步增加，在此背景下，提高养老保险的统筹层次，相当于历史债务由历史债务水平高的省份向历史债务水平低的省份进行转移，势必会引起债务水平较低地区的抵制而影响统筹层次的进一步提高。因此需要从养老金收不抵支省份基金缺口的成因入手，对养老保险制度转轨所造成的历史欠账进行剥离处理，不能仅依靠中央调剂制度或全国统筹后的统收统支来消化这笔债务。可以采用多种手段逐步偿还：一是可采用国有资产及其收益来弥补部分债务；二是通过精算方法来确定中央与地方政府的合理补贴比例，根据财权与事权相匹配的思路，建立专门的财政补贴账户，转"暗补"为"明补"。通过建立对养老保险历史欠账的多方负责制，不仅可以实现责任分担，从而促使地方政府养老保险工作的进展，而且能最大程度地减少地区间的利益冲突。

　　（2）激励与保障机制的建立与健全

　　实现城镇职工基础养老金全国统筹后，各省份收缴的基础养老金将由中央集中积累、调剂和发放。这对于出现基金亏空的地区是一种弥补，有利于提高这些地区退休职工的福利水平，但对基金流出的地区却造成了一定的福利损失，减少了当地的可用资金，一定程度上阻碍了当地福利事业的发展。由此可能导致基金结余的省份降低了上缴基金的积极性，基金缺口的省份将本地的养老金发放责任转嫁给了中央政府和基金结余省份的情况，从而产生新的公平与效率问题。①

因此，需要建立必要的激励机制，来有效调动地方政府的积极性。对此，可以在中央政府的统一运营下，赋予征缴收入良好的地方政府使用部分本地结余基金的权利；可以适当加入"附加养老金"等项目，使基础养老金的待遇与当地生活水平相符，以满足退休职工的现实诉求；对于养老基金存在缺口的省份，需要设置一定的惩罚机制，以防止其依赖性的产生。

2018 年 11 月 22 日，国家发展改革委、人民银行、人力资源和社会保障部、税务总局、市场监管总局、国家医疗保障局等多部门联合签署了《关于对社会保险领域严重失信企业及其有关人员实施联合惩戒的合作备忘录》。根据该合作备忘录，联合惩戒的对象是指人社部、税务总局和医疗保障局会同有关部门确定的违反社会保险相关法律、法规和规章的企事业单位及其有关人员。其严重失信、失范行为主要包括用人单位未按相关规定参加社会保险、未如实申报社会保险缴费基数且拒不整改的；应缴纳社会保险费却拒不缴纳；隐匿、转移、侵占、挪用社会保险费款、基金或者违规投资运营等九种情形。多部门联合惩戒社会保险领域严重失信行为，有利于全民参保、足额缴费、享有待遇的合规，是健全约束和惩戒失信行为机制、健全褒扬和激励诚信行为机制，有利于构建守信联合激励和失信联合惩戒的协同机制，加强社保法律制度和社保诚信文化建设，是推动基本养老保险全国统筹的重要保障。②

4. 统筹基金保值增值的实现

由于通货膨胀和人口老龄化等压力的存在，社会保障基金面临着巨

---

① 邓大松等：《全国统筹背景下城镇职工基础养老金财政负担分析》，《社会保障研究》2018 年第 2 期，第 14 页。

② 《中国社会保障》杂志社：《2018 年中国社会保障十大新闻》，《中国社会保障》2019 年第 2 期，第 15 页。

大的贬值风险和增值压力，因此需要最大限度地追求社会保险基金的保值增值，更大程度地减轻参保者的生活负担并提高其生活质量。要抓准社会保险基金保值增值的问题所在，然后对症下药。

我国目前的社会保险基金的投资方向主要是银行存款和国债，这二者的利率较低，而且生息能力较差，同时也不具备规避通货膨胀风险的能力，投资模式单一，投资运营理念过于保守，对安全的重视远超过收益。而社会保障基金的"碎片化"管理，也使得基金的投资运营难以形成合力，基金的投资收益较低，且增加基金管理的成本和负担。

在实现养老保险全国统筹后，如何保证规模庞大的保险基金保值增值是全国社会保险基金管理机构所要面对的重要问题，当前全国社会保障基金理事会通过多渠道投资运营全国社会保障基金，取得了良好的收益率，实现养老保险基金全国统筹后，需要确保基金投资收益率能够高于同期通货膨胀率并能弥补全国统筹带来的基金整合和管理成本，实现统筹基金的保值增值。

5. 高质量社保经办服务体系的建设

我国社保经办机构分为中央与地方两个层级，其中地方层级包括省级、市级、县级。省级和市级承担指导与经办的双重功能，县级以经办业务为主要职能。由于我国基本养老保险统筹层次限于市（县）或者省级，而大部分地区的经办机构采取属地管理的体制，呈扁平化结构，上级对下级主要是政策法规的领导和业务上的指导，不存在直接的行政隶属关系。这种条块分割的管理体制使得养老保险管理及政策制定权力分散到了各地方政府。不断地逐级细化、不断地制定新政策，整个制度框架最终由三到四个甚至更多层级政府文件构成，各省、市、县之间的差异性越来越大。这种纵横交错的管理体系导致养老保险的管理权力大部分分散到了地方政府手中，各地区之间各自为政，互不统属。这种扁平化管理结构，使中央出台养老保险政策后，各省份都会将其修改为符合本地情况的政策。互不统属的管理体系，导致很难做到政策统一，也增加了基本养老保险制度全国统筹的难度。

当前社保经办机构区域分割的横向管理模式使得各地难以形成统一的经办服务标准，不利于全国统一的经办信息化系统建设。建设高质量的社保经办服务体系，包括构建全国统一的经办信息化系统，实现经办机构的垂直化管理，不断提升经办服务机构的服务效能。

（1）经办信息的流通顺畅

推进基本养老保险信息系统大数据管理的改革。在全国整体构建居民个人信息库征信制度的基础上，建立与居民联系紧密的公安、民政、税务、银行等相关部门的共享数据库，减少重复建设成本，实现资源交集。社保机构现有的金保工程要发挥核心作用，政府、企业的很多业务系统都要围绕金保工程进行系统化建设，以实现各种信息资源的数据整合、信息交换和网络共享。构建中央、省、市三级人力资源和养老保险系统网络，在此基础上建立起网络互联、信息共享、安全可靠的全国统一的养老保险参保信息服务网络，同时要以网络为依托，优化业务处理模式，建立规范的业务管理体系、完善的社会服务体系，构建全国统一的经办信息化系统。

（2）经办机构的垂直化管理的实现

推进职工基本养老保险全国统筹，需要加快建设垂直化管理的社保经办机构，通过经办机构的垂直化管理，尽快规范各级经办机构的名称、部门设置、服务流程，并建设一体化的经办信息化系统，为养老保险全国统筹政策方案的制定提供执行保障。在责任分工方面，垂直化管理模式中，中央层面社保经办机构负责制定政策法规和基金预决算的总编制，省级经办机构参与本省基金预决算的编制并上报中央社保经办机构，省级以下社保经办机构负责具体的经办事务。

（3）经办服务机构的服务效能的提升

提升经办服务机构的服务效能，全面落实社保服务质效提升。组织机构是否合理将直接关系到经办服务能力的高低。要依托高效、智能和数据充分交互的经办信息管理系统，优化业务的处理流程，减少工作环节，提升系统信息识别、处理、交互的能力，并在此基础上，适当调整和优化社会保险经办机构的内部管理规则，尝试以个人业务为切入点，实现相关业务的全省通办，并在探索的基础上，优化组织管理体制，打破户籍限制，逐步实现社保业务的全国通办。社会保险经办机构的网上服务平台，应该以服务对象需求为导向，简化操作、增加内容以及强化技术支撑，使网上服务平台更便捷、更智能，真正提升经办服务能力。

2018年4月22日，在"首届数字中国建设"成果展览会上，人力资源和社会保障部签发了全国首张电子社保卡，这意味着社保卡线上线下全面打通，以线下为基础，线上线下相互补充的社保卡多元化服务生态圈正在形成。青岛、福州、成都等地按照人力资源和社会保障部的统一部署，先期开展电子社保卡试点工作。在不同业务场景中探索电子社保卡应用流程和实现模式，通过试点应用不断提升社保卡在线业务支撑能力。随着"互联网+人社"2020行动计划加快布局，电子社会保障卡将成为便民利民的重要载体，电子社保卡的使用和普及对提高社保经办服务机构的服务效率，节约人力物力财力，优化社保服务资源配置具有重要意义。

同时，合理配置经办服务人数，找准培训的侧重点。对于受众面广的社保业务工作，必须进行及时、持续、全面的培训；对于专项性强的业务工作，必须有针对性，有深度地开展培训，同时要提高培训的效率。总之，社保经办服务机构要助力职工基本养老保险全国统筹的实现，不断提升为民服务意识，确保政策落实到位，提升社保水平，兜牢民生底线。

除以上重点问题外，加快多层次的养老保险体系建设也是推进基本养老保险全国统筹的重中之重。在人口老龄化问题日益严峻的背景下，实现养老金全国范围内的统收统支，应考虑使社会养老保险回归"保基本"的角色，一方面要保证老年人的基本生活需求，另一方面也要避免社会养老保险承担"全面保障"的责任。"保基本"的内涵就是将社会养老保险待遇控制在适度水平。社会养老保险承担责任减轻后，需要其他层次的养老保险来进行补充，以保证老年人退休后的生活质量。当前包含企业年金、个人商业养老保险等在内的多层次养老保险体系建设滞后，多数老年人退休后的生活来源主要依靠社会养老保险金，社会养老保险"保全面"的特征明显，导致社会养老保险基金支出与财政补助增加迅速。因此，降低社会养老保险缴费率、减轻社会养老保险对财政的负担、推进基本养老保险全国统筹就需要加快构建多层次的养老保险体系。

第二节　动态风险下的中国最优
混合养老保险体系

随着我国改革开放和社会主义市场经济体制的逐步建立，企业逐渐成为自主经营、自负盈亏的经济实体。为了解决企业的负担，扩大基本养老保险的互济功能，1997 年 7 月，国务院发布《关于建立统一的企业职工基本养老保险制度的决定》（以下简称《决定》），对统一制度的原则、框架作出了明确规定。《决定》从三个方面强调实行统一制度，即统一企业和个人缴费比例、统一个人账户规模、统一养老金计发办法。这是当时作出的一项重大决策，确定了我国以"统账结合"模式为特征的养老保险制度建设方向，对于支持企业改革，完善城镇社会保障体系，建立多层次的养老保险体系，促进经济发展和维护社会稳定，意义重大。

"统账结合"是当前中国基本社会养老保险制度的财务模式，它指的是我国基本养老保险实行的"社会统筹与个人账户相结合"，这是党中央、国务院结合我国基本国情，借鉴国际上社会保险发展的经验和教训，把社会统筹的长处与个人账户的优势结合起来，创造的一种具有中国特色的养老保险制度。"统账结合"的中国基本社会养老保险制度的财务模式由具有现收现付功能的统筹账户与具有基金积累功能的个人账户混合而成。

一、现收现付制与基金积累制

1. 现收现付制

现收现付制基于代际交叠原理。现收现付制强调短期横向平衡性、代际收入再分配功能，注重公平；不主动进行基金积累，基金累积额较小或者没有，因此保值增值风险小。现收现付制养老保险的人口结构是全社会劳动人口和老年人口，较好地解决了"无子女""独生子女"家庭养老缺失问题。现收现付制养老保险的财富收入再分配总量为社会总财富，相比家庭养老有更加稳定、充足的缴费收入；但是人口老龄化程度加深对现收现付提出了挑战，一方面老年人口比重高导致养老给付总量增加；另一方面劳动人口比重低导致养老缴费能力降低。

2. 基金积累制

基金积累制基于生命周期原理。所谓生命周期原理是指人的一生分为劳动期和退休期，在劳动时期内进行缴费积累，在退休期根据积累和特定计划领取养老金。基金积累制强调长期纵向财务平衡，参保人通过在职期间缴费积累和退休期领取养老金，来实现个人收入在生命周期内的平滑；强调效率，个人缴费越多，其基金积累就越多；基金管理成本高，保值增值风险大。基金积累制注重长期财务平衡，基金积累制会影响储蓄率、资本市场，对经济发展也会产生一定影响。

二、"统账结合"模式的实证分析

"统账结合"模式设计的出发点是避免单一财务模式所带来的缺陷，通过制度混合来充分发挥两种财务模式各自的优势，抵御人口老龄化的冲击。但在实际制度运行过程中，随着人口老龄化速度加快及退休年龄较早等问题，使得体制内退休人员数量激增，社会统筹养老金支付负担加重；另一方面个人账户资金在形成积累后，出于安全性考虑，除银行存款、国债等风险较低的投资工具外，其他可供选择的投资工具较少，易使积累资金的投资回报率低于同期物价上涨率，增加了养老基金保值与增值的难度。

结合中国经济与人口的发展状况，以及未来资本市场的发展趋势，"统账结合"模式仍然具有制度生命力。但是，目前需要对制度内部结构进行动态调整，使其适应外部经济、人口等条件的变化，从而最大限度地发挥出混合财务模式的优点。因此，应该进一步明确具有现收现付功能的统筹账户与具有基金积累功能的个人账户混合比例受到何种因素的影响，为充分发挥制度优势，还需要结合风险偏好等因素来调整统筹账户与个人账户的构成比例，以便测算及确定制度的最优混合比例。

以下使用两期生命周期模型，引入风险回避度及跨期收益参数，通过均值—方差效用函数，对中国养老保险"统账结合"混合比例以及投资组合进行实证分析，从而构建起"统账结合"收益判定模型，引入动态风险参数，测算不同情况下的"社会统筹"与"个人账户"最优组合比例，并基于结果延伸探讨不同风险回避度下对投资工具如何选择问题。

1. "社会统筹"与"个人账户"收益判定及最优混合比例

（1）养老保险"社会统筹"与"个人账户"收益的理论判定

我国基本养老保险制度采取了社会统筹与个人账户相结合的模式，从财务机制看，等同于国际上通称的"部分积累"制度，即现收现付制与基金积累制在一定比例上的混合。

基于萨缪尔森（Samuelson，1958）、阿伦（Aaron，1966）、费尔德斯坦（Feldstein，1974）的基本理论，分别计算现收现付制和积累制下的收益率。采用两期的生命周期模型（劳动者在第1期劳动，在第2期退休），且不考虑个人的自愿性储蓄。将 t 期的劳动人口（当前劳动者）定义为 L_t，第 t 期的养老金领取者（退休者）为 A_t，设人口增长率为 n，则以下关系式成立：

$$L_t = (1 + n)L_{t-1} \tag{5-1}$$

并且由于上一期劳动者人数等于本期退休者人数，所以，

$$L_t = (1 + n)A_t \tag{5-2}$$

另外 t 期的劳动者得到工资 w_t，若工资增长率为 g，t 期的工资 w_t 表示为如下形式：

$$w_t = (1 + g)w_{t-1} \tag{5-3}$$

假设政府对劳动所得征收的保险费率 τ，则 t 期的保险费收入 T_t 可以表示为如下形式：

$$T_t = \tau w_t L_t \tag{5-4}$$

如果退休世代每人的养老金领取额为 b，则 t 期的养老金给付总额 B_t 可以表示为公式（5-5）：

$$B_t = bA_t \tag{5-5}$$

在现收现付制下 t 期的养老金给付额 B_t 与 t 期的保险费收入 T_t 相等，因此，如果现收现付制下人均养老金给付额为 b_p，则预算约束式为：

$$b_p A_t = \tau w_t L_t \tag{5-6}$$

根据公式（5-6），可以得到现收现付制下人均养老金给付额为：

$$b_p = (1 + n)\tau w_t \tag{5-7}$$

另一方面，基金积累制下在 $t-1$ 期所缴纳并积累的保险费因为在 t 期被领取，即 $B_t = (1+n)T_{t-1}$，因此基金积累制下人均养老金给付额 b_f 的预算约束式为：

$$b_f A_t = (1 + r)\tau w_{t-1} L_{t-1} = \frac{(1 + r)}{(1 + g)}\tau w_t L_{t-1} \tag{5-8}$$

根据以上分析，由公式（5-8）能够得到基金积累制下的人均养老金给付额 b_f，如公式（5-9）所示：

$$b_f = \frac{(1 + r)}{(1 + g)}\tau w_t \tag{5-9}$$

由公式（5-7）和公式（5-9）可知，现收现付制下人均养老金给付额 b_p 与基金积累制下人均养老金给付额 b_f 的大小关系，取决于 $(1+n)(1+g)$ 和 $(1+r)$ 之间的大小。因此当 $ng \approx 0$ 时，基金积累制和现收现付制的选择将取决于各自的收益率 $n+g$ 和 r 的大小。即

$$b_p < b_f \Leftrightarrow n + g < r$$
$$b_p = b_f \Leftrightarrow n + g = r \tag{5-10}$$
$$b_p > b_f \Leftrightarrow n + g > r$$

（2）基于均值—方差效用函数的"统账结合"最优混合比例

如上所述，设现收现付制下的收益率为 h，即 $h=n+g$，h 被称为"自然回报率"；基金积累制下的收益率为 r，假设保险费收入以 θ（$0 \leqslant \theta \leqslant 1$）比例用于养老基金的积累，则剩余的 $1-\theta$ 比例用于支付当前退休者的养老金。从养老金中得到的每单位收益用 $p = 1+\theta r+ (1-\theta)h$ 来表示。将 r 和 h 设为概率函数，则效用函数可用式（5-11）的形式表示：

$$E[U(P)] \tag{5-11}$$

将效用函数用均值—方差效用函数（mean-variance utility function）

表示，则得到式（5-12）：

$$E[U(P)] = E(P) - \frac{\gamma}{2}\mathrm{var}(P) \qquad (5-12)$$

式（5-12）中，γ 为风险回避度系数，风险回避程度不同的投资者，其效用函数也不同。Γ 值越大，投资者对风险的回避程度越强，效用则越小；反之则含义相反。以下对 γ 设计为 0.1—0.5 的范围，通过细微的风险差别来判断养老保险的混合构成。此外 E（P）和 var（P）各自具有如下含义：

$$E(P) = 1 + \theta\mu_r + (1 - \theta)\mu_h \qquad (5-13)$$

$$\mathrm{var}(P) = \theta^2\sigma_r^2 + (1 - \theta)^2\sigma_h^2 + 2\theta(1 - \theta)\sigma_{rh} \qquad (5-14)$$

式（5-13）和式（5-14）中 μ_i 和 σ_i^2 表示函数 i（$i=r,\ h$）的期望值和方差，σ_{rh} 表示 r 和 h 的协方差。为得到"统账结合"最优结构比例，要使混合比例 θ^* 最大化，则 θ^* 如式（5-15）所示：

$$\theta^* = \frac{\mu_r - \mu_h + \gamma(\sigma_h^2 - \sigma_{rh})}{\gamma(\sigma_r^2 + \sigma_h^2 - 2\sigma_{rh})} \qquad (5-15)$$

（3）纳入动态风险的分析

为分析现收现付制和积累制的结构比例，需要求得两种制度的收益率方差和协方差。对此可以使用资本市场的期望值作为资产风险指标，用资本收益的方差和协方差来表示风险程度。为使风险衡量更符合现实经济状况，此处使用简单法和指数加权法，通过跨期收益带来的动态风险，来对多种可能性进行分析。

所谓简单法是指，将过去收益实际值的方差作为风险，假设过去的收益结构固定，并且未来不发生变化。因此，简单法认为目前的收益和过去收益具有同等重要性，以此为基础进行计算。

所谓指数加权法是指，对收益按时间序列赋以加权值。与过去收益相比，近期的收益对未来收益的影响更大，因此需要对收益值赋权。对过去的数据进行指数加权，使越是久远的收益其对风险的影响越小，在指数加权法下各函数的方差与协方差可用式（5-16）和式（5-17）表示：

$$\sigma_i^2 = \frac{\sum_{t=1}^{T} \alpha^{T-t} (i_t - \mu_i)^2}{\sum_{t=1}^{T} \alpha^{T-t}} \qquad (5-16)$$

$$\sigma_{ij} = \frac{\sum_{t=1}^{T} \alpha^{T-t} (i_t - \mu_i)(j_t - \mu_j)}{\sum_{t=1}^{T} \alpha^{T-t}} \qquad (5-17)$$

式（5-16）和式（5-17）中，I，$j=r$，h（$i \neq j$），α 是权重参数。A 值由数据距当前时间的远近程度决定；α 越小，表明赋予远期数据的权重小，而近期数据的权重大；反之则含义相反。

2. 养老保险相关参数的统计性描述、最优混合比例及投资组合收益

以下利用中国 2002—2012 年的时间序列数据进行实证检验，以探讨我国养老保险现收现付制与基金积累制的最优混合比例。

1）基于中国历史数据的描述性统计分析

2002—2012 年，中国人口增长率和工资增长率逐年下降；历年利率呈现波动上升趋势；股票市场不稳定；全国社会保障基金（NSSF）投资回报率除了考察期内的极少数年份畸高外，多数年份远低于工资增长率，因此总体回报率较低。如表 5-3 所示。

表5-3 2002—2012 年中国社会经济相关数据

单位:%

年份	人口增长率 n	工资增长率 g	h=n+g	一年期银行存款利率	债券无风险回报率	股票投资报酬率	NSSF投资回报率
2002	0.65	14.20	14.85	1.98	1.95	-17.91	2.59
2003	0.60	12.90	13.50	1.98	2.40	3.82	3.56
2004	0.59	14.00	14.59	2.12	2.48	-15.99	2.61
2005	0.59	14.30	14.89	2.25	1.47	-10.02	4.16
2006	0.53	14.60	15.13	2.39	2.24	113.96	29.01
2007	0.52	18.50	19.02	3.47	3.32	129.73	43.19

续表

年份	人口增长率 n	工资增长率 g	$h=n+g$	一年期银行存款利率	债券无风险回报率	股票投资报酬率	NSSF投资回报率
2008	0.51	16.90	17.41	3.38	4.18	-63.58	-6.79
2009	0.49	11.60	12.09	2.25	1.51	98.55	16.12
2010	0.48	14.40	14.88	2.63	2.43	-3.43	4.23
2011	0.48	11.90	12.38	3.25	5.22	-27.27	0.86
2012	0.50	10.10	10.60	3.13	4.31	2.42	7.10

资料来源：根据2003—2013年《中国统计年鉴》、全国社会保障基金理事会和RESSET金融研究数据库数据整理。

表5-3中的 h 为自然回报率，等于人口增长率与工资增长率之和；一年期银行存款利率、债券无风险回报率来自RESSET金融研究数据库，其中一年期银行存款利率取该年内变动利率的均值；股票投资回报率取自上证指数和深证指数变动率的均值；NSSF投资回报率来自全国社会保障基金理事会报告。

以下对表5-3数据进行描述性统计分析，如表5-4所示。

表5-4　2002—2012年中国社会经济相关数据的描述性统计

投资方式	均值（%）	标准差（%）	峰度	偏度	W统计量	P值
人口增长率	0.54	0.057	-0.92	0.696	0.88	0.10
工资增长率	13.95	2.36	0.38	0.38	0.96	0.72
$h=n+g$	14.48	2.371	0.34	0.33	0.95	0.68
一年期银行存款利率	2.62	0.58	-1.69	0.42	0.87	0.07
债券无风险回报率	2.86	1.23	-0.46	0.79	0.90	0.19
股票投资报酬率	19.11	64.03	-0.61	0.89	0.84	0.03
NSSF投资回报率	9.69	14.46	2.07	1.56	0.81	0.01

资料来源：根据2003—2013年《中国统计年鉴》和RESSET金融研究数据库数据整理。

表5-4中 h 的均值为14.48%，远高于NSSF投资回报率均值9.69%，意味着按照"艾伦条件"，中国经济中的 $n+g>r$，实行现收现

付制的社会统筹账户似乎更加符合中国现实情况。但是，仅依据该数据是不足以进行判定的，因为 NSSF 投资回报率不能有效代表混合比例模型中的 r 值。以下选取 2002—2012 年一年期银行存款利率、债券无风险回报率和股票投资报酬率三种资产收益率的历史数据作为 r 值的预测依据。表 5-4 列出了三种投资方式收益率的描述性统计数据，将收益数据进行 Shapiro-Wilk 正态性检验，结果显示在 5% 的显著性水平下，三种投资方式的报酬率都接近服从正态分布。其中一年期银行存款利率和债券无风险回报率的标准差远远小于股票投资回报率，意味着前者的风险远小于后者，故将银行存款和无风险债券投资作为安全性投资，将股票投资视为风险性投资。

2）中国养老保险"统账结合"最优混合比例

表 5-5　风险回避度与跨期收益关联下的相关收益

				$\gamma=0.1$			$\gamma=0.2$		
		μ_h	σ_h^2	μ_r	σ_r^2	σ_{rh}	μ_r	σ_r^2	σ_{rh}
简单法		14.483	5.113	9.34	646.381	9.923	7.706	359.077	7.981
指数加权法	$\alpha=0.995$	14.483	7.119	9.34	587.995	9.769	7.706	326.575	7.271
	$\alpha=0.990$	14.483	7.130	9.34	588.273	9.546	7.706	326.663	7.104
	$\alpha=0.985$	14.483	7.141	9.34	588.453	9.325	7.706	326.695	6.939
	$\alpha=0.980$	14.483	7.151	9.34	588.532	9.106	7.706	326.670	6.776
			$\gamma=0.3$			$\gamma=0.4$			$\gamma=0.5$
		μ_r	σ_r^2	σ_{rh}	μ_r	σ_r^2	σ_{rh}	μ_r	σ_r^2	σ_{rh}
简单法		6.069	155.664	5.235	4.434	36.546	2.493	2.653	0.389	0.323
指数加权法	$\alpha=0.995$	6.069	141.516	4.769	4.434	33.184	2.271	2.653	0.354	0.296
	$\alpha=0.990$	6.069	141.495	4.660	4.434	33.139	2.218	2.653	0.353	0.291
	$\alpha=0.985$	6.069	141.450	4.552	4.434	33.088	2.166	2.653	0.353	0.286
	$\alpha=0.980$	6.069	141.380	4.444	4.434	33.031	2.115	2.653	0.353	0.281

资料来源：基于表 5-3、表 5-4 数据和公式（5-16）、公式（5-17）计算得出。

表 5-5 是分别运用简单法和指数加权法求得的 μ_i，σ_i^2（$i=r$, h）以及 σ_{rh} 结果。由表 5-5 可知，与积累制的预期收益 μ_r 相比，现收现付

制下得到的预期收益 μ_h 更高。此外 $\sigma_r^2 > \sigma_h^2$，说明与工资和人口二者增长率之和相比，个人账户投资运营收益的方差更大，投资收益也就更不稳定。表明无论简单法或是指数加权法下基金积累制的风险都高于现收现付制，但是在指数加权法下，当目前收益与过去收益关系逐渐减弱时，即权重参数 α 越来越小，则 σ_h^2 值开始逐步增大，σ_r^2 逐步减小，这说明社会统筹账户收益在经济发展过程中稳定性趋弱，而个人账户的收益则呈现逐渐稳定的趋势。

利用表5-5中求得的 μ_i，σ_i^2（$i=r$，h）以及 σ_{rh} 数值为基础，结合公式（5-15）可以计算出最优混合比例 θ^*。根据不同风险回避度 γ 和收益权重系数 α 的组合，最优积累比例 θ^* 也发生变化。具体结果见表5-6。

表5-6　统筹账户与个人账户的最优混合比例 θ^*

		风险回避度				
		$\gamma=0.1$	$\gamma=0.2$	$\gamma=0.3$	$\gamma=0.4$	$\gamma=0.5$
简单法		7.08 (1.98%+ 26.02%)	8.05 (2.25%+ 25.75%)	11.11 (3.11%+ 24.89%)	26.15 (7.32%+ 20.68%)	92.86 (26.00%+ 2.00%)
指数加权法	$\alpha=0.995$	8.10 (2.27%+ 25.73%)	9.39 (2.63%+ 25.37%)	10.63 (2.98%+ 25.02%)	22.39 (6.27%+ 21.73%)	50.33 (14.09%+ 13.91%)
	$\alpha=0.990$	8.04 (2.25%+ 25.75%)	9.34 (2.62%+ 25.35%)	10.53 (2.95%+ 25.05%)	22.17 (6.21%+ 21.79%)	49.93 (13.98%+ 14.02%)
	$\alpha=0.985$	7.97 (2.23%+ 25.77%)	9.29 (2.60%+ 25.40%)	10.43 (2.92%+ 25.08%)	21.96 (6.15%+ 21.85%)	49.55 (13.87%+ 14.13%)
	$\alpha=0.980$	7.91 (2.21%+ 25.79%)	9.24 (2.59%+ 25.41%)	10.34 (2.90%+ 25.10%)	21.75 (6.09%+ 21.91%)	49.19 (13.77%+ 14.23%)

资料来源：根据表5-5数据和公式（5-15）计算得出。

注：表中括号内数据为社会统筹与个人账户的缴费费率；根据现实中的缴费费率规定，费率总和为28%。

结合表5-6结果，可以得出其他不同风险回避度下的统筹账户与个人账户的最优缴费率组合。例如，在简单法下，$\gamma = 0.4$时，统筹账户与个人账户的缴费率最优混合为7.32%和20.68%；而在指数加权法和$\gamma = 0.5$情况下，权数$\alpha = 0.995$时，统筹和个人账户缴费率最优混合为14.09%和13.91%，而当权数$\alpha = 0.980$时，两个账户的缴费率的最优混合为13.77%和14.23%。

表5-6的数据说明：首先，在整体上存在着对风险厌恶的前提下，中国的养老保险制度需要保持一定比例的个人账户。其次，随着风险回避度的提高，统筹账户的比重不断增加，个人账户的比重逐渐下降。再者，权重系数α越大，即当期收益受过去收益的影响越大，则统筹账户比例越高，同时个人账户比例就越低。这是因为统筹账户采取现收现付制，如果受到较大的跨期收益影响，将会对养老金的收支平衡和替代率稳定产生不利影响，因此需要较大的统筹账户来保持养老金给付的正常水平；同时，作为同一组内的个人账户，其比例就要被挤占。

3）养老金收益模拟与"个人账户"资产投资组合收益

（1）养老金收益模拟

将表5-6中不同风险回避度下的数值带入养老金收益公式（$p = 1+\theta r + (1-\theta) h$）中，可求得不同混合比例$\theta^*$下的单位养老金收益，结果如图5-1所示。其中横轴为单位养老金收益；纵轴为累积概率，表示所有小于等于某收益水平的值，其所出现的概率和；图5-1中的曲线是混合比例收益函数曲线。其中，全国社会保障基金（NSSF）的实际收益结果处于$\gamma = 0.4$附近，说明风险回避程度较高，但该水平的单位养老金收益较低。因此若有限度地提高基金积累的比重，降低社会统筹账户的比重，例如将最优混合比例θ^*变化至$\gamma = 0.3$的水平，则单位养老金收益将大幅提高。

从曲线所处位置可知，中国目前处于风险回避度很高的阶段，因此保持较大比例的社会统筹账户是一个合适选择，特别是未来一定时期内工资会保持较高增速，还可以对社会统筹账户起到重要支撑作用。当前中国资本市场尚不健全，特别是监管机制不完善，投资风险较大，如盲目扩大个人账户比重，就不得不面临"投资风险大和回报率低"并存

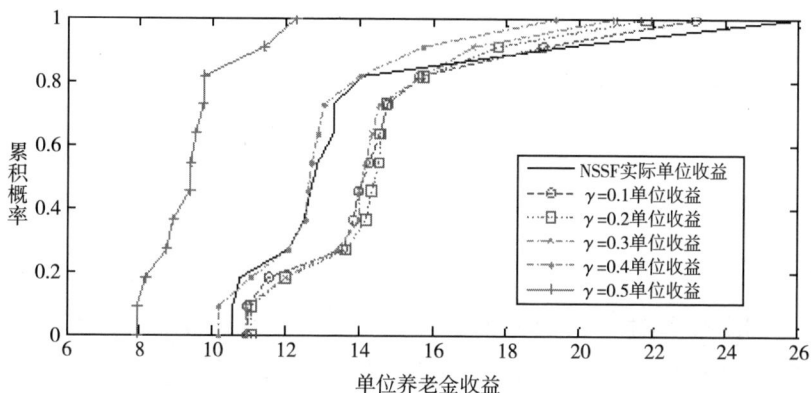

图 5-1 不同混合比例 θ^* 下的单位养老金收益的累积概率

资料来源：根据表 5-6 中数据计算结果绘制得到。

的困境。但这并不表明需要一直采取"大统筹、小账户"的财务模式，随着人口增长率持续保持低位以及经济进入平稳增长阶段，自然回报率不会再有快速的增长，资本市场的成熟度会随着经济发展而不断提升。资本投资回报率与自然回报率相比会出现此消彼长的变化，风险回避度也会随着经济水平的提高而下降，届时以基金积累制为基础的个人账户会更有优势。所以逐步尝试提高个人账户比重，将是中国社会保障制度改革完善的方向。

（2）中国养老保险"个人账户"资产投资组合

为使投资组合的收益结果更符合我国现实情况，在计算不同比重的资产组合时，按照《全国社保基金投资管理暂行办法》进行设计。办法中原则上规定了全国社保基金的投资比例：银行存款和国债投资的比例不得低于50%，其中银行存款的比例不得低于10%；企业债、金融债投资的比例不得高于10%；证券投资基金、股票投资的比例不得高于40%。在计算资产投资组合收益时，学者常用马柯维茨均值—方差模型。马柯维茨的投资组合理论揭示了"资产的期望收益由其自身风险的大小来决定"这一重要结论：即资产价格（单个资产和组合资产）由其风险大小来定价；单个资产价格由其方差或标准差来决定，组合资产价格由其协方差来决定。马柯维茨模型的目标是：尽可能高的收益率和尽可能低的不确定性风险。这一理念正好符合养老金投资收益性和安全性的要求，故此，下文将相关参数及约束条件带入马柯维茨均值—方差模型，利用 Matlab 软件编程计算，结果如表5-7所示。

表5-7 三种投资方式结构比例

	风险回避度				
	$\gamma=0.1$	$\gamma=0.2$	$\gamma=0.3$	$\gamma=0.4$	$\gamma=0.5$
一年期银行存款利率	0.1000	0.1000	0.1000	0.1000	0.8994
债券无风险回报率	0.5000	0.6006	0.7013	0.8019	0.1000
股票投资报酬率	0.4000	0.2994	0.1987	0.0981	0.0006

资料来源：基于表5-3数据和马柯维茨均值—方差模型计算得出。

表5-7中的计算结果表明，随着风险回避度的提高，银行存款和各类债券等安全性投资比重逐渐上升，而股票等风险性投资比重逐步下降，三种资产的比重由1:5:4变为9:1:0。例如，假设当前我国风险回避度在$\gamma=0.4$左右，此时就可以得出个人账户较好的投资结构为1:8:1。

从以上分析可以看出，自然回报率的下降使现收现付制不再是一个长期的最优选择；即使存在着整体上厌恶风险的前提，中国的养老保险制度仍需保持一定比例的个人账户，以便提高制度运行的收益率；如果将我国当前的风险回避度γ由0.4转变至0.3的水平，单位养老金的收益将大幅提高。

混合制养老保险制度在理论上存在着最优的账户构成比例，这一混合比例不仅受制于养老保险传统财务参数，同时更受到风险偏好及跨时期收益的影响。研究表明，经济增长率与人口出生率下降的双重影响，拉低了自然回报率的整体水平，导致与基金积累制相比，现收现付制的吸引力下降。在当前统筹账户预期收益高于个人账户预期收益的情况下，现收现付制也不一定是一个长期的最优选择。所以，即使在整体上存在着对风险的厌恶，中国的养老保险制度仍需要保持一定比例的个人账户，以便提高制度运行的收益率。

因此，构建适合中国基本养老保险制度特点的账户混合财务模型、准确全面地设计参数至关重要。要在中国人口和经济的发展中长期预测，特别是与养老保险制度密切相关的参数上下功夫，例如在职和退休职工人数、人口与经济增长率、各种投资工具的回报率等，进而适时调整各账户的混合比例。

同时，适时调整基金投资运营策略，准确把握同期中国的社会风险偏好也意义重大。对现收现付制与基金积累制之间的混合比例作出精准安排，避免出现与当期社会风险偏好差距过大的投资取向，以防止社会对个人账户基金安全性出现不必要的恐慌。构建财政专门账户，在调整混合比例时发挥动态补贴作用同样至关重要。针对因混合比例变动所导致的资金亏空问题，有必要从财政角度设立专门账户加以抵补，保证养老金给付水平的稳定性。可设计"小账户"形式的名义个人账户，以此减轻做实账户后带给基金的投资压力。通过记账式的名义账户，使资金积累及其回报额在账面上得到反映，这样就可以通过修正账面上的投资回报率，从而达到调整账户混合比例的目的，避免现实中频繁调整制度参数给经济发展和居民生活带来不必要的冲击。

第三节　职工基本养老保险"保基本"的内涵及调整

一、企业职工养老保险回归"保基本"内涵

我国一直以来对社会保障，特别是养老保险制度的给付水平在原则上作出了规定，其核心就是"保基本"。例如，在国务院出台的《关于完善城镇企业职工养老保险制度的规定》（国发〔2005〕38号文）中，直接提到企业养老保险制度要"保障离退休人员基本生活"的原则；党的十七大报告中，提出了社会保障制度要"保障人民基本生活"；党的十八大报告，提出了构建"全覆盖、保基本、多层次、可持续"社

会保障制度的 12 字方针；而 2017 年的十九大报告，更是提出了社会保障的发展目标是，构建"覆盖全民、城乡统筹、权责明晰、保障适度、可持续的多层次社会保障体系"。其中，对保障水平用了"保障适度"四个字作出了着重概括。从以上中央和国务院文件中可知，我国政府对养老金的给付水平作出了持续性的设计：从政策上确定了比较稳定的给付水平，不使其过低，以保证退休职工的养老需求；同时符合我国同期的经济发展水平，以保证养老金的给付具有可调整性和可持续性。

学术界对社会养老保险定位于"保基本"的认识是一致的，但是对"保基本"所包含的范围的理解存在着差异。学者们普遍认为，要从基本需求的角度判断"保基本"的内容。即将需求分为保生存的基本需求和保发展的精神需求，前者包括吃、穿、住、行（交通、通信）、医疗等内容，后者指教育、培训、文化、娱乐等内容。部分学者认为如果将恩格尔系数作为保基本的标准，是不合适的，因为恩格尔系数的标准是保障吃饭，水平过低。除此之外，医疗费用要计算到基本生活需求中，因为退休者的消费结构与国民整体消费情况存在明显差异，特点之一就是医疗支出远比其他年龄段人口要高。尽管有社会医疗保险制度的保障，但是由患者自身负担的费用仍然较大，从国际经验看，老年人医疗费用的支出是全部人口平均水平的 3—5 倍，从当时我国实际情况看，占我国人口 12.5% 的 60 岁及以上老年人口的药品消费量约为全国药品消费总量的 50%，而且 65 岁及以上的老年人的人均用药费用是青年人的 3.7 倍。老年人与住房相关的公共设施及服务的支出费用是硬性支出，也是不可忽视的。[①] 有学者认为，基本养老保险不应该承担医疗、照护等职责。如果养老金既用于老年人购买生活资料，又要购买照护和健康服务，就出现了制度分工的错位，导致养老金需求的刚性增长。[②] 还有的学者对"保基本"作了一个比较严格的规定，认为养老保险项目只应满足基本生活需求，而不应用于支付发展型需求，因此将保

---

① 李珍、王海东：《基本养老保险目标替代率研究》，《保险研究》2012 年第 1 期，第 97—103 页。

② 何文炯、杨一心：《职工基本养老保险：要全国统筹更要制度改革》，《学海》2016 年第 2 期，第 58—63 页。

基本的消费层次最终确定为食品、衣着、住房、交通通讯、家庭设备的消费支出上，而将教育、文化、娱乐等内容排除在外。① 其他学者认为，退休者除了应该通过养老金获得基本生活产品外，还应该顾及精神层面的需求。通过实地调研发现，精神层面的需求已经成为退休者不可缺少的日常基本需求，虽然所占比重不高，但对退休者的影响很大。特别是受教育程度高的退休者，其对文化、教育方面的精神需求更为迫切。②

从社会养老保险"保基本"的性质来看，是要与贫困线或最低生活保障线进行区分的。因为贫困线和最低生活保障线属于社会救济范畴，其保障对象不需缴纳保险费，无须为社会作出贡献，只要生活困难达到救济标准，就可以获得相应的给付。这既是国家不可推卸的社会责任，而且也体现了人道主义精神，保障了公民最低限度的生存权利，而社会养老保险制度属于社会保险范畴，参加者是在年轻时为社会作出贡献，并缴纳了社会养老保险费的劳动者，在退休后获得养老金体现了缴费义务与享有权利的对等关系。因此社会养老保险制度不能仅提供与社会救济相同的给付标准，而是要保证退休后能够获得与缴费水平相匹配的生活水平，即在保障基本物质生活的同时也要有一定水平的精神生活。这一理解与马斯洛需求层次理论所包含的思想是基本一致的。

从社会养老保险"保基本"的水平来看，需要体现出退休者对社会发展和收入增长的分享。这一点表明了"保基本"的绝对水平处于动态变化过程中，其涵盖的内容也随着经济和社会的发展而不断变化。许多当前我们认为的生活必需品，在过去可能是奢侈品，而未来的社会发展也会使当前的一些非基本生活用品或服务，成为老年生活的必需品。为此，"保基本"所要求的绝对水平必须跟上经济和社会的发展步伐，不能仅仅满足食品、衣着等物质需求，还要有一定的电子产品及设施，而且体现生活质量的文化、娱乐等精神产品也不可缺少。"保基

---

① 穆怀中、沈毅：《农村养老保险综合替代率及其结构分析》，《人口与发展》2013年第6期，第2—9页。

② 张彦、李春根：《我国养老保险基本替代率水平研究——基于江西省的实证分析》，《江西财经大学学报》2015年第5期，第62—70页。

本"绝对水平的提高不代表相对水平也要提高，因为基本物质和精神生活在日常消费中常常表现出一定的稳定性，特别是老年人的消费结构变化较小，因此"保基本"与同期收入相比，也应该是一个比较稳定的相对水平。

基于以上分析，所谓社会养老保险"保基本"，所包含的内容不仅有物质生活需求而且包括精神生活需求，这种需求当中的非额外消费支出就构成了"保基本"的数量。从这个角度看，基本养老需求是指，满足老年居民生存或基本生活的物质及精神产品需求。养老需求在纵向时序上与青年时期的生活需求有密切关联，但并不是年轻时期需求的自然延伸，而是老年时期为维持生命延续并保持相对满意的生活质量所必需的核心生活支出；养老需求在横向截面上，因个人偏好或生活习惯的不同，具体项目有明显差异，但是其核心要素是保持基本不变的，即衣、食、住、医、文教娱乐等基本需求的核心生活项目。"保基本"的绝对水平是不断提高的，但是其相对水平却是比较稳定的。由于养老保险制度的给付原则是"保基本"，因此在以下分析中将"基本养老需求"等同于"基本生活需求"。

二、企业职工养老保险回归"保基本"内涵的必要性

根据中国国家统计局统计数据，2001—2018 年中国人口出生率从 13.38‰ 下降到 10.94‰，自然增长率由 6.95‰ 下降到 3.81‰；同期，人均寿命从 71.4 岁上升到 76.34 岁，其中女性人均寿命达到 79.43 岁；老年人口数量急剧增长。2001 年中国 65 岁及以上老年人口为 9062 万，占当时总人口的比重是 7.1%。此后这一比例逐年上升，在 2009 年 65 岁及以上老年人口总计 1.13 亿，在全部人口中占比 8.5%；而 2018 年 65 岁及以上老年人口进一步增至约 1.67 亿，占比已经达到 11.9%。[①] 人口老龄化的加剧迫切需要进一步完善职工基本养老保险制度，因此企业职工养老保险回归"保基本""兜底线"政策目标也就显得至关

---

① 中华人民共和国国家统计局数据，见 http：//data. stats. gov. cn/easyquery. htm? cn＝C01。

重要。

我国在企业职工基本养老保险制度改革时，明确了原来由政府和企业负担的职工养老保险责任，变为由政府、企业、职工三者共同承担养老保险责任。从制度改革和运行情况看，企业和职工的缴费责任得到了明确，且缴费率不断进行调整，缴费结构也得到了固化。养老保险缴费比例分为企业参保和以个体劳动者参保两类，其缴费比例如下：各类企业按职工缴费工资总额的 20% 缴费，职工按个人缴费基数的 8% 缴费；职工应缴部分由企业代扣代缴；个体劳动者包括个体工商户和自由职业者，按社会平均工资的 20% 缴费。在数十年的发展历程中，由于外部条件发生了很大变化，中国基本养老保险制度的可持续运行面临着较大压力。一是制度赡养率逐渐提升。二是参保人员缴费比例正在不断下降。三是基金的当期结余减少。根据《中国养老金精算报告（2018—2022）》（以下简称《精算报告》）的预测，预计 2018—2022 年，全国企业职工基本养老保险基金收入增长率将从 12% 左右降低至 10% 左右，全国企业职工基本养老保险基金支出的增长率则由 11.2% 提高到 11.3%，累计结余的增长率从 6.9% 逐渐降低到 5.3%。① 四是整个制度对财政补贴的依赖性较大。从财政养老金负担比例看，受人口老龄化加剧和人口流动不均衡等因素的影响，我国部分省份的社保基金收支平衡压力较大，依赖各级财政补贴的程度也在逐年扩大。2014 年财政对养老保险制度的补贴为 3548 亿元，占当年养老保险基金总收入的 14.02%。2015—2018 年全国一般公共预算收入增长 23%，而财政用于社会保险的补贴增长 64%。2018 年社会保险基金的财政补贴达 1.68 万亿元，占当年公共财政支出的 7.6%，2018 年财政补贴同比增速达 35.8%。从财政补贴结构来看，主要流向三类领域，城镇职工基本养老保险补贴占比约为 40%、城乡居民基本养老保险补贴占比约为 25%、城乡居民基本医疗保险补贴占比约为 34%。后两项为实现社保全覆盖而设立，征缴收入有限，其支出长期依赖财政补贴。而城镇职工基本养

① 朱俊生：《完善税收递延型商业养老保险发展的政策环境》，《中国保险》2019 年第 8 期，第 8 页。

老保险则是由于部分省份收不抵支，依赖财政补足缺口，随着未来老龄化人口的增多，这一缺口还将进一步扩大。[①]《精算报告》预测显示，如果不考虑财政补贴，城镇职工基本养老保险基金的当期结余从 2018 年到 2022 年每年都是负数，即"收不抵支"，而且"收不抵支"的缺口将持续增大。2018 年养老保险基金收支缺口为 2461.5 亿元，预计到 2022 年收支缺口将扩大为 5335.8 亿元。[②] 随着人口结构的变化，养老保险基金难免将面临越来越大的亏空风险，完全依靠财政补贴的模式难以为继。这些都迫切要求企业职工养老保险回归"保基本"的政策初衷。

尽管政府从财政的角度不断对养老保险注入补贴资金，对养老金的足额按时发放起到了重要作用，但是政府的责任始终没有明确，政府始终是以"暗偿"的形式来维系社会养老保险制度的运行，往往是根据养老金缺口来确定当期的补偿额，并没有形成固定的给付比例。财政补贴支付责任不明确，导致了制度运行中出现了一些问题：一是养老保险基金出现越来越严重的收支缺口；二是基本养老保险政府财政补贴的调整不稳定；三是财政责任的隐性化与央地财政分担结构的失衡。这些问题的根源在于对企业职工养老保险替代率的适度水平没有判断清楚，也就是过分强调基本养老保险制度在职工退休生活中的地位，对基本养老保险是承担"全面保障"还是"保基本"的责任没有在思路上加以厘清。

从养老保险以及整个社会保障制度的缴费率来看，经济合作与发展组织（OECD）21 个国家强制性养老金的总缴费率平均为 17.57%，低于中国 28% 的缴费率；OECD 中 13 个国家社会保险和强制性私营养老金总缴费率平均为 23.85%，也远远低于中国社会保险高达（含企业年金或职业年金缴费）40% 的总缴费率。而且很多国家都通过税收优惠政策提升商业养老保险的需求，在税收优惠政策的鼓励下，OECD 国家的

---

① 林采宜：《社保基金收支平衡压力加大，划拨国有资本充实社保基金等是政策方向》，第一财经，2019 年 4 月 2 日，见 https：//www.yicai.com/news/100153577.html。

② 朱俊生：《完善税收递延型商业养老保险发展的政策环境》，《中国保险》2019 年第 8 期，第 8 页。

私营养老金快速发展，1990—2011 年其养老金给付中，私营养老金的给付水平提高了 37.9%；2011 年，OECD 国家平均以占 GDP 0.4% 的税收减免带来了占 GDP 1.6% 的私营养老金支出，税收对养老金的放大效应为 4 倍。[①] 税收递延养老保险的优势体现在参与机制开放、激励机制有效和运行机制透明方面，但是目前我国税收相关政策的缺失导致补充养老保险需求不足。

从企业缴费负担来看，在我国现行社会保险制度下，企业是社会保险缴费的核心主体，而企业亦是吸纳就业、驱动国民经济增长的细胞，所以企业承担的社会保险缴费应该以不影响其正常经营为前提，即企业缴费负担应该与其缴费承受能力相适应，保持在适度水平。若缴费负担高于缴费能力，将影响企业的生产经营状况，挫伤其参保的积极性，从而影响到缴费基金收入，进而不利于社会保险制度的可持续发展；相反，缴费负担过低，社会保险基金收入不足，同样会威胁制度的财务可持续性。我国企业在养老金负担水平上承担着较重的责任，我国在企业职工基本养老保险制度中曾长期将企业缴费率设定为职工工资的 20%，与其他国家对比可发现，这一缴费率是较高的，例如美国、英国、瑞典、德国、俄罗斯、韩国、新加坡等国的企业缴费率分别为 6.2%、12.8%、9.25%、9.75%、8.2%、5.5% 及 16%。此外，从制度设计之初的情况看，世界银行的建议是 9% 的缴费率，然后发展企业补充保险等其他支柱，共同实现养老保险的合理给付水平。但是我国将企业缴费率设计为 20%，其目的是通过高费率，一方面来应对制度转型所造成的隐性债务，另一方面也希望借助制度自身来闯过人口老龄化难关。据当时测算 20% 的缴费率不仅可以应对老龄化风险，而且在 2050 年仍能形成约 6% 的养老金盈余。由此可见，从制度设计之初，我国的养老保险缴费率就定得偏高了。

企业的单位缴费基数核定方法不统一会导致各地企业的缴费负担不公平，造成地区间的"马太效应"：在各地经济发展水平差异较大的情

---

① 朱俊生：《构建多层次养老保险体系：国际经验与中国实践》，《老龄科学研究》2017 年第 6 期，第 6—8 页。

况下，发达地区基本养老保险基金结余较多，为留住和吸引企业投资，往往采用较低的单位缴费基数核定方法和缴费比例，企业缴费负担较轻；而欠发达地区基金面临收不抵支的风险，受制于各方压力，只能采用较高的缴费基数核定方法和缴费比例，企业缴费负担较重。因此仅就社会保险缴费而言，经济越不发达地区的企业社保缴费负担越重，企业的投资意愿越低。缴费率过高，会减少企业利润，进而将影响企业扩大再生产的能力。企业为在竞争中获得优势，需要不断研发出市场需要的高质量、高技术产品，这就要企业进行高额的研发投入，但过高的养老保险缴费率一定程度上挤占了企业利润，缩减了企业用于技术开发的资金，将不利于企业自主创新能力的提升，从而降低其竞争力。如果企业不将过高的缴费率转嫁到劳动者工资上，那么过高的企业缴费率会提高企业的劳动成本，也会影响到企业的竞争力。已有的研究表明，企业养老保险缴费率每增加1%，企业雇用人数将减少0.8%。[1] 近年来，我国企业曾长期具有的劳动力成本优势逐渐丧失，许多劳动密集型企业向东南亚和南亚转移就是明显的例证。由于目前高额的养老保险缴费率给了企业沉重的财务压力，企业缺乏引进人才的动力，从而无法在目前的规模上扩大生产，这不仅有损企业的竞争力，也不利于我国养老金制度覆盖缴费企业和缴费个人，导致制度参与率偏低甚至出现萎缩，其结果是制度的偿付能力受到削弱，可持续性无法保障。企业将通过两种方式来缓解高社会保险缴费率给企业财务带来的沉重压力：其一是降低企业员工的工资，其二是压缩企业利润、减少雇员。降低工资将直接影响劳动者的劳动积极性，降低工作效率，从而使企业发展受损。

社会保险缴费水平过高，将会降低居民当期消费水平和消费能力，使拉动经济发展的"三驾马车"之一的消费受损，不利于国家拉动内需和转变经济增长方式。据测算，企业缴费率每增加1%，就会使职工工资下降0.6%，职工福利下降0.7%。职工可支配收入的减少必然带来消费能力的下降，据世界银行《2010年世界发展报告》统计，在全

① 马双等：《养老保险企业缴费对员工工资、就业的影响分析》，《经济学（季刊）》2014年第3期，第969—1000页。

球 132 个国家中，中国是消费率最低的 7 个国家之一。2008 年，在世界家庭最终消费率方面，高收入国家为 62%，中等收入国家为 56%，低收入国家为 75%。世界平均水平约为 61%，而同期我国的家庭最终消费率仅为 37%，相当于世界平均水平的 60% 左右。[①] 2015 年我国居民最终消费率首次突破 50%，但与世界平均水平相比仍有不小的差距。由于个人缴费与未来权益之间的联系不紧密，未参保人参保意愿低下，已参保人群则存在较为严重的逃保、断保和退保等现象，导致养老金的覆盖面难以扩大，甚至在个别地区出现萎缩的现象，养老金制度的偿付能力受到了极大的削弱。

有学者曾运用丁伯根改进的柯布—道格拉斯生产函数（以下简称"C-D 生产函数"）模型测算各地区不同所有制企业最大社会保险缴费承受能力的缴费率，并分析了其差异性。[②] C-D 生产函数是 1928 年由美国数学家柯布（C. W. Cobb）和经济学家道格拉斯（P. H. Douglas）共同创造的，他们在生产函数的一般形式上作了改进，引入了技术水平这一生产要素。C-D 生产函数适用性极广，对不同部门、产业、企业、地区或国家都可以应用，而且是可以使均方误差达到最小的生产函数，最贴切地反映产出和投入要素之间的数量关系。我国企业社会保险缴费是以职工工资总额为缴费基数，且企业社会保险缴费额与职工工资总额的比值表现为企业缴费率，假设劳动者报酬全部作为工资发放，则此时企业最大社会保险缴费能力可以用企业最大缴费率来衡量，即为扣除投资资本积累之后的企业利润与企业全部职工工资总额之比。可以从国有企业、集体企业、私营企业以及外资企业这四大所有制企业的实际负担能力出发，构建最大社会保险缴费率测算模型，并对东部、中部和西部三个地区进行测算。

研究结果显示，从区域间来看，各所有制企业西部地区的社会保险缴费能力最弱，即便是西部缴费能力最强的国有企业最大缴费率也仅为

---

① 席卫群：《社会保险缴款对居民消费产生了"挤出效应"吗?》，《学海》2012 年第 2 期，第 41 页。
② 许志涛、丁少群：《各地区不同所有制企业社会保险缴费能力比较研究》，《保险研究》2014 年第 4 期，第 102—109 页。

21.41%，而我国现行社会保险企业法定缴费率，即各项社会保险制度规定的企业缴费率（不含企业年金或职业年金缴费）已达30%左右，其中基本养老保险缴费为20%，基本医疗保险为6%，失业保险为2%，工伤保险在0.5%—2%之间以及生育保险为1%，高出西部国有企业能够承受的最大缴费率近9个百分点。对于集体企业和私营企业而言，中部地区的缴费能力高于东部，且最大缴费率都远远低于法定缴费率；而对于外资企业和国有企业而言，东部地区的缴费能力高于中部，且最大缴费率都高于法定缴费率。也就是说，对于各类企业而言，东中部社会保险缴费能力高于西部。而且，尽管整个社会保险企业法定缴费率为30%，但实际上有不少省份并没有严格执行。以养老保险为例，国家规定的企业法定缴费率为20%，但很多省份尤其是东部省份（超过1/3的东部省份）的养老保险企业法定名义缴费率低于20%，如广东省（广州市）只有12%，浙江省（杭州市）也只有14%。换言之，东部地区虽然缴费能力较强，但是其法定名义缴费率却较低，这明显与养老保险制度的互助共济的本质属性不相符。①

　　企业对社会养老保险缴费的实际承受力是远远低于制度缴费率的，根据不同的企业性质来看这一问题会发现，外资企业对养老保险缴费率承受力最强，其能够承担的最高缴费率为20.21%，除此之外的国有、集体、私营三种类型企业都存在明显差距，三者对社会养老保险所能承受的最高缴费率分别为15.16%、11.78%、12.56%，都大大低于法定20%的社会统筹缴费率。这些企业能够承担的缴费率平均值约为15%。即便是广东、浙江等一些东部省份的法定缴费率较低，但对于绝大部分私营企业和集体企业而言仍然偏高，这在一定程度上解释了我国集体企业和私营企业社会保险覆盖面不足以及容易发生虚报缴费基数和逃缴、漏缴、欠缴从而导致收缴率逐年下降的事实。

　　综上所述，造成这些问题的关键是企业职工养老保险的制度定位没有得到明确，也就是政府在各类文件中所强调的"保基本"原则没有

---

　　① 许志涛、丁少群：《各地区不同所有制企业社会保险缴费能力比较研究》，《保险研究》2014年第4期，第102—109页。

得到真正体现。从养老金给付的历史情况看，自 2005 年以来，退休职工养老金水平逐年增长，一直到 2015 年平均增速超过了年均 10% 以上，到 2017 年已经实现了"十三连增"，2016 年和 2017 年的增速尽管有所下降，但也达到了 6.5% 和 5.5% 的增长幅度。在给付的绝对水平上，2017 年养老金已达到了月均 2472 元。针对企业职工养老金给付水平的快速提升，学界出现了两种声音：一种观点认为快速提高的养老金会引起社会上对养老金将进一步提高的非理性预期，这种社会预期以及随之产生的福利刚性，会使本来已收不抵支的养老保险基金雪上加霜，对养老保险制度的可持续运行将造成负面影响。另一种观点认为，企业职工养老金的替代率已经由 1997 年的 76% 下降到 2013 年的 44%，这一替代率水平远低于养老保险制度设计的约 60% 的目标替代率，这将会对职工的退休生活带来不利影响。学界的前期研究分别是从绝对、相对两个角度的分析，从不同角度看都有其道理，但是有必要从"保基本"的原则出发，对养老保险金给付水平作出科学的判断，以保证养老保险制度的可持续运行。

因此我们要进一步明确回归"保基本"内涵后的合理的适度替代率，以及如何对制度进行调整以实现"保基本"的初衷，同时确保制度调整有可行性等问题作出进一步分析，推动企业职工养老保险制度的完善。

三、企业职工养老保险适度替代率判定及制度改革方案设计

1. 企业职工养老保险适度替代率判定

借助 ELES（扩展线性支出模型）能够测算基本生活需求，由于以下论述中将"基本生活需求"等同于"基本养老需求"，因此得到的结论可以认为是基本养老需求。ELES 模型的公式为：

$$R_{ij} = P_{ij} Q_{ij} = P_i J_i + b_i \left(I - \sum_{j=1}^{n} P_j C_j \right) = \left(P_i J_i - b_i \sum_{j=1}^{n} P_j C_j \right) + b_i I$$

$$(5-18)$$

式（5-18）中，R_{ij} 表示产品或服务的消费额；P_{ij} 表示产品或服务

的价格；Q_{ij}表示产品或服务的消费量；P_i是满足基本生活需要的产品或服务价格；J_i是满足基本生活需要的消费量；b_i是边际消费倾向，表示扣除基本生活需求后的剩余收入用于额外消费的比重；I为居民可支配收入；P_j表示总体需求中产品或服务的价格；C_j表示总体需求中产品或服务的数量。由于我国消费支出结构共分为八类商品和服务，因此，i和j的取值范围在1—8之间。

通过对我国城镇居民基本需求的测算可知，中国城镇基本养老需求的替代率在35%—40%之间。表5-8中还包含了职工人均养老金、职工养老金替代率、职工人均工资、城镇居民人均收入、职工工资与城镇居民收入的比值、职工养老金替代率与城镇居民基本养老需求的替代率比值、职工养老金与城镇居民基本养老需求的替代率差值。

表5-8 职工养老金与城镇居民基本养老需求相关数据分析

单位：元/月

年份	城市居民人均基本养老需求	十二连增的职工人均养老金	城镇居民人均收入	职工人均工资	城镇居民基本养老需求替代率	职工工资养老金替代率	职工工资与城镇居民收入的比值	职工养老金与城镇居民养老需求的替代率比值	职工养老金与城镇居民养老需求的替代率差值
2005	331	714	871	1530	38%	47%	1.76	1.23	9%
2006	360	883	973	1750	37%	50%	1.80	1.36	13%
2007	414	963	1149	2078	36%	46%	1.81	1.29	10%
2008	470	1080	1305	2436	36%	44%	1.87	1.23	8%
2009	510	1188	1416	2728	36%	44%	1.93	1.21	8%
2010	561	1307	1604	3096	35%	42%	1.93	1.21	7%
2011	632	1531	1805	3538	35%	43%	1.96	1.24	8%
2012	695	1684	1930	3897	36%	43%	2.02	1.20	7%
2013	794	1893	2206	4290	36%	44%	1.95	1.23	8%
2014	865	2082	2404	4695	36%	44%	1.95	1.23	8%
2015	936	2200	2600	5103	36%	43%	1.96	1.20	7%

资料来源：根据公式（5-18）及2006—2016年《中国统计年鉴》计算得出。

表5-8显示，企业职工的养老金替代率在2005年为47%，但在2006年出现了明显增长，达到50%。这一变化与2005年养老金超常规地大幅提高有关，具有一定偶然性。职工养老金替代率2007年仍受到上一年影响达到了46%，也是一个较高的水平。此后，自2008年到2015年，职工养老金替代率变化比较稳定，处于42%—44%之间。这表明近年来对养老金给付水平的确定正在越来越成熟，而2005—2015年间企业职工平均的养老金替代率约为45%。从城镇居民基本养老需求替代率来看，除了2005年、2006年较高之外，其余年份变化比较稳定，其历年的替代率平均值约为36%。城镇职工工资是构成城镇居民整体收入的一个组成部分，二者具有密切的关联，同时近年来变动趋势都趋于稳定，因此可以将二者进行比较，以便对企业职工养老金替代率的适度性作出判断。作为评判基准的是城镇居民基本养老需求替代率，这是从众多的数据中利用统计模型得到具体的数据规律，因此结论具有客观性和科学性。测算结果表明在城镇居民中客观上存在着一个与收入水平相对应的适度替代率。

2005—2015年期间，企业职工平均工资与城镇居民平均收入比值在1.75—1.96倍之间变动，平均倍数约为1.90倍；职工养老金替代率与城镇居民基本养老需求替代率的比值并没有达到二者收入之比那样大的差距，而是在1.20—1.36倍之间变动，平均倍数约为1.23倍。说明职工养老金替代率不断收敛到一个较小范围内，因此可知职工养老金替代率并没有超出适度的范围。此外，职工养老金替代率与城镇居民基本养老需求替代率的差值在8—13个百分点之间变动，尤其在2007年之后二者的差距始终保持在七八个百分点，这一方面表明，尽管职工养老金水平高于城镇居民基本养老需求，但这是与职工工资明显高于城镇居民平均收入有关的，且二者替代率的差距远小于二者收入之间的差距，说明职工养老金替代率是处在一个较低水平上的，不存在过度福利或超额给付的问题；另一方面，职工养老金替代率高出城镇居民基本养老需求替代率不多，并且二者之间的差距非常稳定。既然城镇居民基本养老需求替代率是一个适度替代率，则综合以上信息可推知职工养老金替代率也是相对适度的，即可以认为对城镇职工而言，平均水平为45%的养老金替代率是能够满足退休者基本养老生活需求的。

2. 企业职工养老保险制度改革方案设计

基于上述研究，建议在不改变企业职工养老保险前期出台政策的前提下，对缴费率和缴费结构进行调整，同时考虑因城镇化带来制度内支持比的变化等条件。对企业缴费率的设计参考了 2009 年国务院下发的《城镇企业职工基本养老保险关系转移接续暂行办法的通知》，这一文件为劳动者养老保险的转移接续提供了政策依据。该通知对统筹基金（单位缴费）的规定是，以本人 1998 年 1 月 1 日后各年度实际缴费工资为基数，按 12% 的总和转移。说明企业为因职工流动原因所缴纳的 20% 的社会统筹金，只能随着职工个人转移 12%。这里的方案设计是根据该项政策，既然 12% 的企业缴费率是可以全国转移的，那么所设计的新制度就可以将统筹账户所对应的缴费率定为 12%，由缴费率下降所导致的资金亏空需要由财政进行弥补，从而形成固定比例的财政补偿责任。由企业和财政共同构成的 12% 的缴费率都用于社会统筹支出，这与原制度 20% 的统筹费率相比下降了 8 个百分点，将大大减轻企业的养老保险缴费负担，同时也为企业年金等补充性保险的发展扩展空间。

根据近年来财政对养老基金的补贴情况，可以计算出财政补贴相当于 4.5%—5.7% 的缴费率。对以上年度财政补贴所折算的费率均值为 4.9%，因此，在以下的研究中将其设定为 5%。具体情况如表 5-9 所示。

表 5-9　财政补贴资金所折算成的缴费率

	2009 年	2010 年	2011 年	2012 年	2013 年	2014 年	2015 年
财政补贴（亿元）	1646	1954	2272	2648	3019	3548	4716
养老保险基金征缴收入（按 28% 缴费率）（亿元）	9536	11110	13956	16467	17002	21100	23016
财政补贴折算成缴费率（%）	4.8	4.9	4.6	4.5	5.0	4.7	5.7

资料来源：根据相关年份《人力资源和社会保障事业发展统计公报》计算得出。

　　根据以上思路，设计企业职工养老保险制度的调整方案如图 5-2 所示。

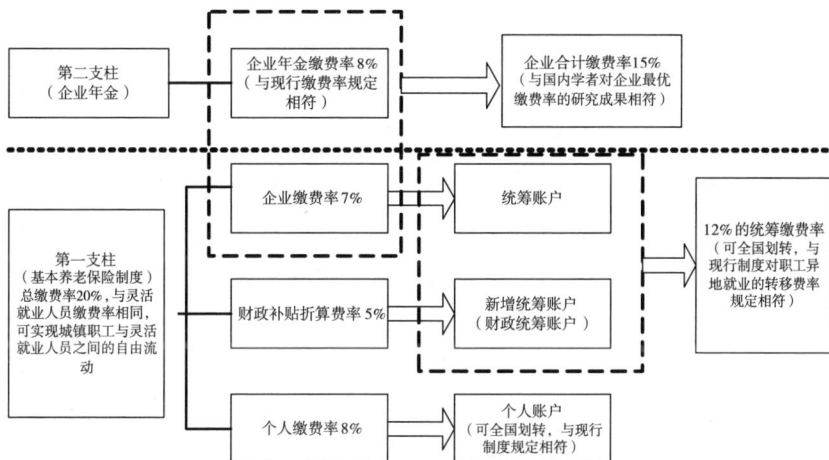

图 5-2　调整后的企业职工养老保险制度结构及缴费率

资料来源：根据对企业职工养老保险制度的调整方案设计得到。

　　调整后的制度具有如下特点：首先，统筹账户由原来的企业单方面承担变成了企业和财政共同承担，充分明确了政府责任。财政补贴成了新增的统筹账户，其折算缴费率为 5%，而企业缴费率则由原来的 20% 下降到 7%，与新增的财政账户共同构成了缴费率为 12% 的统筹账户。这一缴费率与当前制度规定的劳动力异地流动可转移缴费比率相同，符合养老保险政策的规定。个人账户缴费率仍保持 8% 不变，其个人账户内资金可以按现行规定，随劳动者的流动在全国足额划转。此时的第一支柱是基本养老保险制度，由 7% 的企业缴费率、5% 的财政统筹缴费率、8% 的个人缴费率构成，合计缴费率为 20%，与当前灵活就业人员所缴纳的费率相同，这一设计有利于打破养老保险制度在参保群体间的限制，实现城镇企业职工与灵活就业人员、自由职业者之间的自由流动。调整后的第一支柱资金结构为，企业∶个人∶政府＝3.5∶4∶2.5。三者的负担比例与原有制度相比，各主体的负担水平更加平均，大大减轻了企业负担，而且明确了政府责任，其比例结构与世界大部分国家的情况很接近，是一种比较合理的负担结构。作为第二支柱的企业年金，仍按照政策规定保持8%的企业缴费率不变，但是企业年金制度的建立要由自愿转变为强制。在这种情况下，企业要承担7%的统筹账户费率，以及8%的企业年金费率，总体上需要承担的缴费率为15%，其中这一缴费水平与原来企业需要承担20%的缴费率相比大大下降，同时也与国内学者对企业最优缴费率的相关研究结论相符。企业用于统筹账户的缴费率下降，一方面能有效减少各地方政府与中央政府在养老保险基金盈亏上的博弈，有利于推进基础养老金的全国统筹；另一方面调整了养老保险体系的结构，刺激了第二支柱的发展，有利于其尽快成熟。

在新的制度结构下，中央和地方财政的权责划分取决于具体面对的养老保险制度运行问题。在财政资金的使用上要根据具体地区的养老负担和养老保险基金收支状况予以倾斜式补贴。要调整不同地区的央地财政补贴比重，对历史负担轻且养老保险收大于支的地区，地方财政折算费率就要高于5%；而对历史负担重且养老保险收小于支的地区，地方财政的折算费率就要低于5%，甚至可以为0。中央财政要在总体上把握各地区的财政统筹费率，以使最终的央地财政资金总折算费率保持在5%的平均水平上。

3. 企业职工养老保险缴费结构改革的可行性分析

判断企业职工养老保险制度的调整方案是否具有可行性，需要从基金收支的角度分析新制度结构能否实现适度的替代率。

社会统筹账户的基金平衡条件是：

平均养老金×退休人员人数＝（平均工资×缴费率）×缴费职工人数

$$(5-19)$$

将公式（5-19）左右变换可得：

平均养老金÷平均工资＝缴费率×（缴费职工人数÷退休人员人数）

$$(5-20)$$

式（5-20）左边为养老金替代率，右边括号内为制度内赡养比的倒数，称为制度内支持比。据此可得：

替代率＝缴费率×支持比

$$(5-21)$$

　　根据以上对养老保险制度的再设计，用于社会统筹的企业缴费率为7%，2015年我国养老保险制度内支持比为2.97，因此替代率为7%×2.97≈21%。同时，由于财政资金负担5%的补贴资金，其用途也是社会统筹，因此财政资金所能获得的替代率为5%×2.97≈15%。由以上测算可知，退休者所能获得的统筹账户养老金的总替代率为36%。当然，这是在制度内企业遵缴率为100%情况下的替代率水平，但目前在遵缴率约为80%的情况下，企业统筹养老金的替代率下降为17%，与财政补贴替代率合计后的总替代率也只能达到约29%，是低于我们前文测算得到的"保基本"水平替代率的。但是，从我国青年人口与老年人口的比例看，目前二者比值为8.7∶1，这表明如果考虑到城镇化进程加速以及养老保险制度外人口向制度内的转移，制度内支持比将由目前的2.97向8.7的水平转变，即使达不到8.7这样一个上限，仅仅是在阶段性变化的前提下，就能够使养老金替代率达到45%左右的适度水平。具体结果如表5-10所示。

表5-10　不同的制度内支持比和遵缴率下的企业职工养老金替代率

制度内支持比	2.97	3	4	5	6	7	8	8.7
企业缴费（7%费率下）的替代率（%）	21	21	28	35	42	49	56	61
财政补贴（5%费率下）的替代率（%）	15	15	20	25	30	35	40	44
80%遵缴率下的总替代率（%）	29	29	38	48	58	67	77	84
100%遵缴率下的总替代率（%）	36	36	48	60	72	84	96	104

资料来源：根据公式（5-21）计算得出。

　　表5-10表明，在80%的遵缴率下，当制度内支持比由2.97提升至4—5之间时，得到的企业职工养老金总替代率可以达到适度保障水平附近；在100%的遵缴率下，当制度内支持比提升至3—4之间时，企业职工养老金的总替代率就能够到达适度水平。随着制度的完善，遵缴率也会不断提高，第二支柱的企业年金制度不断完善，这样就会从制度

内支持比、遵缴率、企业年金三个方面形成对企业职工养老保险制度的强有力支撑。

因此，通过上述定量分析研究，可以得出近年来城职保养老金替代率出现不断下降趋势，学术界依据先后几次出台的政策文件，普遍对当前的低替代率表达了担忧，认为当前的替代率可能满足不了退休者的基本生活需要；但也有学者认为，我们赋予养老金过多的功能，许多功能是不应由养老金承担的，过多功能所导致的养老金"十三连增"，容易提高民众预期，形成福利刚性，对制度可持续运行带来不利影响。上文进行探讨后，认为"保基本"是满足退休者的基本生活需求，要随着经济和社会的发展不断调高绝对水平，但是无论经济和社会发展得如何迅速，其占人均收入的比例应该是基本保持不变的，即相对水平是稳定的。以上通过运用 ELES 模型，对城镇居民的基本生活需求进行了定量测算，从与目前企业职工养老保险制度的实际替代率比较来看，可以认为当前的养老金替代率是合适的。此外，学界对养老金连续多年增长所产生的制度可持续担忧，主要出自财政资金能否对养老保险制度进行持续投入方面。世界多数国家对财政的养老金补贴比例都作出了比较固定的规定，公共养老金制度的定位大都是"保基本"，保基本是全社会互助共济的前提。我国的养老保险制度也应该明确政府责任，并合理划分中央与地方财政的负担结构。对此基于我国对基本养老保险制度、转移接续规定、灵活就业人员养老保险缴费规定等多个文件，在保证前期政策延续性的前提下，应降低企业统筹账户缴费率为7%、建立财政补贴账户缴费率5%，使二者形成的最终统筹账户的缴费率达到12%，以便与现有转移接续的制度规定相符合，从而达到降低企业缴费率，优化企业、个人、政府三者负担，明确政府责任和央地财政补贴比例，推动企业年金发展，实现劳动者异地保险关系顺利接续，灵活就业者与城镇职工就业岗位有序转换的目的。随着城镇化进程的不断加速，制度内支持比会不断提升，同时企业缴费负担的下降也有利于遵缴率的上升，这两方面的同向变动对养老金替代率保持合理水平是非常有利的，企业职工养老保险制度的可持续发展也是可以期待的。

第四节　职工基本养老保险中央调剂制度
对养老金收支平衡的影响

人口老龄化现象日益严峻和省际养老保险差距较大两大难题并存，养老金地区不平衡的问题日渐突出，各省份职工养老保险收支余缺分化明显，在养老金省级统筹的背景下，逐年增大的收支压力使得制度愈显捉襟见肘、难堪重负，且养老保险基金未能实现合理调配、达到互助共济的功能。一方面，我国人口老龄化进程不断加快，已经进入国际社会公认的老龄化社会。我国老龄化程度加速发展带来的结果是越来越多的省份基金支出端的增幅高于收入端增幅，收不抵支的省份不断出现，这给我国养老保险基金的可持续发展带来较大的压力。另一方面，养老金区域分布不平衡问题突出，破解养老金困局需要区域协调发展。2017年有黑龙江、辽宁、吉林、河北、内蒙古、湖北和青海7个省份出现收不抵支，其中，黑龙江省不仅当期出现收不抵支，而且其累计结余也已耗尽，与此同时，北京、上海、江苏、浙江、广东等9个省份却累计结余都超千亿元，总额共计达到2.61万亿元，占全国累计结余的70.6%。省际间养老保险缴费率存在"逐底竞争"的现象，部分基金累计结余较多的省份反而降低缴费率，如浙江、广东两省2018年城镇职工基本养老保险单位缴费率仅为14%。

保证养老保险制度的稳定可持续、提高基金统筹层次，一直是改革的大方向。我国养老保险统筹层次先后经历了全国调剂的社会保险、企业统筹、县市与行业统筹以及养老保险省级统筹等不同的发展阶段，其统筹层次呈现出由低到高不断发展的趋势。1996年国务院提出"统一全国养老保险制度，'九五'期间逐步实现省级统筹，力争下世纪初向全国统筹迈进"。2010年出台的《社会保险法》也表明基本养老保险要实现全国统筹的目标。党的十九大报告提出，尽快实现养老保险全国统筹。从政府工作文件中，可以看到我国政府对提高养老保险统筹层次的期盼和重视，同时明确指出我国养老保险制度要实现基础养老金全国统筹。随着统筹层次的提高，城镇职工养老保险的覆盖范围扩大，保障程度也就越高，可能存在的支付风险就越小，但是由于地区发展不平衡、养老保险历史债务差距、碎片化管理体制与央地责任划分不清等阻碍因素，全国统筹实际推进过程仍不顺畅。

养老保险基金地区不平衡的问题日渐突出，各省份职工养老保险收支余缺分化明显。省际间的"逐底竞争"加剧了这种关系，养老保险征缴强度与实际缴费率呈负相关关系，费率低的发达省份结余多，费率高的省份反而当期收不抵支。在经济发展进入中高速增长的新常态与社保费率费基同时大幅下降（以下简称"双降"）的宏观语境下，基金支出端的增幅高于收入端增幅，养老金增量资金不足，存量资金无法互通调配，收不抵支将是不可避免的趋势。未来养老金的支付压力，不仅需要下一代人分担，也需要区域间的调整余缺。①

2018 年 6 月，国务院发布《关于建立企业职工基本养老保险基金中央调剂制度的通知》（国发〔2018〕18 号，以下简称《通知》），提出在省级统筹的基础上，从 7 月 1 日起实施中央调剂制度。中央调剂制度从文件发布到实施不足一月，反映出中央加快推进养老保险全国统筹的坚定决心。这是对十九大报告"尽快实现养老保险全国统筹"中"尽快"二字的重要回应，也是全国统筹"千呼万唤始出来"的关键一步。面对群众日益增长的养老需求与地方政府严峻的财政形势，中央调剂制度应该尽快研究如何在全国范围内再分配养老保险基金，对于养老保险基金收支对各省份及区域的财务状况影响以及近年上解比例的提高对于调剂的影响程度，要放在中、长预测期内进行定量分析与模拟测算。

下文基于《通知》精神，构建 Leslie 人口预测模型与基金精算模型，实证考察和预测 2018—2050 年全国各省份中央调剂金运行情况与

---

① 邓大松等：《全国统筹背景下城镇职工基础养老金财政负担分析》，《社会保障研究》2018 年第 2 期，第 44 页。

养老保险基金累计结余变动趋势，并在此基础上讨论上解比例的变化对调剂效果的影响。

一、模型构建

1. 人口预测模型

以 2010 年第六次全国人口普查（简称"六普"）数据为基础，利用 Matlab 软件构建 Leslie 人口预测模型。Leslie 模型全面考虑年龄别生育率、死亡率和出生性别比等影响因素，可以预测人口总量和人口结构的未来发展趋势，有效地提升人口预测的准确度和可信度。Leslie 模型是以分组后的各年龄段女性人口数作为初始列向量，通过年龄别的生育率和存活率构建矩阵，然后左乘分年龄别的人口数的列向量和右乘 Leslie 矩阵，得到新的预测女性人口的列向量，用性别比预测各年龄段人口数，最后统计得出人口结构及人口规模。

设第 $t+1$ 年的第一个年龄组的女性人口数为：

$$x_1(t+1) = \sum_{i=1}^{m} b_i w\, x_i(t) \tag{5-22}$$

则第 $t+1$ 年的第 $i+1$ 年龄组的女性人数为：

$$x_{i+1}(t+1) = s_i(t)\, x_i(t) \tag{5-23}$$

构造 Leslie 矩阵：

$$L = \begin{pmatrix} w\,b_1 & w\,b_2 & \cdots & w\,b_{m-1} & w\,b_m \\ s_1 & 0 & \cdots & 0 & 0 \\ 0 & s_2 & \cdots & 0 & 0 \\ \cdots & \cdots & \cdots & \cdots & \cdots \\ 0 & 0 & \cdots & s_{m-1} & 0 \end{pmatrix} \tag{5-24}$$

若 i 不属于 15—49 岁育龄区间时，$b_i = 0$：

$$x(t+1) = Lx(t) \tag{5-25}$$

递推可得 Leslie 模型预测公式

$$x(t) = L^y x(0) \tag{5-26}$$

其中 $x_i(t)$ 为第 t 年第 i 年龄组的女性人数，取值范围 $i = 1$，$2\cdots91$，$b_i(t)$ 为第 t 年第 i 年龄组的城镇女性生育率，$s_i(t)$ 第 t 年第 i 年

龄组的城镇女性人口的存活率，W_t 为出生人口性别比。

2. 城镇职工养老保险基金收支模型

第一，中央调剂金。职工养老保险基金中央调剂制度是各省份将当期收入按比例上解，形成中央调剂基金，中央不留存基金，并且以收定支，按各省份离退休人数全部定额下拨。各省份上解额的计算基数为各省份职工平均工资的 90% 和在职应参保人数，计算公式为：

$$P_t^i = CL_t^i \, V_t^i \alpha\beta \tag{5-27}$$

其中，P_t^i 表示 i 省份 t 年的上解额，CL_t^i 为 i 省份 t 年的在职应参保人数，V_t^i 为 i 省份 t 年的职工平均工资，α 为职工工资比例，取值为 90%，β 为上解比例。

各省份下拨额的计算基数为各省份离退休人数和全国人均拨付额，某省份下拨额=该省份离退休人数×全国人均拨付额，其中全国人均拨付额=筹集的中央调剂基金/核定的全国离退休人数，当年筹集的中央调剂基金总额根据上解额的加总得到，公式表示为：

$$Q_t^i = CR_t^i \sum_{i=1}^{31} P_t^i \Big/ \sum_{i=1}^{31} CR_t^i \tag{5-28}$$

其中，Q_t^i 表示 i 省份 t 年的下拨额，CR_t^i 为 i 省份 t 年的离退休人数。

第二，城镇职工养老保险基金收入。

$$CL_t^i = \sum_{s=a}^{b} \sum_{x=c}^{d-1} L_{xst}^i \, e_t \, m_t^i \, h_t^i \tag{5-29}$$

$$S_t^i = CL_t^i \, W_t^i \, \gamma_t^i \, \delta_t^i (1 + g_{st})^{\,t-2017} \tag{5-30}$$

其中，S_t^i 为 i 省 t 年城镇职工养老保险基金收入，CL_t^i 表示城镇参保在职职工数，$\sum\limits_{s=a}^{b} \sum\limits_{x=c}^{d-1} L_{xst}$ 为男性和女性适龄劳动人口数，s 为性别，a 表示男性，b 表示女性，c 为就业年龄，d 为退休年龄，e_t 为就业率，m_t^i 为在职职工参保覆盖率，h_t^i 为城镇化率，W_t^i 为实际缴费基数，g_{st} 为缴费基数增长率，γ_t^i 为城镇职工养老保险缴费率，δ_t^i 为收缴率。

第三，城镇职工养老保险基金支出。

$$CR_t^i = \sum_{s=a}^{b} \sum_{x=c}^{d-1} R_{xst}^i \, n_t^i \, h_t^i \tag{5-31}$$

$$Z_t^i = CR_t^i f_t^i W_t (1 + g_{zt})^{t-2017} \tag{5-32}$$

其中，Z_t^i 为第 t 年城镇职工养老保险基金支出，CR_t^i 表示城镇参保退休职工数，$\sum_{s=a}^{b} \sum_{x=c}^{d-1} R_{xst}^i$ 为分性别的退休职工人数，n_t^i 为退休职工养老保险覆盖率，f_t^i 为平均替代率，g_{zt} 为养老金增长率，其他设定同前。

第四，城镇职工养老保险基金当期结余（H_t^i），即 t 年养老保险基金收入与下拨额之和减去支出与上解额。计算公式如下：

$$H_t^i = S_t^i + Q_t^i - P_t^i - Z_t^i \tag{5-33}$$

累计结余（K_t），即 $t-1$ 年基金累计结余与 t 年当期结余的本息和。计算公式如下：

$$K_t = (K_{t-1} + H_t)(1 + r) \tag{5-34}$$

其中 r 为基金收益率，其他设定同前。

二、参数设定

1. 人口预测参数

我们运用 Leslie 模型预测全国 31 个省份（本研究不涉及港澳台地区，后同）分年龄分性别人口结构，预测期为 2018—2050 年，预测周期为 33 年，年龄按周岁计算，以 1 岁为组距划分为 91 个年龄组，其中 90 岁及以上的分为一组。模型假设预测期内生育政策不变，各年龄段死亡率保持稳定，不考虑人口的迁入与迁出。

第一，总和生育率。根据学者测算，六普数据修正的总和生育率在 1.5—1.6 之间，全面二孩政策实施后理想状态为 1.8。

第二，出生人口性别比。结合《国家人口发展规划（2016—2030年）》数据，各省份在 2030 年完成出生人口性别比的正常化，假设出生人口性别比在 2030 年达到 107。

第三，城镇化率。根据城乡增长率法预测，我国城镇化率将从 2017 年的 58.52% 逐步增长到 2050 年的 72%，北京、上海、天津等已经高于 80% 的省份将缓慢增长至 90% 以上。

第四，参保年龄与退休年龄。鉴于受教育年限的延长与实际劳动参与率，研究设定男性城镇职工的适龄劳动力年龄区间为 20—59 岁，女性为 20—54 岁，就业即开始参保。

第五，就业率。使用城镇调查失业率计算得到就业率，城镇调查失业率为城镇调查失业人口占城镇调查就业人口的比重。据国家统计局数据，2017 年末城镇调查失业率为 4.98%，假定就业率在预测期内保持在 95%。

第六，其他参数。其他基础数据，如基年分性别分年龄人口存活率与人口数、女性分年龄年生育率等，均依据六普数据。

2. 基金收支模型参数

第一，缴费基数与缴费率。根据 2019 年国务院社保降费方案，城镇职工基本养老保险单位缴费比例从原规定的 20% 进一步降至 16%，缴费基数为城镇非私营单位和私营单位加权计算的平均工资。此外，职工个人的缴费比例保持在 8%，各省份基年数据来源为《中国统计年鉴2018》和各省份统计年鉴，下同。

第二，在职职工参保覆盖率与退休职工参保覆盖率。根据人社部统计公报数据，计算可得在职职工参保覆盖率从 2007 年的 49.05% 上升到2017 年的 68.93%，由于城镇职工养老保险具有强制性，参保覆盖率未来仍有大幅度的上升空间，在预测期内能达到全覆盖的理想目标，因此假定各省份在职职工参保覆盖率在预测期内达到 95%。此外，2017 年退休职工参保覆盖率为 75.93%，由于人口快速老龄化，该指标也呈上涨趋势，假定退休职工参保覆盖率在预测期内提高到 95%，中间年份使用插值法平稳过渡。

第三，缴费基数增长率与养老金增长率。假定在职职工缴费基数的增长率与 GDP 增速同步，将退休职工养老金增长率设定为在职缴费基数增长率的 90%。我国经济发展形势目前"总体平稳"和"下行压力"并存，结合相关研究，假定缴费基数的增速到 2020 年保持 6.6%，2021—2030 年增速为 5.5%，2031—2040 年达到 4.3%，在预测期末下降到 3.5%。

第四，收缴率。各地缴费基数不实的情况非常普遍，很多企业实际缴费基数占到应缴基数的三分之二左右。收缴率计算公式为：实际征缴收入/应征缴收入，根据 2018 年《中国统计年鉴》，得到全国平均收缴率为71.11%。2019年开始职工基本养老保险由税务部门全责征收，目前按照"成熟一省、移交一省"稳步推进移交工作，假设各省份在预测期末收缴率达到90%。

第五，平均替代率。根据2017年人社部年报数据，计算得到城镇职工养老保险的平均替代率为46.44%，计算公式为：（养老金当期支出/退休参保职工数）/当期社会平均工资。假设各省份在预测期内提高到全国平均水平，高替代率省份保持现有水平。

第六，收益率。本研究设定基金收益率与银行1年期整存整取存款利率一致，为2.5%。

三、人口预测结果

基于上述假设，测算2018—2050年各省份城镇在职参保人数与退休参保人数，并计算各省份的缴费赡养率指标，预测结果见表5-11。从全国来看，缴费人口赡养负担持续加重，缴费赡养率的计算公式为：缴费赡养率=退休参保人数/在职缴费参保人数。2018年缴费赡养率为44.57%，然后加速上升到2035年的75.24%，最后缓慢上升至2050年的88.11%。缴费赡养率越低，代表参保人员结构中缴费人员相对较多。具体而言，2018年2.24个缴费在职职工赡养一个退休参保职工，而到2050年则只有1.13个在职职工赡养一个退休职工，缴费人口与退休人口结构严重失衡，城镇职工养老保险可持续支付能力受到极大挑战。

从部分省份情况看，地区间养老负担苦乐不均，2018年共有4个省份缴费赡养率超过60%，分别为内蒙古（64.68%）、辽宁（65.29%）、吉林（71.54%）和黑龙江（76.72%），较高的缴费赡养率意味着这些省份较早地出现收支赤字，且偿付压力随时间推移逐步恶化。同时，2018年共有4个省份缴费赡养率低于30%，分别为福建（24.44%）、北京（23.64%）、西藏（23.56%）和广东（12.29%），说明这些省份目前在职参保人口养老负担较轻，短期内这些省份面临的养老金支付风险较小。在预测期末各省份缴费赡养率差距进一步扩大，全国有20个省份的缴费赡养率低于全国均值，但东北三省的缴费赡养率均上升到132%，意味着0.75个在职职工赡养一个退休职工，同时北京和上海的缴费赡养率也将超过160%，养老保险支付压力明显。

表5-11　2018—2050年城镇在职与退休参保人数预测数据

单位：万人

省份	2018年			2035年			2050年		
	在职参保者	退休参保者	缴费赡养率	在职参保者	退休参保者	缴费赡养率	在职参保者	退休参保者	缴费赡养率
广　东	4647.6	571.4	12%	4244.5	1759.3	41%	3719.1	3147.5	85%
西　藏	35.6	8.4	24%	75.5	33.5	44%	110.0	71.9	65%
北　京	1212.9	286.8	24%	917.8	612.3	67%	565.3	911.2	161%
福　建	861.9	210.6	24%	1026.9	646.5	63%	1116.1	1046.7	94%
河　南	1509.6	492.0	33%	2442.6	1345.9	55%	3529.7	2237.0	63%
山　东	1988.4	652.9	33%	2372.7	1638.1	69%	2779.7	2346.5	84%
江　苏	2152.7	714.1	33%	2093.3	1530.1	73%	2023.5	2050.2	101%
贵　州	464.2	161.9	35%	867.4	474.9	55%	1635.9	758.6	46%
陕　西	715.8	255.9	36%	923.4	621.9	67%	1087.0	955.9	88%
云　南	445.5	171.0	38%	1006.9	618.9	61%	1736.7	1095.2	63%
浙　江	1887.4	751.9	40%	1568.6	1356.9	87%	1359.7	1521.5	112%
新　疆	455.0	187.6	41%	638.9	457.4	72%	912.5	625.5	69%
宁　夏	142.8	59.5	42%	187.4	124.8	67%	248.3	155.7	63%
安　徽	794.3	330.9	42%	1343.1	962.9	72%	2147.0	1462.7	68%
青　海	100.1	42.4	42%	146.6	105.0	72%	211.5	138.6	66%
河　北	1115.7	492.2	44%	1797.0	1109.6	62%	2448.0	1710.4	70%
海　南	173.1	79.0	46%	255.9	171.3	67%	353.7	248.4	70%
江　西	733.5	340.6	46%	1177.6	777.6	66%	1722.8	1080.3	63%
甘　肃	307.8	148.7	48%	563.9	405.0	72%	909.1	621.1	68%
天　津	438.1	215.9	49%	445.3	379.6	85%	372.3	510.1	137%
湖　南	868.3	433.4	50%	1495.3	1101.9	74%	2281.9	1626.2	71%
上　海	970.1	484.6	50%	706.0	684.4	97%	411.4	726.4	177%
山　西	550.7	281.8	51%	844.5	565.9	67%	1139.6	652.2	57%
广　西	543.5	290.6	53%	1142.8	719.1	63%	2069.9	1129.6	55%

续表

省份	2018 年			2035 年			2050 年		
	在职参保者	退休参保者	缴费赡养率	在职参保者	退休参保者	缴费赡养率	在职参保者	退休参保者	缴费赡养率
四　川	1522.3	824.1	54%	1821.0	1551.6	85%	2293.9	1867.2	81%
湖　北	1027.1	563.0	55%	1392.8	1133.2	81%	1826.0	1470.8	81%
重　庆	632.0	366.0	58%	697.3	601.0	86%	854.6	662.8	78%
内蒙古	435.7	281.8	65%	549.2	565.9	103%	655.6	652.2	99%
辽　宁	1143.2	746.4	65%	962.2	1098.0	114%	802.8	1056.4	132%
吉　林	478.3	342.2	72%	537.7	642.3	119%	542.2	717.7	132%
黑龙江	685.4	525.9	77%	746.4	943.7	126%	748.5	991.2	132%

资料来源：根据对各省份城镇在职参保人数和退休参保人数测算并计算各省份缴费赡养率整理得到。

四、模拟调剂方案

1. 基准方案：未实施中央调剂制度

基于上述模型和参数设定，首先模拟 2018—2050 年未实施中央调剂制度时各省份城镇职工养老保险运行情况，测算结果见图 5-3。目前各省份城镇职工养老金收不抵支问题比较集中。从首次赤字分布看，首次赤字时点主要集中在 2018—2019 年，仅考虑征缴收入和基金支出，半数省份已经出现养老金入不敷出情况。在 2018 年有 7 个省份首次出现累计赤字，2019 年共有 9 个省份累计结余首次为负，之后各省份出现首次赤字时点分布比较分散。此外，首次赤字时点与首次赤字规模之间并无直接的关联。

图 5-3 从左向右分别为东部省份、中部省份和西部省份，中部省份出现首次累计赤字最早，均值为 2020 年；其次是西部省份，平均在 2021 年；最晚的是东部省份，首次赤字时点平均在 2027 年。东部省份首次赤字时点晚于西部和中部省份，且东西部差距较大。从省份具体情况分析，黑龙江首次赤字时间出现最早，赤字规模也最大，2018 年赤字达到 288.48 亿元；其次是辽宁省，首次赤字规模为 198.70 亿元。出现

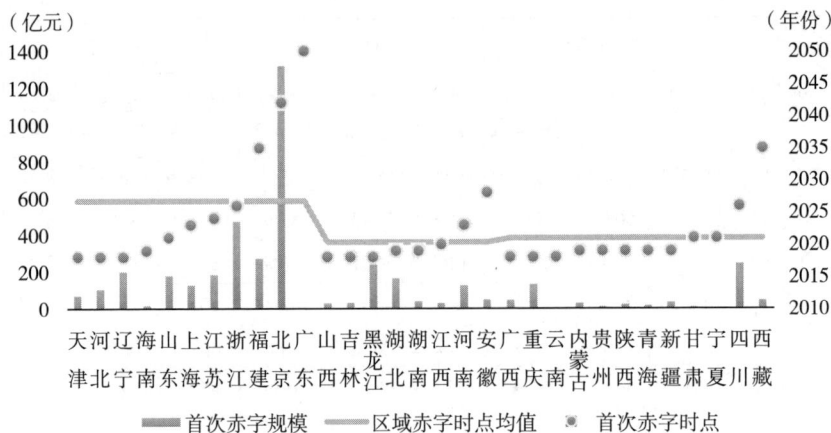

图5-3 基准方案下各省份养老保险首次赤字时点及赤字规模

资料来源：根据模型和参数设定模拟测算结果绘制得到。

赤字较早的省份一般是人口流出地区，人口赡养比较高，比如东北三省仍未摆脱传统产业结构转型之困，吉林、黑龙江二省为人口净流出省份，加上国企职工的历史欠账，养老形势更加严峻。相比之下，广东、北京、西藏、福建等省份出现收支赤字的时点较晚，由于养老负担轻，经济发展较好并且优势资源集中，这些省份在2035年后才陆续出现收不抵支的状况，其中广东省在预测期内未出现收支赤字，且在预测期末累计结余达到62366.53亿元，结余规模居全国之首。

从预测期末累计结余赤字分析，养老金显性支付风险长期存在，收支缺口呈不断扩大之势，地区间结余两极分化严重，预测结果见图5-4，2050年大部分省份养老金已耗尽累计结余，基金结余主要集中在广东、广西、江西和四川等少数几个省份。预测期末与预测期初的赤字规模相关度较高，比如广东省依旧保有最高的累计结余，而很多省份延续了预测期初的高养老负担和高支付风险，只有安徽和江西等部分省份在经历十几年的收支赤字后重新达到收支盈余的状态。

从区域划分对比来看，东部省份在预测期初的累计结余最高，东部省份在2018年的平均累计结余为341.54亿元，中部省份仅有17.02亿元，西部均值为27.12亿元，但是到预测期末，东部省份累计赤字规模

（亿元）

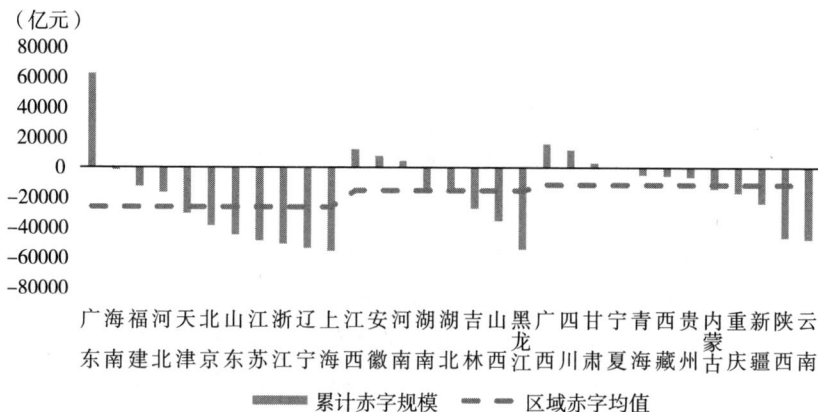

图5-4　基准方案下预测期末各省份城镇职工养老保险累计结余情况

资料来源：根据预测结果绘制得到。

最大，2050年东部省份平均累计赤字为26463.12亿元，中部省份累计赤字均值为15386.13亿元，西部省份累计赤字均值为11268.78亿元，东部省份赤字规模是西部的两倍有余。东部省份目前结余最高，预测期末反而赤字规模最大，这与目前我国人口流动的总体格局有关。流动人口向长三角和珠三角汇聚，"虹吸效应"使得优质资源向部分地区聚集，并进一步将其转换为经济发展优势，这也反映在养老金的结余上。具体而言，如江苏、浙江和上海等东部沿海发达省份，一旦养老金累计结余进入下行通道，其在预测期末的累计赤字将接近甚至超过东北三省的赤字规模。

2. 方案一：上解比例为总收入3%

以下将对调剂金的分配及变化情况做出分析。首先分析未来两年各省份调剂金分配情况，测算结果见表5-12。从总规模上看，财政部公布2019年中央调剂基金调剂规模为4844.6亿元，预计这一数值会在未来两年提高到5824.80亿元和6239.58亿元。未来两年总调剂规模占到当年基金总征缴收入的比例分别为15.39%、15.22%，总调剂强度不高的原因主要是考虑到稳定制度预期，减小各方阻力，确保调剂制度平稳运行。

表 5-12 方案一（按 3%比例上解的方案）2020—2021 年中央调剂金调剂规模

单位：亿元

省份	2020 年				2021 年			
	上解额	下拨额	净调剂	净调剂强度	上解额	下拨额	净调剂	净调剂强度
广 东	1001.98	307.17	694.81	20.41%	1059.75	336.22	723.53	19.23%
北 京	388.03	147.53	240.50	11.02%	405.89	157.13	248.77	10.74%
江 苏	445.21	370.26	74.96	2.98%	470.65	397.55	73.10	2.72%
福 建	167.64	113.94	53.71	6.77%	180.28	124.83	55.46	6.36%
山 东	397.28	347.43	49.85	2.27%	426.01	377.06	48.96	2.05%
上 海	277.42	235.82	41.60	1.87%	289.91	244.16	45.75	1.97%
浙 江	390.05	378.56	11.49	0.43%	410.11	400.59	9.52	0.33%
西 藏	14.26	4.69	9.58	7.55%	16.04	5.23	10.81	7.58%
贵 州	94.93	86.33	8.59	1.37%	105.25	94.08	11.17	1.61%
天 津	110.21	109.08	1.13	0.17%	117.17	115.00	2.18	0.30%
青 海	19.54	22.14	−2.60	−1.54%	21.34	23.97	−2.63	−1.42%
云 南	91.21	93.96	−2.75	−0.31%	102.98	104.00	−1.02	−0.10%
宁 夏	26.63	30.31	−3.69	−1.82%	28.84	32.41	−3.56	−1.62%
海 南	33.61	40.65	−7.04	−2.82%	36.51	43.48	−6.97	−2.56%
陕 西	124.29	134.96	−10.67	−1.19%	134.17	145.71	−11.54	−1.19%
山 西	115.62	127.73	−12.12	−1.25%	126.64	138.01	−11.37	−1.07%
新 疆	83.98	97.83	−13.86	−1.86%	91.07	105.75	−14.68	−1.81%
河 南	241.51	263.17	−21.66	−1.44%	264.36	286.81	−22.45	−1.35%
甘 肃	55.73	79.32	−23.59	−6.13%	61.62	86.63	−25.01	−5.84%
安 徽	148.35	178.04	−29.69	−3.05%	162.63	195.44	−32.81	−3.05%
江 西	130.21	175.26	−45.05	−4.75%	143.00	187.47	−44.47	−4.25%
广 西	99.96	151.61	−51.66	−5.81%	111.41	163.17	−51.76	−5.23%
重 庆	127.80	181.05	−53.24	−4.69%	136.78	190.07	−53.29	−4.38%
河 北	193.88	257.97	−64.09	−4.93%	211.63	277.71	−66.08	−4.63%
内蒙古	76.57	144.95	−68.38	−10.05%	82.84	154.60	−71.76	−9.74%
湖 南	153.30	229.03	−75.73	−5.84%	168.52	248.29	−79.77	−5.59%
吉 林	75.84	175.09	−99.25	−14.72%	81.52	186.25	−104.73	−14.45%

省份	2020 年				2021 年			
	上解额	下拨额	净调剂	净调剂强度	上解额	下拨额	净调剂	净调剂强度
湖　北	178.38	290.03	-111.65	-7.39%	192.22	310.07	-117.85	-7.24%
四　川	282.01	413.21	-131.19	-5.23%	303.88	437.37	-133.49	-4.94%
黑龙江	101.73	266.92	-165.20	-18.27%	109.35	282.68	-173.33	-17.83%
辽　宁	177.63	370.76	-193.14	-12.23%	187.19	387.86	-200.67	-12.06%

资料来源：根据《中国统计年鉴 2018》及公式（5-22）至公式（5-34）计算得出。

从上解额来看，2020 年，全国共有 5 个省份上解额超过 300 亿元，分别为广东、江苏、山东、浙江和北京，5 个省份合计占到总调剂额的 45%以上，其中广东一省的占比超过 17%。根据以收定支的原则，各省份收到的下拨额仅与本省份的离退休人数有关，养老负担较重的省份相应会收到更多的下拨资金，其中四川、浙江、江苏、辽宁、山东和广东得到超过 300 亿元资金。这种按照制度设计统一下拨的规则并没有因为某些省份出现赤字，而实施更多的倾斜。根据上解额和下拨额的差值得到各省份贡献与受益的情况，净调剂的结果体现出"以盈补缺"的效率性，受益省份多于贡献省份，净调剂强度的计算公式为：净调剂强度=各省份净调剂额/各省份当期征缴收入。从净调剂强度上看，广东、北京、西藏、福建和江苏等 10 个贡献省份的净调剂强度较高，吉林、湖北、四川、黑龙江和辽宁等省份的养老金支付压力将得到明显缓解。从区域均值上看，以 2020 年为例，东部地区省均调出 82.16 亿元，中部地区省均调入 70.04 亿元，西部地区省均调入 28.62 亿元，东部省份贡献最多，中部省份受益最多。

此外，虽然 2017 年四川省的累计结余排在全国第四，但是四川省属于调剂受益省份，且得到最多的下拨额，未来两年下拨规模均超过 400 亿元，得到的净调剂额仅次于辽宁和黑龙江。劳动年龄人口的外流和老年留守人口的增多，使 2018 年四川省的缴费赡养率高达 54%，远高于全国均值，这对四川省养老保险的持续支付能力产生挑战。不仅四川，这也是湖南、江西和东北三省等人口流出省份共同面临的问题，从这个角度看，省际的养老保险基金"转移支付"是一种合理、公平的"反哺"再分配方式。

从时间持续性上看，2030年和2050年调剂金变化情况的预测结果见表5-12，净调剂规模经历较为明显的此消彼长的过程。横向上看，2030年调剂金的分配情况与近年的现实情况相似，在10440.99亿元的总调剂规模中，广东、北京、上海和福建贡献了较高的净调剂额，净调剂强度相比近年进一步降低，如广东从2020年的20.41%下降到2030年11.60%，而东北三省与湖北、四川依旧是主要受益省份，而且净调剂强度也在逐年降低，此外，青海、宁夏、河南和山东等省份的净调剂强度低于1%，可能是由于这些省份本身收支规模较小，劳动年龄人口养老负担不重，养老保险收缴率较高等原因。

但是时间推移到预测期末，受益省份和贡献省份身份出现了动态转换。如果仍按照现行的调剂方式，山西、贵州和广西等省份将成为调剂金新的主要贡献省份，黑龙江、吉林和辽宁依旧是主要的受益省份。2050年总调剂规模上升到29620.96亿元，江沪浙三省得到的净调入额仅次于东北三省。总时间纵向上看，预测期初到预测期末，广东、北京和上海等省份的净调剂强度逐年降低，山西、贵州和江西等省份的净调剂强度有所提高，部分省份贡献与受益身份发生转变，如北京、天津、福建、上海和江苏等省份将从净调出的贡献省份转变为净调入的受益省份，江西、广西和安徽等省份将从受益省份转变为贡献省份。从区域均值上可以得出同样结论，东部地区省份平均净调入84.65亿元，中部省份净调入4.25亿元，西部省份净调出80.43亿元。东部省份从贡献地区转变为受益地区，西部省份从受益地区转变为贡献地区，中部省份始终为受益地区。

首次赤字及累计结余的变化情况：方案一对于各省份养老保险首次出现赤字的影响情况见表5-13。从首次出现赤字的时点上看，约半数省份首次出现赤字时点后移。具体来看，内蒙古、吉林和云南等共计14个省份相较于基准方案首次出现赤字时点推迟，其中，对于江西、内蒙古、四川和甘肃的影响程度较大，收不抵支的情况得到明显缓解。上海、北京和西藏等6省份首次出现赤字时间提前，变化幅度最大的西

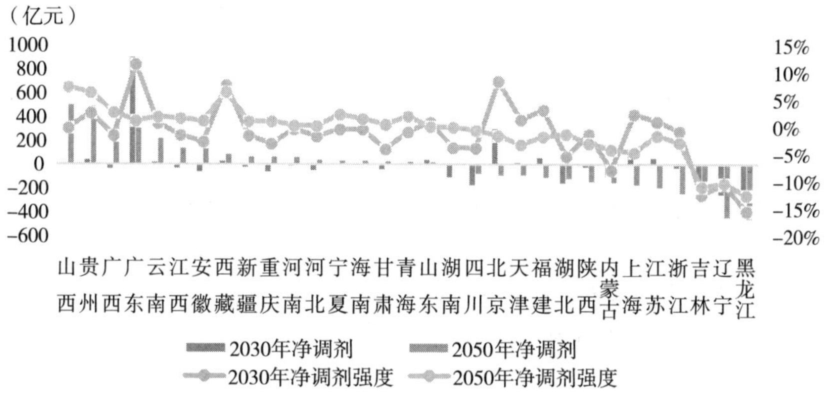

图5-5　方案一净调剂规模与净调剂强度历时性变化

资料来源：根据方案一测算结果绘制得到。

藏首次出现赤字时间前移了4年，一定程度上削弱了其支付能力。而在11个首次出现赤字时点不变的省份中，共有9个省份首次赤字规模相比于基准方案不同幅度降低，如黑龙江的首次赤字规模从288.48亿元下降到134.72亿元。从区域上看，调剂后仍是中部省份首次出现赤字时点最早，为2022年，东部省份最晚，出现在2028年。

表5-13　方案一（按3%比例上解的方案）首次出现赤字时点变化情况

省份	首次出现赤字时点	时点变化	省份	首次出现赤字时点	时点变化
江　西	2028	+8	山　西	2018	0
内蒙古	2024	+5	辽　宁	2018	0
四　川	2031	+5	黑龙江	2018	0
甘　肃	2026	+5	浙　江	2026	0
安　徽	2031	+3	重　庆	2018	0
湖　南	2022	+3	贵　州	2019	0
吉　林	2020	+2	青　海	2019	0
河　南	2025	+2	新　疆	2019	0
宁　夏	2023	+2	广　东	2050	0
湖　北	2020	+1	上　海	2022	−1
广　西	2019	+1	江　苏	2023	−1

省份	首次出现赤字时点	时点变化	省份	首次出现赤字时点	时点变化
海　南	2020	+1	福　建	2034	-1
云　南	2019	+1	山　东	2020	-1
陕　西	2020	+1	北　京	2040	-2
天　津	2018	0	西　藏	2031	-4
河　北	2018	0			

注："-"表示首次出现赤字时点相比基准方案提前年份，"+"表示首次出现赤字时点相比基准方案推迟年份，"0"表示首次出现赤字时点无变化。

未实施和实施中央调剂对于各省份累计结余的影响情况见图5-6。首先看基准方案，随着时间推移，省际养老保险基金结余不平衡问题越来越突出。2030年多数省份累计结余连线尚能维持平行于0坐标轴，而2050年各省份累计结余的连线相较2030年的连线倾斜角度进一步增大，意味着地区收支不平衡的恶化。从两端的极值上看，2030年累计结余的两个极值省份是广东和辽宁，两者差距为34828.07亿元；而在预测期末，结余最多和赤字规模最大的省份是广东和上海，两者相差更为悬殊，达到117872.64亿元。

其次从方案一来看，现行的中央调剂金制度一定程度上缓解了养老保险基金结余的两极分化程度，矫正了省份间固化的结余差距。从极值看，方案一实施后，2030年养老保险基金结余广东和辽宁两省的极值差距降低了37.30%，2050年广东和上海两地的极值差缩小了15.97%。从区域均值上看，2050年方案一下东部地区的累计赤字相比基准方案减少了14.74%，中部省份赤字大幅降低63.78%，西部省份降低36.57%。调剂后的结果仍是中部省份累计赤字最少，赤字额仅有5259.93亿元，东部省份累计赤字规模仍是最大，达到24387.88亿元。可以看出，调剂政策对于提升中部省份养老保险基金可持续支付能力效果明显。

实施方案一后，多数省份首次出现赤字时点推迟和累计赤字规模减少，较好地调节了"赤字省份"和"盈余省份"的平衡关系。同时也应注意到，现行的调剂方案并未完全弥补部分省份的收支缺口，这也可

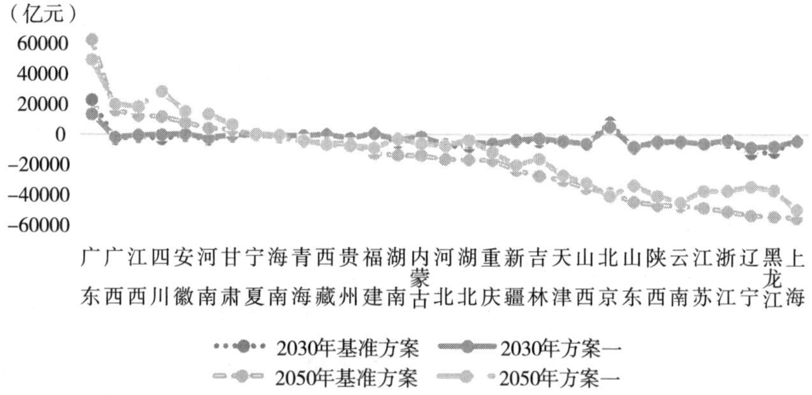
（亿元）
60000
40000
20000
0
-20000
-40000
-60000
广东 广西 江西 四川 安徽 河南 甘肃 宁夏 海南 青海 西藏 贵州 福建 湖南 内蒙古 河北 湖北 重庆 新疆 吉林 天津 山西 北京 山东 陕西 云南 江苏 浙江 辽宁 黑龙江 上海
2030年基准方案
2030年方案一
2050年基准方案
2050年方案一

图 5-6　基准方案与方案一累计结余历时性变化

资料来源：根据未实施和实施中央调剂对于各省份累计结余的影响情况绘制得到。

能是制度设计的一个隐性原则，即根据中央和地方的责任分工，即使实现全国统筹也不等于赤字省份直接“伸手要钱”，中央政府负责通过转移支付和中央调剂金进行补助，省级政府要负“保征缴、保发放和弥补养老保险基金缺口”的主体责任，需要地方政府通过积极扩面征缴等自身的努力，来合理合规地增加基金收入。

3. 方案二（上解比例提高到 5%）与方案三（上解比例提高到 7%）的测算与比较

根据中央调剂制度的筹集规则，上解比例由 3%起步并逐步提高，以下将研究上解比例继续提高的情况下各省份调剂金分配和累计结余的变化情况。在方案二设计中上解比例提高到 5%，在方案三中上解比例则进一步上升至 7%。由于中央调剂制度为全国统筹的过渡性政策，因此本部分主要对比分析 2020 年两个方案的调剂金与累计结余测算结果。

调剂金的分配及变化情况：在方案二与方案三下的各省份养老金净调剂情况见图 5-7。首先，上解比例与调剂总规模之间呈现显著正相关的关系。从绝对值来看，2020 年方案二的总调剂规模为 9708. 01 亿元，相较同期方案一的调剂规模提高了 66. 67%；方案三提高到 13591. 21 亿元，相比同期方案一提升了 133. 33%。从相对值来看，总调剂强度随之提高，2020 年方案一总调剂强度为 15. 39%，方案二提高到 25. 65%，方案三进一步上升到 35.91%。由此可以得出以下结论：上解比例每提高 2 个百分点，总调剂强度提高 10 个百分点左右。

具体而言，上解比例的提高对于养老金结余排名两端的省份影响较大，而对中间省份影响甚微，这一点从净调剂强度的变动量上可以发现。广东、北京和上海仍是主要贡献省份，四川、黑龙江和辽宁仍是主要受益省份，其中广东省净调出最多，5% 上解比例下广东省净调出额为 1158.02 亿元，7% 上解比例下提高到 1621.23 亿元，对应的净调剂强度从 34.01% 提高到 47.62%。同时辽宁省净调入最多，净调入规模从方案二的 321.89 亿元提高到方案三的 450.65 亿元，净调剂强度从 20.39% 扩大到 28.54%。

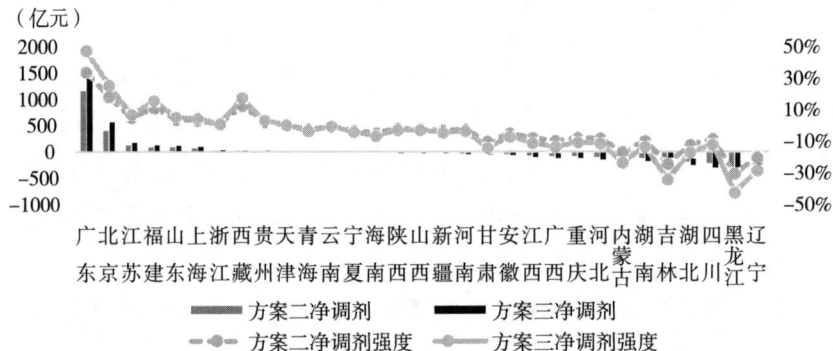

图 5-7　2020 年方案二与方案三净调剂规模与净调剂强度

资料来源：根据方案二与方案三测算结果绘制得到。

在按方案二与方案三调剂后，各省份首次出现赤字时点的变化情况见表 5-14。在上解比例提高后，能够更大程度地缓解地区收支失衡问题。方案二实施后 18 个省份首次出现赤字时点推迟，方案三实施后则有 23 个省份首次出现赤字时点后移，其中江西、四川和安徽等省份后移幅度较大。方案二实施后未出现累计结余赤字，方案三下增加了甘肃共四个省份在预测期内未出现收支赤字。从区域上看，两个模拟方案对于区域赤字的影响情况出现差异，方案二下西部省份首次出现赤字时点最早，出现在 2024 年；东、中部省份出现在 2027 年。但在方案三下东部省份首次出现赤字时点最早，为 2024 年；中、西部省份分别出现在 2027 年和 2029 年。

表 5-14 方案二（上解比例提高到 5%）与方案三（上解比例提高到 7%）首次出现赤字时点变化情况

省份	方案二	变化	方案三	变化	省份	方案二	变化	方案三	变化
江　西	2050	+30	2050	+30	陕　西	2020	+1	2020	+1
四　川	2050	+24	2050	+24	新　疆	2020	+1	2021	+2
安　徽	2050	+22	2050	+22	天　津	2018	0	2018	0
内蒙古	2028	+9	2035	+16	山　西	2018	0	2019	+1
吉　林	2026	+8	2031	+13	黑龙江	2018	0	2020	+2
甘　肃	2029	+8	2050	+29	广　东	2050	0	2019	−31
湖　南	2025	+6	2028	+9	重　庆	2018	0	2022	+4
湖　北	2023	+4	2026	+7	贵　州	2019	0	2019	0
宁　夏	2025	+4	2027	+6	青　海	2019	0	2020	+1
河　南	2026	+3	2028	+5	上　海	2022	−1	2021	−2
辽　宁	2020	+2	2023	+5	江　苏	2023	−1	2022	−2
广　西	2020	+2	2025	+7	山　东	2020	−1	2019	−2
海　南	2021	+2	2022	+3	福　建	2033	−2	2031	−4
河　北	2019	+1	2019	+1	北　京	2037	−5	2033	−9
浙　江	2027	+1	2028	+2	西　藏	2028	−7	2025	−10
云　南	2019	+1	2019	+1					

注："−"表示首次出现赤字时点相比基准方案提前年份，"+"表示首次出现赤字时点相比基准方案推迟年份，"0"表示首次出现赤字时点无变化。

资料来源：根据方案二与方案三调剂后变化情况整理得到。

　　另一方面，上解比例的提高使得部分养老保险基金盈余省份收支拐点在时间上大幅前移，政策效果出现反转。西藏、北京和福建等省份首次出现收不抵支时点提前明显，如北京在基准方案下首次出现赤字时点在 2042 年，方案二提前到 2037 年，方案三进一步前移到 2033 年。此外，在其他模拟方案中始终保持收支盈余的广东省，上解比例提高到 7% 后，首次出现赤字时点大幅提前到 2019 年，财务平衡被严重破坏，不过累计结余在 2025 年后重回正值，但盈余规模显著减小。

　　图 5-8 将方案二与方案三下各省份养老保险基金累计结余情况与基准方案的测算结果进行了对比。随着上解比例的提高，净调入资金较多的受益省份累计赤字得到大幅降低。由于高比例的上解方案推迟了辽

宁、吉林和湖北等省份的首次出现赤字时点，2020年时这些省份结余情况由负转正。以提升幅度较大的辽宁省为例，2020年基准方案下累计赤字为12104.14亿元，方案二下累计赤字减少到152.07亿元，方案三下累计结余252.48亿元。同时，广东省的累计结余大幅下降，甚至出现短期收支赤字，方案二实施后广东省累计结余仅为932.85亿元，方案三调剂后累计赤字368.10亿元。

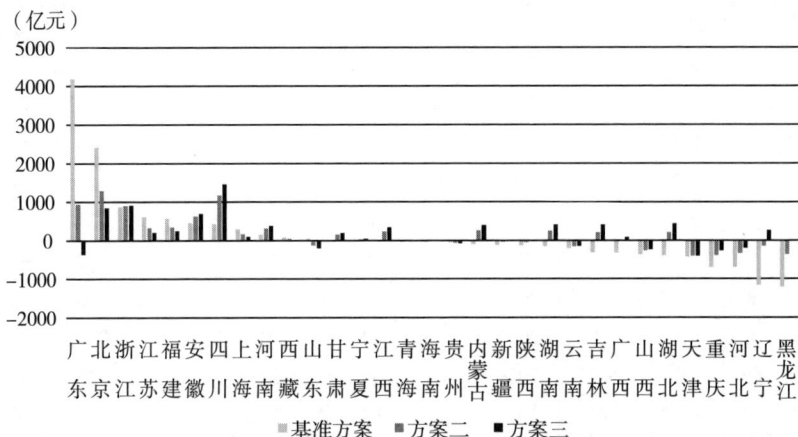

图5-8　2020年基准方案与5%、7%上解比例下
各省份累计结余变化情况

资料来源：根据对方案二与方案三测算结果对比绘制得到。

从区域均值看，方案二和方案三仍是对于中部省份结余提升最多，东部次之，西部最低。以中部地区省份为例，基准方案下预期期末的赤字规模为15386.12亿元，方案二将赤字规模降低106.30%，方案三降低了148.82%。在方案三实施后中部省份从累计赤字转变为累计盈余7510.89亿元。

值得警惕的是，方案三实施后产生了逆向调节效果，原贡献省份的收支压力越来越大，多年的养老金累计结余被快速消耗，可能为财务可持续发展埋下隐患，甚至引发新的支付危机。如以广东和黑龙江两个典型省份为例，图5-7和图5-8分别显示了四个模拟方案下的两省养老金累计结余的变化情况。调剂比例的提高使得广东省的累计结余急速减少，甚至在方案三下出现短期收支赤字，而黑龙江的收支缺口得到极大弥补。与预测期期末的累计结余量对比，广东省在基准方案下累计结余高达 62366.53 亿元，方案一相比于基准方案结余降低 20.90%，方案二结余减少 34.84%，方案三则减少达到 48.77%，而黑龙江在基准方案下累计赤字达到 54449.86 亿元，方案一降低了 32.12% 的赤字规模，方案二和方案三下赤字规模对应降幅分别达到 53.53%、74.95%。当上解比例从 5% 提高到 7% 后，政策效果出现逆转，贡献省份提供了更高强度、源源不断的超额供给，使得自身首次出现赤字时点提前或是累计结余由正转负，而受益省份的养老金收支赤字情况未得到根本扭转，这并不是一个健康发展的势头。如何在保障各省份财务可持续的前提下加大养老保险基金的中央调剂力度，提升养老保险的互济性，以实现更大范围的养老保险公平，需要进一步探索。

以上通过构建 Leslie 人口预测模型与基金精算模型，测算了 2018—2050 年人口结构、调剂金分配与基金运行情况，并进一步考察了不同上解比例对于调剂效果的影响，可得出如下结论：（1）缴费人口赡养负担持续加重，缴费赡养率从预测期初的 44.57% 加速上升到 2035 年的 75.24%，在 2050 年达到 88.11%，缴费人口与退休人口结构将严重失衡。（2）在未实施中央调剂制度的基准方案下，养老保险基金收支显性风险长期存在，地区间结余两极分化。2020 年及以前共有 19 个省份首次出现累计结余赤字，中部省份首次出现赤字时点最早，东部首次出现赤字最晚但是预测期末的赤字规模最大。（3）实施 3% 上解比例的中央调剂制度后，一定程度上缓解了地区间养老金结构失衡，相比于基准方案共有 14 个省份的首次出现赤字时点推迟，但横向结余转移并未完全弥补赤字省份的缺口。在预测期内，东部省份从主要贡献地区转变为主要受益地区，中部省份始终为受益地区。（4）提高上解比例可以大幅提高调剂规模，上解比例提高 2 个百分点，总调剂强度增加约 10 个百分点。方案二使得 18 个省份首次出现赤字时点后移，方案三达到 23 个，更大程度地缓解地区收支失衡问题。中央调剂制度对于中部省份的支付能力提升最多。（5）值得警惕的是，上解比例提高到 7% 时出现逆向调节效果。贡献省份的养老金累计结余被快速消耗，首次出现赤字时点大幅前移，而受益省份的赤字情况并未因此得到根本扭转，未能在加大调剂力度的同时保障这些贡献省份的财务可持续性。

　　基于上述实证结果，为了完善中央调剂制度并加速全国统筹的进程，要在以下几个方面着手相关工作：首先，从顶层设计角度进一步完善全国统筹政策，消除提高统筹层次的制度障碍。从制度设计上看，上解与下拨的中央调剂过程发生在各省份收缴之后，并非中央直接收缴并调剂，与真正的全国统筹差距很大。中央调剂制度不能长时间"过"而不"渡"，仍要面临全国统筹的方案优化问题。如实行"国民年金+个人名义账户式"的"新统账结合"制度，或是调整幅度更大的结构性改革。因此需要做好制度的顶层设计，设计平衡各方利益、综合现实情况与未来预期的统筹方案，保障全国统筹的尽快实现。其次，建立各级政府责任行为的激励约束机制。随着统筹层级的提高，各级政府更需要明确责任并调动其积极性，建立严格的考核奖惩机制，抑制地方政府由于财力不均或政绩偏好不同导致的省际养老保险差距，保障上解和下拨工作的顺利实施。养老保险基金收支盈余贡献省份应树立大局意识，健全激励机制提高其积极性，降低上解阻力。受益省份以此为契机，要提高基本养老保险的管理水平，加快地区经济发展水平以修炼"内功"，主动增强养老保险制度的可持续发展能力。最后，既要加大调剂力度，也要平衡公平与效率间的关系。目前在3%上解比例下，部分省份的赤字情况并未得到较大改善，而提高上解比例可以增强调剂效果，加大调剂力度符合未来制度发展方向，但同时也应平衡各省份利益，兼顾公平与效率，防止调剂制度产生逆向调节效果。

第五节　职工基本养老保险中央调剂制度运行效果分析——以辽宁省为例

　　由于人口老龄化加深与经济下行压力，辽宁省职工养老保险收支面临着困难的局面，从 2010 年开始养老金支出超过当期征缴收入，并且收支赤字持续扩大，地方财政兜底的补助压力逐年增加。辽宁省城镇职工基本养老保险制度的可持续发展不仅关系到 750 万离退休人员的养老金按时足额发放问题，而且可持续的财政状况是辽宁省实现转方式、调结构、稳增长的重要前提和保障。本节依据《关于建立企业职工基本养老保险基金中央调剂制度的通知》的制度设计，以省际养老保险均衡结余作为最优调剂的政策出发点，探索中央调剂制度的最优上解比例，动态测算中央调剂模拟方案实施后辽宁省调剂金的分配情况与养老金结余变动趋势。

一、职工基本养老保险中央调剂最优比例模型

目前中央调剂制度仅为存量调整而非增量改革，而合理的上解比例是影响调剂效果的重要变量。可以将省际养老保险基金结余方差最小化作为最优调剂的政策目标，结合《中国统计年鉴 2018》与中央调剂金模型，以 2017 年末全国各省份养老金数据为测算基础，以 3% 为基础提高上解比例并测算调剂后的养老金结余，通过省际养老保险基金结余方差判断该上解比例下的调剂效果。当省际养老保险基金结余方差达到最小值时，对应的上解比例便可确定为最优上解比例。

$$\min(\sigma^2) = \min(\frac{\sum_{j=1}^{31}(P_{2017}^j - \overline{P_{2017}})^2}{31}) \qquad (5-35)$$

其中，σ^2 为省际养老保险基金结余方差，P_{2017}^j 为 2017 年 j 省调剂后的养老金结余，$\overline{P_{2017}}$ 为 2017 年调剂后全国养老保险基金结余均值。

二、辽宁省人口预测

养老保险的财务状况与参保人口结构密切相关。根据辽宁省年鉴数据以及预测数据，辽宁省总人口数量已经进入了下行通道，人口总数呈现先升后降的趋势，在 2009 年达到最高峰值 4256 万人，随后人口总数进入下降状态，预测在 2050 年将降至 3216.33 万人。随着人口总数的变化，人口结构也将发生变化，适龄参保劳动力数量在预测期内将持续

下降，而 60 岁及以上养老待遇领取人口数量将快速增加。据此计算缴费赡养率指标，缴费赡养率的计算公式为：缴费赡养率＝退休参保人数/在职缴费参保人数。缴费赡养率越低，表明参保人员结构中缴费人员相对较多。随着人口老龄化的逐步深化，缴费人口的赡养负担持续加重，全国缴费赡养率在截至 2050 年的预测期内从 38.82% 快速上升至 79.77%，而辽宁省的养老负担又远高于全国平均水平，在 2018 年辽宁省缴费赡养率就已高达 65.29%，是全国平均水平的 1.68 倍，这意味着 2018 年辽宁省 1.53 个在职缴费职工赡养 1 个退休参保职工，辽宁省养老负担在全国 31 个省份排名第三，仅次于黑龙江省和吉林省。养老负担差距随着时间推移进一步拉大，预测在 2028 年辽宁省缴费赡养率将首次突破 100%，退休参保人数开始超过在职参保人数，在 2050 年辽宁省缴费赡养率将提高到 131.60%，意味着在预测期末仅有 0.76 个在职职工赡养 1 个退休职工。持续走高的缴费赡养率将是辽宁省城镇职工养老保险收支赤字的直接原因。

辽宁省缴费赡养率一直高于全国平均水平且持续上升的趋势明显，这背后的原因是多方面的。辽宁省近几年总和生育率过低，且育龄妇女的二孩生育意愿低迷。根据辽宁省人口规划公布的数据，辽宁省目前的总和生育率仅有 0.9，总和生育率低于 1 意味着人口总量进入下行通道中。根据 2015 年辽宁省生育状况和生育意愿抽样调查结果，仅有 12.8% 的"全面二孩"政策目标人群愿意再生孩子，而八成多的目标群体并不愿意要二孩。根据 2018 年辽宁省统计年鉴公布的抽样调查数据，2017 年辽宁省出生率为 6.49‰，比上年减少 0.11 个千分点，远低于全国平均水平（12.43‰），人口自然增长率持续下降，2017 年达到−0.44‰；并且辽宁省也存在一定的人口流失问题，2017 年常住人口 4368.9 万人，比上年减少 8.9 万人，加上由于体制转换过程中产生的历史债务问题，使得养老保险财务风险日益增大。省际养老负担差距很难在短时间内得到均衡，若不尽快从省级统筹提高到全国统筹，城镇职工基本养老保险的可持续支付能力将受到极大挑战。

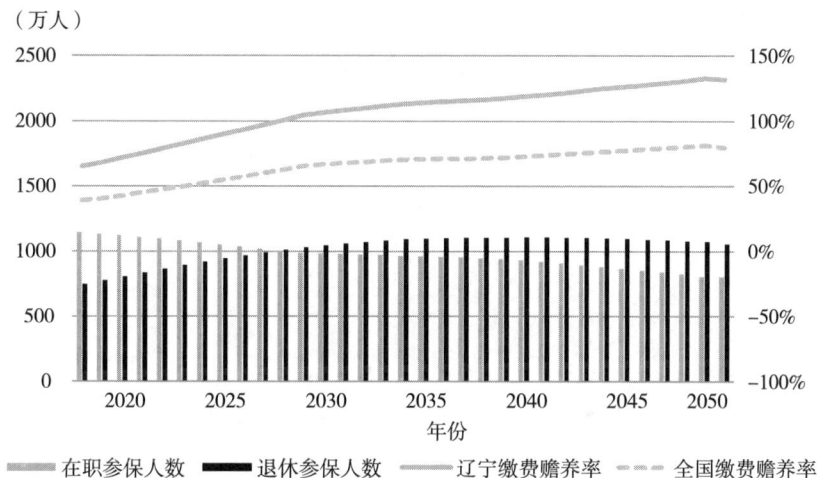

图 5-9 辽宁省养老保险参保人口结构变化趋势

三、模拟调剂方案分析

中央调剂制度设置的起始上解比例为 3%，上解比例较低说明调剂力度较弱，因此在现行方案的基础上提高上解比例成为改善调剂效果的主要选项。随着上解比例的提高，总调剂资金规模同步增加，但省际养老保险基金的结余方差变动趋势为先降低后增加，即上解比例与省际养老保险基金结余方差呈现"U"形的变动趋势，因而可以求得方差最低点对应的上解比例为 5.25%。而当上解比例超过该值后，虽然调剂规模继续增加，可能有利于进一步缓解部分省份的收支压力，但调剂制度产生了明显的逆向调节效果，省际养老负担差距反向扩大。

以下将未实施中央调剂制度的情形作为基准方案，依据上解比例差异将模拟调剂方案划分为两个方案：方案一即现行调剂方案，按照现行的中央调剂制度设计，上解比例为总收入的 3%。方案二为最优调剂方案，以省际养老保险基金结余方差最小化，即上解比例 5.25% 作为最优调剂的政策目标。

1. 预测期辽宁省调剂金的分配情况及变化趋势

首先分析两个模拟调剂方案下辽宁省调剂金的分配情况及变化趋

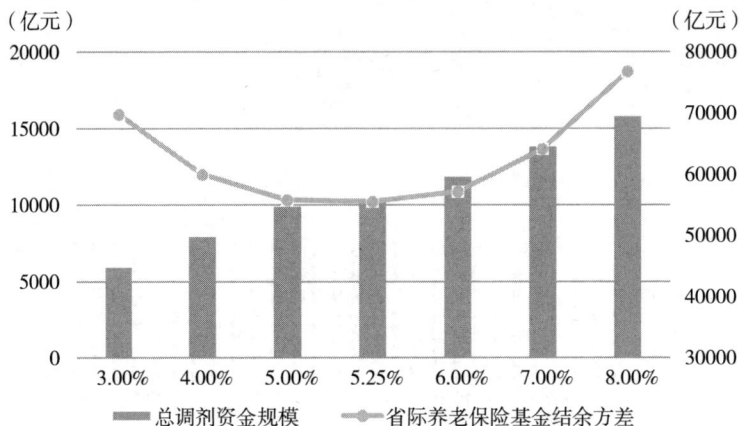

图 5-10　不同上解比例下中央调剂制度的总体效应

势，根据上解额和下拨额的差值得到净调剂额，净调剂额是正值为贡献省份，净调剂额负值为受益省份，并根据净调剂额计算调剂强度指标，其计算公式为：调剂强度＝该省份净调剂额/该省份当期征缴收入。

具体来看，辽宁净调剂规模逐年趋升而调剂强度趋于平稳，方案一（上解比例为 3%）的净调剂规模从预测期初的－174.53 亿元逐步提高到预测期末的－440.08 亿元，调剂强度在预测期内维持在 10%左右；方案二（上解比例为 5.25%）的净调剂规模在预测期内从－305.11 亿元增加到－769.79 亿元，调剂强度则是维持在 18%左右。这意味着在提高上解比例后，方案二相比于方案一净调剂资金规模增加了 75%左右，调剂强度提高了 8 个百分点左右。

以 2020 年预测数据为例，方案一中辽宁作为受益规模最大的省份，净调入资金为 193.14 亿元，受益资金占比达到 16.28%，方案二中辽宁省的资金调入规模提高到 337.65 亿元，受益规模相比于方案一增加了74.83%，调剂强度从方案一的 12.23%提高到 21.38%，增加了 9.15 个百分点。

2. 预测期辽宁省养老保险收支情况变化趋势

从实际情况看，辽宁省在调剂前当期结余和累计结余就已经出现收支赤字，且养老金收支缺口在预测期内呈持续扩大之势，辽宁省养老保

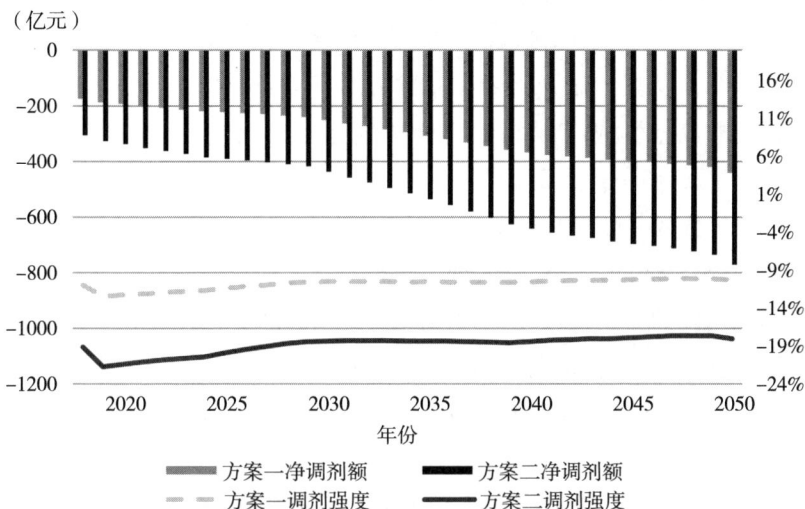

图 5-11　预测期内辽宁省净调剂额及调剂强度变动趋势

险收支情况出现上述趋势的原因是多方面的。首先，人口老龄化程度逐年加深是辽宁省中长期养老保险收支缺口的重要因素，伴随着持续走高的缴费赡养率，以及较低的人口出生率和人口流失问题，使得辽宁省养老保险基金维持收支平衡的压力显著增加。其次，较高的转轨成本是短期内的收支压力的主要来源，辽宁省的国有企业及其从业人员比例较高，从现收现付制向统账结合体制转变时，辽宁省的转轨成本高于其他地区，随着旧体系债务的不断显性化，收支压力逐步加重。最后，参保人员缴费情况恶化。根据《中国养老金发展报告 2016》数据，辽宁省城镇职工基本养老保险缴费人数为 883 万人，同比减少 1.56%，同期全国仅有三个省份出现负增长，而辽宁缴费人数占参保职工数的比例为81.81%，也就是说十个参保职工中约有两个没有缴费，同期上海这一比例为 94.79%、江苏为 92.58%，较低的缴费比例直接影响养老保险基金的收入情况。

　　两个模拟调剂制度实施后不同程度地减少了收支缺口，基准方案和方案一均是 2018 年出现收支缺口，而方案二推迟到 2019 年才出现收支赤字。以 2020 年截面预测数据为例，首先从当期结余上看，方案一将当期收支赤字从基准方案的 643.33 亿元降至 450.19 亿元，缺口降幅达到 30.02%；方案二则将缺口进一步降至 305.68 亿元，比基准方案降低了 52.48%。从累计结余上看，基准方案下累计赤字为 1163.43 亿元；方案一调剂后累计赤字缩小到 556.61 亿元，同比降低了 52.16%；方案二调剂后累计赤字得到大幅降低，仅有 102.49 亿元，同比降幅为 91.19%。虽然中央调剂制度只是养老金存量调整，对于全国的基金总量的影响是中性的，即没有实现增收也没有达到减支的效果，但是对于辽宁省这种净调入省份，由于当期结余的增加和基金投资效益，在中长期的时间段上会产生正向的结余累计影响。因此，从预测期后 20 年的时间段上看，方案一实施后，2030—2050 年辽宁省养老保险基金当期收支赤字相比基准方案平均降低了 9.25%，累计收支赤字平均降低了 31.58%；方案二实施后，2030—2050 年辽宁省养老保险基金当期收支赤字相比调剂前平均降低 16.18%，累计收支赤字平均降低 55.23%。可见，两个中央调剂模拟方案并未完全弥补辽宁省养老保险基金收支赤字，但是大幅缓解了辽宁省养老保险基金支付压力，有利于在中长期持续改善辽宁省养老保险基金收支失衡问题。

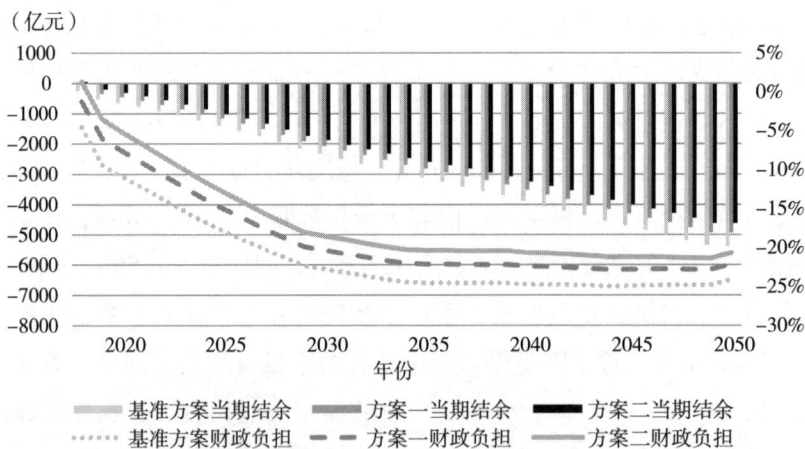

图 5-12 预测期内辽宁省当期结余及其财政负担变动趋势

综上所述，为了应对辽宁省未来的养老保险收支缺口和财政支付风险，还需要做好几方面工作。首先，应提高中央调剂制度上解比例以改

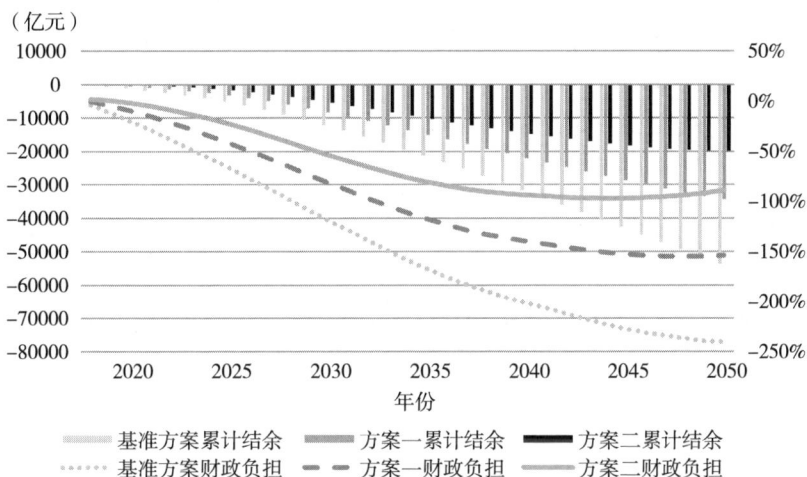

图 5-13　预测期内辽宁省累计结余及其财政负担变动趋势

善调剂效果。努力实现上解比例与调剂效果的同步优化，加大调剂力度符合未来制度发展方向，但同时应平衡各省份利益，兼顾公平与效率，防止调剂制度产生逆向调节效果，避免出现新的不公平。在保障调剂贡献省份财务可持续的前提下，缓解受益省份的基金收支压力。其次，积极改善辽宁省缴费人口结构。辽宁省政府在 2018 年印发《辽宁省人口发展规划（2016—2030 年）》，成为全国首个提出对生育二孩家庭实施奖励政策的省份。可以参考日本的生育金政策和德国的生育福利津贴政策，对于二孩住院分娩和子女教育给予经济上的补助，并且建设育儿便利设施，保障女性就业权益，营造对于生二孩的认同感和荣誉感，创造更好的生育条件和生育环境。此外，还要实施吸引人才战略，积极参与到各地的引才竞争中，确保省内毕业生的就业率，吸引省内外的毕业生到辽宁省就业，并推出配套政策留住人才。最后，增强财政支付风险预警能力。针对辽宁省未来可能出现的养老金支付风险，应建立养老金支付风险预警机制，提高养老金支付预警能力。一方面建立养老金收支管理风险评估制度，对阶段性的支付状况进行评估，并通过调控养老保险费征收标准或养老保险待遇支出标准，及时发现和纠正养老金征缴、支付和管理运营过程中的问题，对支付风险及时予以化解，不断规范社保部门的基金收支行为和财政专户的管理行为。另一方面，完善养老保险信息系统大数据管理，对于参保企业的缴费信息以及参保人员的个人账户信息和养老金发放信息，应首先保障基金管理系统的安全性与稳定性，尽可能地降低系统风险发生的可能性。

第六章 农民工养老保险制度的统筹问题

第一节 农民工养老保险制度的现状分析

中国农业人口比重占全国人口比重大，农业产出率却低，农民市民化是今后实现农业结构转换升级的一种发展趋势。而农民工作为我国城镇化、工业化进程中产生的具有中国特色的一个群体，具有收入较低、流动性大、稳定性差的特点。他们作为城市中的相对弱势群体，主体是农籍工人，在城市的生活工作中往往会受到不平等的待遇，其养老险保险问题得不到有效的保障，这就损害了农民工的合法权益，影响了经济的健康发展，也威胁到全社会的和谐与稳定。长期以来，农民工的养老保险制度问题缺乏统一的指导性文件，导致各个地方各具特色，没有统一的参保制度和标准，模式过于"碎片化"且统筹层次很低。各地区根据区域特征和财力特点设计出不同的农民工社会养老保险模式虽然在一些方面有着积极作用，但从长远来看，会导致农民工养老保险政策的混乱，带来转移接续困难、制度对接困难等一系列问题。这样既不利于农民工社会养老保险体系的整体建设，也会给今后全国养老保险的整合带来困难。

改革开放后，我国以农民工为主体的流动人口规模快速膨胀。流动人口数据平台的"1978—2017 年常住人口、流动人口、农民工统计数据表"数据显示，我国农民工总量已由 2008 年的 22542 万人增长到

2017 年的 28652 万人，其中外出农民工 17185 万人，本地农民工 11467 万人。国家统计局发布的《2017 年全国农民工监测调查报告》数据显示，50 岁以上农民工高达 6102 万，所占比重为 21.3%，比上年提高 2.2 个百分点，自 2014 年以来比重提高呈加快态势。随着城镇化进程的推进，以及未来户籍制度的进一步改革，将会有越来越多的农民工进入城镇。进城务工的农民工多从事建筑、服务、手工业等劳动密集型行业，疾病、工伤等在所难免，加上工资较低，且经常被拖欠，再加上农民工社会保障制度的缺位，引发农民工在城市生活发展的一系列问题，这就产生了不断完善社会保障体系的迫切要求。政府意识到解决这一庞大群体的养老保障问题的严峻性，出台了一系列的文件规定促进农民工加入社会养老保险制度。迄今为止，我国允许农民工加入的社会养老保险项目包括城镇职工基本养老保险制度、城乡居民基本养老保险制度。但是，农民工群体的实际参保率是极低的，如图 6-1 所示，2012—2017 年农民工参加城镇职工基本养老保险的比例基本在 20% 上下，农民工参加城镇职工基本养老保险的人数占比变化不大。从农民工参加各类社会保险的情况来看，据人力资源和社会保障部统计，2008—2016 年，全国农民工中参加城镇职工基本养老保险的人数从 2416 万上升至 5940 万，参保率从 10.7% 上升至 21.1%。

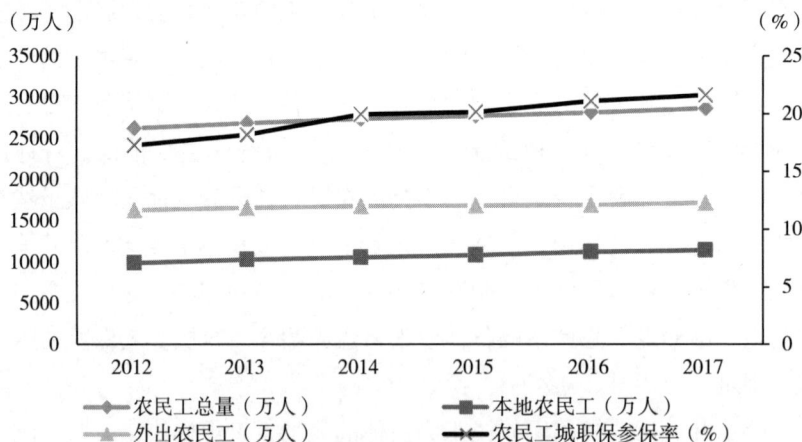

图 6-1　2012—2017 我国农民工规模及其参加城镇职工基本养老保险情况

资料来源：国家统计局：《2017 年全国农民工监测调查报告》，见 http：//www.stats.gov.cn/。

从行业划分来看，制造业农民工参保率相对较高，建筑业农民工参保率最低。国家卫生健康委 2014 年流动人口动态监测调查数据显示，制造业农民工中参加了城镇职工基本养老保险的占 44.6%，服务业农民工中参加此项保险的占 21.5%，建筑业农民工参保比例最低，仅 13.5%。按代际划分来看，高龄农民工参保率明显低于全部农民工的平均水平。新生代农民工（1980 年及以后出生）中参加了城镇职工基本养老保险的占 27.4%，老一代农民工的参保比例为 24.8%，前者稍高于后者。50 岁及以上高龄农民工中参加了城镇职工基本养老保险的占 13.5%，明显低于新生代农民工参保率和老一代农民工的参保率，也低于全部农民工 26.4% 的平均参保率。按收入水平划分来看，低收入农民工参保率明显更低。月收入 1500 元及以下人群参加城镇职工基本养老保险的人数比例仅为 15.7%，1501—2500 元人群参保率为 23.6%，而 2501—3500 元人群、3501—5000 元人群、5001 元及以上人群参保率分别为 30.6%、31.7%、28.0%，后三个人群参保率明显更高。按单位性质划分来看，灵活就业农民工、个体工商户、私营企业农民工参保率特别低。欧美企业、港澳台企业、国有及国有控股企业农民工参加城镇职工基本养老保险的人数比例属于最高行列，分别达到 79.2%、75.8%、74.4；私营企业农民工的参保率也较低，为 35.5%；而无单位的灵活就业农民工、个体工商户（雇员、雇主、自营劳动者）的参保比例属于最低行列，分别仅为 3.8%、10.7%，成为非常明显的"短板"。[1]

当前，城镇化和工业化持续健康面临发展的困难之一是如何将农村的富余劳动力变成可以为工业化、城镇化发展提供动力的人力资源。由于当前社会政策的不完善以及不健全，即使农民工有想要融入城市的意愿，但因为一些制度还没有得到进一步完善，尤其是对一些"二代"农民工而言，还缺乏吸引他们加入城镇社会养老保险的激励因素。2010 年 1 月 31 日，国务院发布的 2010 年中央一号文件《关于加大统筹城乡

---

[1] 国家卫生健康委：《2014 年中国流动人口动态监测调查数据》，见 http：//www. chinaldrk. org. cn/wjw/#/home。

发展力度进一步夯实农业农村发展基础的若干意见》中，首次使用了"第二代农民工"的提法，并要求采取有针对性的措施，着力解决新生代农民工问题，让新生代农民工市民化。"新生代农民工"是指 20 世纪 80 年代和 90 年代出生的农村劳动力。他们与以往的劳动力有所不同，受教育程度比较高，从学校毕业后直接进城打工，对农业、农村、农民等并不熟悉。他们渴望融入城市，享受现代城市的文明，他们对农民工的社会保险方面更加关注，但是因为受制度所限他们难以享有与城市居民同等的保障福利。

第二节　农民工养老保险制度发展回顾

一、我国农民工养老保险制度的萌芽时期

我国企业职工养老保险制度早在 20 世纪 50 年代初期就已建立起来，之后又经历了数次变革，直至今日，企业职工养老保险制度已趋于完善，企业职工可以真正实现老有所养。而农民工这一群体的养老保障却一直处于被忽视的地位，他们是我国经济发展和社会转型时期出现的一个特殊群体，从 20 世纪 80 年代以来农民工的人数就逐步呈现大幅度上升趋势，目前已超过 2 亿人。我国从 20 世纪 90 年代开始，逐步颁布了许多政策，使农民工享有社会保障变得合理合法，并逐步完善政策执行的方式方法。我国的养老保险制度改革基本上是从 20 世纪 90 年代开始逐步实施，可以把 1991 年颁布的相关政策看成是农民工养老保险的政策起点。

1991 年 6 月，国务院颁布了《关于企业职工养老保险制度改革的决定》（国发〔1991〕33 号），这是我国城镇养老保险制度改革进入新时期的一份重要政策文件，其中第十一条规定："本决定适用于全民所有制企业，城镇集体所有制企业可以参照执行；对外商投资企业中方职工、城镇私营企业职工和个体劳动者，也要逐步建立养老保险制度。具

体办法由各省、自治区、直辖市人民政府制定。"第十二条规定："国家机关、事业单位和农村（含乡镇企业）的养老保险制度改革，分别由人事部、民政部负责，具体办法另行制定。"从文件规定可以看出，当时的企业职工养老保险，主要对象是全民所有制企业及其职工，对于城镇集体所有制企业、私营企业、个体劳动者的参保，以及农村的养老保险制度并没有具体的规定也没有硬性的要求，所谓"参照执行""逐步建立""另行制定"都表示还需要一定的时间来建立，并无具体的实施细则，但这份政策文件却给农民工养老保险制度的建立带来了希望。

1995 年 3 月，国务院又颁布了《关于深化企业职工养老保险制度改革的通知》（国发〔1995〕6 号），其中第一条就提出了"企业职工养老保险制度改革的目标是：到本世纪末，基本建立起适应社会主义市场经济体制要求，适用城镇各类企业职工和个体劳动者，资金来源多渠道、保障方式多层次、社会统筹与个人账户相结合、权利与义务相对应、管理服务社会化的养老保险体系。基本养老保险应逐步做到对各类企业和劳动者统一制度、统一标准、统一管理和统一调剂使用基金"。这是对《关于企业职工养老保险制度改革的决定》的完善，充分体现了我国对城镇各类企业职工和个体劳动者的重视和一视同仁，体现了公平公正的理念。虽然目前没有能够实现统一标准、统一制度、统一管理和统一调剂使用基金，但该文件的颁布却预示着农民工终有一天能与普通企业职工享有同等的养老待遇。

1997 年 7 月，国务院颁布《关于建立统一的企业职工基本养老保险制度的决定》（国发〔1997〕26 号），其中第六条规定："进一步扩大养老保险的覆盖范围，基本养老保险制度要逐步扩大到城镇所有企业及其职工。城镇个体劳动者也要逐步实行基本养老保险制度，其缴费比例和待遇水平由省、自治区、直辖市人民政府参照本决定精神确定。"这一规定为地方政府将农民工纳入城镇养老保险体系提供了明确的政策依据，首次明确将城镇个体劳动者纳入养老保险的覆盖范围，标志着将农民工纳入养老保险已是必然趋势。

二、我国农民工养老保险制度的发展时期

从 2001 年开始，我国农民工养老保险制度进入了发展时期，在这一时期，城镇职工基本养老保险制度已逐步趋于完善，对农民工的安排主要以将其纳入养老保险覆盖范围为重点，没有制定有关农民工的单独政策。

2001 年 12 月，劳动和社会保障部发布了《关于完善城镇职工基本养老保险政策有关问题的通知》（劳社部发〔2001〕20 号），其中第四条规定："参加养老保险的农民合同制职工，在与企业终止或解除劳动关系后，由社会保险经办机构保留其养老保险关系，保管其个人账户及计息，凡重新就业的，应接续或转移养老保险关系；也可按照省级政府的规定，根据农民合同制职工本人申请，将其个人账户个人缴费部分一次性支付给本人，同时终止养老保险关系，凡重新就业的，应重新参加养老保险。农民合同制职工在男年满 60 周岁、女年满 55 周岁时，累计缴费年限满 15 年以上的，可按规定领取基本养老金；累计缴费年限不满 15 年的，其个人账户全部储存额一次性支付给本人。""农民合同制职工"是指从农民中招用的使用期限在一年以上、实行劳动合同制的职工，包括从农民中招用的定期轮换工。定期轮换工也被称为农民轮换工，是从农村招用的不转户口、不改变农民身份，定期轮换做工务农的劳动合同制职工。从一定意义上讲，这份文件是农民工参加养老保险的一个重要的起点，也是真正的起点，因为"农民合同制职工"第一次明确地出现在正式文件中，也是第一次正式地被纳入养老保险范畴，同时也是第一次对实施细则做出了具体规定。

2005 年 12 月，国务院颁布了《关于完善企业职工基本养老保险制度的决定》（国发〔2005〕38 号），其中明确提出，"城镇各类企业职工、个体工商户和灵活就业人员都要参加企业职工基本养老保险。当前及今后一个时期，要以非公有制企业、城镇个体工商户和灵活就业人员参保工作为重点，扩大企业职工基本养老保险覆盖范围"。与国务院之前所颁布的文件相比，该文件对企业职工基本养老保险的适用对象、养老保险的缴费基数和比例以及计发办法作了明确的规定，使企业职工基

本养老保险制度更完善，也使农民工群体进一步了解养老保险制度，增加了他们参保的可能性。

同年，劳动和社会保障部发布《关于贯彻落实国务院完善企业职工基本养老保险制度决定的通知》（劳社部发〔2005〕31号），进一步强调需不断扩大养老保险覆盖范围，"各地要以非公有制企业、城镇个体工商户和灵活就业人员为重点，统一规范政策，加大工作力度，改进管理服务方式，使更多的人参加养老保险"。该文件的发布加快了我国农民工参加养老保险的进程，也体现了国家对农民工群体的重视程度，为更进一步解决农民工的养老问题提供了保障。这一时期的养老保险政策虽然目的在于将农民工纳入养老保险覆盖范围，但是终究没有制定专门政策来作出具体的规定，所以并未达到理想的状态，大部分农民工仍然未参加养老保险。

三、我国农民工养老保险制度的完善时期

从2006年开始，我国开始为农民工问题制定专门性文件。这一举动开创了历史的先河，将农民工的社会保障问题提高到了一个新的高度，并且目前还处于不断完善的过程中。

2006年3月国务院颁布了《国务院关于解决农民工问题的若干意见》（国发〔2006〕5号），这一文件使农民工这一群体的重要性得到了肯定，也进一步确定了解决农民工问题的重要性。对于农民工养老保险问题，该文件首先提出，"按照农民工紧迫的社会保障需求，坚持分类指导、稳步推进，优先解决工伤保险和大病医疗保障问题，逐步解决养老保险问题"。这就确定了养老保险在农民工社会保障中的地位和层次。其次提出，"探索适合农民工特点的养老保险办法。抓紧研究低费率、广覆盖、可转移，并能够与现行的养老保险制度衔接的农民工养老保险办法。有条件的地方，可直接将稳定就业的农民工纳入城镇职工基本养老保险。已经参加城镇职工基本养老保险的农民工，用人单位要继续为其缴费。劳动保障部门要抓紧制定农民工养老保险关系异地转移与接续的办法"。通过这份文件的颁布，国家对农民工养老保险问题已作出了相应的回应，并将逐步解决该问题。

2006 年 5 月，劳动与社会保障部又颁布了《关于贯彻落实国务院关于解决农民工问题的若干意见的实施意见》（劳社部发〔2006〕15号），指出农民工养老保险要"按照低费率、广覆盖、可转移，并能与现行城乡养老保险制度相衔接的原则，探索适合农民工特点的养老保险办法。研究制定农民工参加养老保险后跨统筹地区和跨城乡流动的转移办法；总结已有经验，进一步开展调研和测算，形成适合农民工特点的养老保险政策文件，指导地方开展农民工养老保险试点"。这份文件是对《国务院关于解决农民工问题的若干意见》的补充，进一步明确了具体的实施办法和原则，给农民工参加养老保险提供了便利。

2009 年 2 月，人力资源和社会保障部拟定了《农民工参加基本养老保险办法》，针对农民工的劳动就业特点，按照低费率、广覆盖、可转移和能衔接的要求，制定了农民工参加基本养老保险的办法。该文件从适用范围、缴费比例、转移接续、待遇计发、经办服务等几个方面设计了农民工参加养老保险的具体办法，特别是转移接续方面。该文件指出："农民工跨统筹地区就业并继续参保的，向新就业地社保机构出示参保缴费凭证，由两地社保机构负责为其办理基本养老保险关系转移接续手续，其养老保险权益累计计算；未能继续参保的，由原就业地社保机构保留基本养老保险关系，暂时封存其权益记录和个人账户，封存期间其个人账户继续按国家规定计息。"相比较之前的农民工养老保险政策，更切合实际，更能维护农民工的切身利益。

经过近一年时间的修改商定，2009 年 12 月 22 日国务院常务会议决定，从 2010 年 1 月 1 日起施行《城镇企业职工基本养老保险关系转移接续暂行办法》（国办发〔2009〕66 号），包括农民工在内的参加城镇企业职工基本养老保险的所有人员，其基本养老保险关系可在跨省份就业时随同转移。该办法的颁布确实给城镇职工，特别是农民工带来了很大的方便，其中规定："参保人员在转移养老保险关系和资金后，其流动前后的缴费年限（含视同缴费年限）合并计算，个人账户储存额累计计算。""跨省流动就业转移养老保险关系时，个人账户储存额全部转移。""参保人员跨省转移接续养老保险关系和资金后，在核定养老保险待遇时，以本人在各参保地的各年度缴费工资和后办理退休地对应的各年度在岗职工平均工资计算其缴费工资指数。"由此可见，这一办法的颁布很好地解决了农民工养老保险转移接续的难题，使农民工不用再为无法转移而烦恼，有利于提高农民工养老保险的覆盖率。

第三节　农民工养老保险模式选择的不同思路及评价

一、独立的农民工养老保险模式

独立的农民工养老保险模式即单独为农民工设计一套养老保险制度，既不同于城镇职工基本养老保险制度，也异于城乡居民养老保险制度。这种模式在政策思路上的特点是，既考虑到了目前城镇社会养老保险体系面临的困境，同时也考虑到了农民工的特点。[1]

具体思路是：第一，建立农民工综合保险制度，形成工伤、疾病、养老保险"三险合一"的综合保险基金，企业和个人按工资收入的一定比例缴纳的保障费全部划归该"个人账户"，产权属于农民工本人。第二，在保险费收缴和支付方式上进行制度创新，为农民工建立"弹性"社会保障制度。所谓"弹性"是指在缴费门槛、缴费方式、缴费标准等方面具有弹性，而且账户可随农民工流动时转移。

二、农民工返乡养老模式

农民工返乡养老模式所要表达的思想是，农民工养老保险不应该纳入城镇职工社会养老保险体系，而是应该返乡参加当地的养老保险体系。这种政策思路和模式的优点在于，注意到了农民工自身的特点以及纳入城镇职工养老保险体系的困难。但是这种政策主张和模式却存在着

---

[1]　王欢、黄健元：《公平视野下农民工养老保险的困境与出路》，《西北人口》2018 年第 1 期，第 91—98 页。

严重缺陷。① 第一，从价值判断上看，这种观点缺乏发展的眼光，仍潜在地默认"城乡二元结构"的合法性，只将转移就业的农民工当成"劳动力"，而没有将他们当成具有与城镇职工同等权利的劳动者，没有看到国家对农民工的社会权益的日益重视与保护以及农民工未来发展情况的逐渐改善。第二，从事实判断上看，这种模式也遇到了一些难以克服的障碍。进城的农民工中可能将有很多人最终不会回到农村，实施返乡养老政策不能满足农民工进城就业发展的愿望。从20世纪80年代开始出现大规模的民工潮至今，农民工内部发生了两大引人注目的变化，即农民工内部的分层和新生代农民工的出现。农民工可以分为不同的亚群体，其中那些经营工业制造业、建筑业、商业服务业的业主层以及在各种企事业单位拥有相对稳定职位和收入的管理层和技术人员，甚至从事各种灵活就业服务的一些收入不菲的个体户商贩，已经在城市立足，他们中很多人有明确的定居城市的愿望。在这种情况下，把他们的养老保险纳入原籍社会保险体系中显然不现实。更值得注意的是，农民工中出现了"第二代农民工"或"新生代农民工"，他们没有多少务农经验，也缺乏深刻的农村生活体验，他们的思想意识明显与第一代农民工不同。目前即使不能完全融入城市，大多数第二代农民工也不甘心回到农村，趁年轻在外多寻找发展机会是他们的首选。考虑到以上情况，不加分类地、笼统地把农民工纳入原籍的社会保障体系中是不合理的。第三，继续维持城乡分割的社会政策结构将会进一步加重这种二元结构模式的弊病，加大地区发展差距，使将来问题更难解决。一个明显的事实是，欠发达省份在开拓农民工经济和输出农民工解决就业问题时，势必要付出老龄化和社会保障负担加大的代价。大量在发达省份打工的农民工脱保返乡，等于带着养老的问题返乡，最终会给当地社会保障工作留下隐患，扩大发达地区和欠发达地区的发展差距。

三、纳入城镇职工养老保险模式

该观点认为农民工的养老保险应该纳入城镇职工基本养老保险制

---

① 张伟兵：《农民工养老保险模式的研究评议与今后的政策展望》，《中州学刊》2008年第4期，第105—109页。

度，推行"统账结合"的养老保险模式。这一模式的政策思路与返乡养老模式的思路截然相反。这种观点不再把农民工仅仅作为"劳动力"看待，而是作为与城镇职工具有同等社会权益的劳动者来对待，主张加快统一的劳动力市场建设，消除不公正的排斥和歧视现象。① 然而现实情况是，即使赋予了农民工平等的就业权和参保权，也仍然不能保证农民工被纳入现行城镇职工基本养老保险制度中去。主要原因有两点：

第一，现行城镇职工基本养老保险制度的运行模式对农民工而言基本不具备可行性。原因有三：一是费率过高导致农民工群体的参保率低。中国社会养老保险资金筹集模式由现收现付制向部分积累制转变的过程中，政府一直没有彻底承担制度的转轨成本，而试图通过扩面、提高当期参保者的缴费水平等方式来"消化"转轨成本。但是过高的费率只能让缴费能力有限的农民工止步，导致农民工参保率比较低。二是社会养老保险的地区统筹与农民工流动性较强之间的矛盾无法解决。目前，绝大多数省份的社会养老保险仍处于县市级统筹的层次，多数省份并没有实现养老保险基金全省范围的统收统支。当农民工在不同省份的城市之间甚至同一省份的不同城市之间流动时，面对烦琐的转移手续，多数人会选择退保，导致参保中断。三是城镇社会养老保险的个人账户"空账"风险问题仍然存在。由于政府没有承担制度的转轨成本，向农民工群体的扩面固然会使城镇养老保险的财务收支状况暂时得到改善，但这只会导致新加入的农民工群体个人账户空账运行的风险，这种扩面只会在推迟风险的同时积累更多的风险。

第二，现行城镇职工基本养老保险制度的社会基础对农民工而言不具备协调性。这主要表现在城镇社会养老保险制度与农民工非正规就业、灵活就业之间的冲突上。从现实情况看，绝大部分农民工处于非正规就业和灵活就业状态，而社会保险关系一般是建立在稳定的劳动关系基础上的，这种制度供给比较适合农民工群体中的雇佣劳动者，而不适合非雇佣劳动者，这直接导致一部分农民工的保障供给缺位；另外，即

---

① 汪伟、刘玉飞：《城镇化进程中农民工融入城乡养老保险体系研究》，《中国行政管理》2016年第6期，第87—93页。

使是农民工中的雇佣劳动者，多数也不签劳动合同，而且职业转换频繁，劳动关系很不稳定，收入普遍较低且不稳定。这些情况都不利于农民工养老保险制度的建立。所以农民工的社会养老保险政策应与灵活就业政策相协调，处理好农民工的就业与养老保险之间的关系，在实现就业发展的基础上提供一定程度的社会保护。显然，现行城镇社会养老保险制度并不具备这样的功能。

四、完全积累制模式

完全积累制模式即在城镇中建构双重社会养老保险体系。这种模式的基本思路是，鉴于农民工的特殊性以及农民工内部的分化，不宜将他们全部纳入城镇职工基本养老保险制度，而是在把一部分农民工纳入现行城镇基本养老保险制度的同时，在城市中为农民工建立与现行城镇职工基本养老保险制度平行的、作为过渡方案的一套养老保险政策体系。[①] 在这种模式下，部分学者提出了对农民工的养老保险实行分类分层保障的思想，尤其针对大部分农民工流动性强、收入不稳定的特点以及考虑到农民工中的灵活就业人员，提出了实行过渡性的完全积累制的个人账户模式。但这种"城镇职工基本养老保险"和"过渡型个人账户模式"相结合的农民工养老保险模式也存在很大的不足。

第一，这种制度模式仍内在地认可"统账结合"的城镇职工基本养老保险制度的合理性，个人账户模式只是作为一种过渡模式而存在，最后还是要融入现行城镇职工基本养老保险制度之中去。政策设计上的这种取向反映了认识上的两大误区：一是假定最终农民工都会实现正规和稳定就业。这在事实上是不可能的，也不符合全球化条件下产业结构转型的潮流。二是在论证过程中犯了最基本的推理错误。似乎一谈到城乡社会保障的一体化建设，农民工的养老保险就应该纳入目前城镇职工基本养老保险体系。殊不知这种"统账结合"的养老保险模式是建立在正规就业基础上的，并不适合绝大部分流动人口。

---

① 刘秀红、陈彩：《关于建立全国性农民工养老保险制度的思考》，《青岛科技大学学报（社会科学版）》2006 年第 3 期，第 91—94 页。

第二，上述所有方案都回避了个人账户基金如何实现保值增值的传统难题。从实行统账结合以来，虽然各级社保经办机构都着力加强了个人账户的建立和完善工作，管理能力和管理水平显著提高，但由于多年来的空账运行，个人账户基金的保值增值工作一直滞后，一定程度上影响着退休养老金的结构比例和整体水平，不仅弱化参保人员对个人缴费积累重要性的认识，而且还有碍制度的可持续发展。对农民工养老保险实施个人账户模式的确有利于农民工保险关系的转移并使农民工拥有基金的所有权，但是如何确保基金的保值增值却是一个世界性难题，这一难题在这些方案中也没有得到破解，需要得到重视。

第四节　部分地区开展的农民工养老保险实践

为了解决农民工养老保险权益问题，一些地方政府因地制宜，纷纷出台了一些适合各地情况的政策，因此也出现了众多农民工养老保险模式。目前学术界对此有多种划分方法：第一种根据保险的运行特点分为独立型、综合型和纳入型；第二种根据保险特征分为双低模式、综保模式、城保模式；第三种按典型地区划分，分为北京模式、上海模式、深圳特区模式；第四种分为防御型、综合型、扩面型。这里按保险的运行特点分为独立型、综合型和纳入型，此外还有土地换保障模式，具体对农民工养老保险实践现状进行分析。

一、独立型农民工养老保险模式实践

独立型养老保险模式是指将农民工的养老保险单独建立，使其与城镇职工的养老保险分开，并且将农民工的养老、医疗、工伤保险也分开的一种政策。它与城镇职工养老保险无关，也与农民工的医疗、工伤保险无关。但这种模式与城镇职工的基本养老保险还是存在着相同之处，二者都实行了社会统筹与个人账户相结合的方式，而农民工养老保险实现了低标准缴费低标准享受。这种模式也属于根据保险特征划分的"双低模式"，又称"仿城型"养老保险模式。如北京市、青岛市等就是采用的这一模式。[①]

以北京为例，2001年9月1日北京市颁布了《北京市城市农民工养老保险暂行办法》（京劳社养发〔2001〕125号），其主要内容包括：第一，参保对象：本市行政区域内的国有企业、城镇集体企业、外商及港、澳、台商投资企业、城镇私营企业和其他城镇企业，党政机关、事业单位、社会团体，民办非企业单位，城镇个体工商户和与之形成劳动关系、具有本市或外埠农村户口的劳动者。第二，缴费标准：养老保险费用由用人单位和农民工共同缴纳，用人单位以上一年本市职工月低工资标准的19%，按招用的农民工人数按月缴纳养老保险费，农民工本人以上一年本市职工月低工资标准为基数，2001年按7%的比例缴纳养老保险费，今后随着企业职工缴费比例进行调整，最终达到8%。个人缴费记入个人账户，用人单位缴费的一定比例也记入个人账户，最终实现个人账户11%的比率。第三，待遇享受：农民工达到国家规定的法定退休年龄就能领取养老金。个人账户储存额只有在本人达到养老年龄时（男年满60周岁，女年满55周岁），才能领取基本养老金。统筹部分的发放原则是按累加原则，缴费满1年的发1个月相应缴费年度的本市职工最低工资平均数，以后累计缴费年限每满1年以此为基数，增发0.1个月相应缴费年度的本市职工最低工资的平均数。第四，领取方式：农民工与用人单位终止、解除劳动关系、未达到退休年龄，在本市重新就业的，可接续养老保险关系，不转移养老保险基金；跨统筹区域（非北京市）就业的，可转移养老保险关系，其个人账户全部随同转移；回农村的则保留养老保险关系，封存个人账户，待在本市重新就业后可以继续缴纳，缴费年限也可累积计算。农民工达到国家规定的养老年龄方可领取养老金。养老金部分根据其累计缴纳年限和相应缴费年度

---

① 龚晶、赵姜：《农民工社会保障制度发展演变与未来展望》，《河北学刊》2019年第2期，第139—143页。

本市职工最低工资的平均数计发给本人。

独立型农民工养老保险模式的优势主要表现为：第一，操作程序简单可行。由于农民工与城镇职工的养老保险经办机构相同，减少了操作程序，降低了操作难度，便于工作人员执行，同时，统账结合的基本模式也有利于养老保险关系的转移与接续。第二，缴费基数和比例低。农民工比城镇职工收入水平低，所以在制度设计上，也考虑到这一因素，缴费基数相对于城镇职工的要求有所降低，使更多的企业和农民工有能力缴纳养老保险，这样很容易被农民工和用人单位接受，减轻了其缴费负担。第三，符合农民工的实际情况，结合农民工群体的特点，采用独立的形式以满足农民工的需求，更切实际地维护他们的利益，体现出对农民工群体的重视。

除了以上这些优势以外，独立型农民工养老保险模式也存在一些缺点：第一，保障水平低，收入差距导致的缴费标准的差距，使农民工在退休后所享受到的退休待遇较低，他们拿到的退休金将会比城镇职工少。第二，按照最低工资标准确定的缴费基数在减轻农民工经济负担的同时，也制约了经济条件好的农民工的养老待遇，使其养老待遇偏低。第三，在一定程度上还存在"城乡二元化体制"，割裂了城市与农村之间劳动力的社会保障界限。

二、综合型农民工养老保险模式实践

综合型养老保险模式是专门针对农民工的社会保险而设计的，是指将农民工与城镇职工的社会保险分开，将农民工所有的社会保险，如养老、医疗、工伤等保险都综合在一起的模式。这种模式对农民工包括养老保险在内的各种保障需求进行全面整合，建立一个全面综合的农民工保障体系。如上海市、成都市、大连市都是采用的这一模式。

以上海为例，2002 年 9 月 1 日上海市颁布了《上海市外来从业人员综合保险暂行办法》（上海市人民政府令第 123 号发布），为农民工建立了一套综合的保险制度，包括工伤、住院医疗和老年补贴三项保险。其参保对象为外来从业人员（不包括从事家政服务和农业劳动的人员），并且综合保险费都是由用人单位和个人共同缴纳，在缴费满一年后均可获得一份老年补贴凭证，待到法定退休年龄后可以一次性兑现养老补贴。其主要内容包括：第一，参保对象：外来从业人员和使用外来从业人员的国家机关、社会团体、企业、事业单位、民办非企业单位、个体经济组织。第二，缴费标准：规定了用人单位和无单位的外来从业人员按照缴费基数 12.5%的比例缴纳综合保险费，其中 7%为养老补贴，缴费基数为参保前一年当地月平均工资的 60%。第三，待遇享受：用人单位和无单位的外来从业人员连续缴费满一年的，外来从业人员可以获得一份老年补贴凭证，其额度为本人实际缴费基数的 7%，外来劳动力在男年满 60 周岁、女年满 50 周岁时，可凭老年补贴凭证一次性兑现老年补贴。第四，领取方式：凭有效证件可到当地保险公司领取，未达到退休年龄死亡的，可由其直系亲属凭有效证件兑现。

上海市的养老保险制度建设一直处于全国的前列，为别的城市起到了模范带头作用，在综合考虑上海市的实际情况采取的这一综合型农民工养老保险模式，其成果是显著的，贡献是巨大的，说明综合型农民工养老保险模式在一定程度上有其优点。具体表现为：第一，覆盖范围大，较低的缴费率使大多数企业可以承受，甚至部分无单位的农民工也可以接受，充分考虑到了农民工收入低这一特征。第二，领取方式方便，上海市委托保险公司支付和运作，有利于养老基金的保值和增值；同时也解决了保险关系转移的问题，解决了农民工返乡后养老金领取困难的问题。第三，充分满足了农民工的需求，将工伤、住院医疗和老年补贴综合在一起，将外来从业人员迫切关心的需求集中起来加以解决，也免去了很多程序上的麻烦，费用统一征收，待遇一次性给付，降低了制度建设、操作运营以及管理方面的成本，高效率地实现了人性化的管理。

虽然综合型模式在众多城市运行的效果很显著，但同时也存在一些不足之处：第一，很难实现与其他模式的衔接。综合型模式完全是个独立的险种，无法实现与城镇职工养老保险的衔接，更无法实现以后的全国统筹，如果有外来从业人员以后加入上海市户籍，则该人此前缴纳综合保险费的年限并不能累计算入城镇职工养老保险年限，不利于社会养老保险制度的统一，同时也会面临商业性保险机构运营养老保险基金的模式与社会养老保险的衔接与转换问题。因此，这一综合型模式在转移上存在很大的弊端。第二，老年补贴水平低，农民工在退休后一次性领取养老补贴的制度设计不能体现养老保障的可持续性原则，难以起到养老保障的作用。第三，无法体现公平公正的原则，外来从业人员与本市人员在同一企业工作，但是所缴纳的养老保险金额不同，所参照的政策不同，后所得到的养老金也不同，这在某种程度上与公平公正原则相违背，也在一定程度上体现了对外来从业人员的歧视或伤害。第四，在筹资模式上采用完全积累的个人账户模式，没有设立社会统筹部分，不能实现统筹账户的"互助共济的功能"。

三、纳入型农民工养老保险模式实践

纳入型养老保险模式是指将农民工与城镇职工共同纳入社会保障中来，在城镇职工养老保险政策的相关条例中对农民工区别对待，特别补充相关条例，或者完全参照城镇职工的相关政策执行。这种模式也属于根据保险特征划分的"城保模式"，也称"扩面型"养老保险模式。如广东省就是采用的这一模式。

以深圳市为例，2006年7月26日深圳市颁布了《关于修改〈深圳经济特区企业员工社会养老保险条例〉的决定》（深圳市人民政府令第160号），其主要做法包括：第一，参保对象：特区内的企业（包括企业化管理的事业单位、民办非企业单位）及其员工。第二，缴费标准：缴纳养老保险费以员工的月工资总额作为缴费工资，非本市户籍员工的缴费工资不得低于本市月低工资，基本养老保险费缴费比例为员工缴费工资的18%，其中员工按本人缴费工资的8%缴纳，企业按员工个人缴费工资的10%缴纳。第三，待遇享受：必须在法定退休年龄前实际缴费年限累积满15年才纳入型农民工养老保险模式评价。若达到国家规定的退休年龄但累积缴费不满15年或当农民工同企业终止或解除劳动合同关系时，之前个人账户缴费的总额可以退还本人。

以深圳市为代表的纳入型农民工养老保险模式，在一定程度上实现了养老保险覆盖面广、参保人数多、参保率高的目标。它的优点主要表现为：第一，体现了对农民工的尊重和容纳，使农民工与城镇职工拥有

同样的权利和保障。我国宪法第四十五条规定："中华人民共和国公民在年老、疾病或者丧失劳动能力的情况下，有从国家和社会获得物质帮助的权利。国家发展为公民享受这些权利所需要的社会保险、社会救济和医疗卫生事业。"农民工有权利享有与城镇职工同样的待遇，保障农民工的老年生活，有利于农民工与城镇居民平等就业机制的形成。第二，有利于城乡养老保险制度的对接，从而促进城乡统一的城乡养老保险制度的形成。第三，体现了公平和平等竞争原则，农民工与城镇职工同工、同酬、同待遇，充分地体现了公平原则，农民工与城镇职工的聘用成本相同，更体现了平等竞争原则。第四，覆盖范围广，使基本养老保险的缴费人数大幅增加，适当缓解了城镇职工基本养老保险的支付压力。该模式虽然在某些方面获得了优越的成绩，但是也有其不足之处，主要表现为：第一，增加相关机构的工作量，农民工群体流动性大，他们不仅仅是城市与城市之间流动，甚至在同一个城市里也存在着区域间的流动，如此大的流动性给当地社会保险机构增加许多的工作量，并且大多数农民工很难达到制度规定的 15 年的缴费年限。第二，缴费基数和比例相对较高，致使企业的用工成本增加，在一定程度上了影响企业和农民工参保的积极性，使某些企业可能会选择不聘用或少聘用农民工，或者想尽办法不缴纳养老保险。

四、土地换保障模式实践

20 世纪 90 年代，浙江省的一些地市在征地过程中，将失地农民纳入社会保障体系，将发放给农民的部分一次性补偿金作为保险费为其缴纳社会保险，以此来安置失地农民，解决其长期生活保障问题。之后，这种做法在全国推广开来，以成都市温江区的做法较为典型。

以成都市为例，2006 年成都市在全国率先提出了"双放弃换社保"的思路。具体来说，农民以自愿放弃土地承包经营权和宅基地使用权作为交换，获得在城镇购买安置房的权利。同时，按不同年龄段采取不同的参保和补助政策，按照"个人交一点、集体出一点、财政补一点"的筹资机制，将失地农民纳入城镇社会保险制度。与此同时，成都市温江区还在农村试点"两股一改"，也就是将农村集体资产股份化、集体土地股权化，交由村级股份经济合作社统一管理，农民按其持有的股份和股权获得相应的收益，并配套实施村改社区。

"土地换社保"模式引起了很大的争议。一方面，这种模式通过土地制度和社会保障制度的创新，一定程度上填补了农村土地流转制度和社会保障制度的空缺，使土地养老功能的延续成为了一种切实可行的制度安排。同时，通过土地承包经营权流转，突破了一家一户小规模分散经营的局限，有助于推进土地的集约化、规模化、产业化经营，实现从传统农业向现代农业的跨越，并促进农业人口向非农业人口的转换。另一方面，确保人人享有社会保障是政府应当履行的责任和义务，不应带有任何附加条件，更不能让处于弱势的农民群体以"失地"为代价换取保障。而且，从全国各地的实践来看，"土地换保障"换来的只是以养老保险为主的部分保障或者较低水平的保障，并非是完全保障，同时欠缺对农民的职业技能培训。这意味着，"土地换保障"解决的仅仅是农民的生存问题，而难以解决他们未来的发展问题。

综上所述，各地根据自己的实际情况，制定了不同的农民工养老保险政策，这些模式一定程度上缓解了农民工养老保险参保问题，但均非完善方案。

我国农民工的构成比较复杂，不同类型的农民工对社会保障的需求意愿和需求能力存在较大差别，分别适合不同的社会保障模式。第一类农民工，即完全市民化的农民工，他们在特定城镇居住时间较长，并有固定住所，工作单位和收入相对稳定，这类农民工有意愿并且有能力参加城镇职工养老保险和医疗保险，应当把他们纳入城镇职工社会保险体系。第二类农民工，市民化程度较高、流动性也较强，常年在不同城镇流动工作，缺乏稳定岗位，在城镇无固定住所，他们将来有可能变成产业工人，也有可能回乡再做农民，其未来有很大的不确定性，他们对于工伤、医疗等近期的风险保障有较强的需求，对于远期的养老风险保障需求相对较弱。这类农民工比较适合"独立型"或"综合型"的保险模式。但是，针对这类农民工进行社会保险项目设计时应考虑到与其他类型社会保险制度的衔接。第三类农民工，市民化程度最低，间断性地在城镇务工和回乡务农，以农业为主、以务工为辅，或工农并重，进城务工只是他们的一种短期经济行为。这类农民工的大部分生产生活在农村，因此这类农民工更适合"土地换保障"模式。

从农民工群体特点来看，完善农民工养老保险制度要考虑以下几点：第一，要符合农民工的特点。首先，农民工群体的流动性相对较高，工作非常不稳定，跨地区、跨省份流动的现象非常普遍，所以农民工养老保险政策制定必须考虑到如何适应农民工流动性高的特点，制度设计要便于养老保险关系和个人账户的转移、接续。其次，农民工收入普遍偏低，因此缴费水平的设计要考虑农民工的实际缴费能力。过高的缴费水平超出了农民工的经济承受能力势必会影响农民工参保的积极性。第二，要便于和城乡制度接轨。社会保障改革的最终目标是要实现城乡一体化，这就要求我们在设计农民工养老保险制度时应该符合城乡统筹发展的需要，尽可能避免制度的"碎片化"现象，尽可能降低未来制度转型和接轨的成本。农民工群体具有自身的多样性和复杂性，他们既可以选择进入城市，也可以回到农村，只有建立城乡衔接的养老保险制度，才能满足农民工多样化的养老选择需求，才能最终实现城乡一体化。所以，农民工养老保险制度的设计，既要考虑与城镇职工养老保险的衔接，也要考虑与农村养老保险的接轨，以便未来最终实现养老保险的城乡一体化。

第五节　农民工养老保险制度
存在的问题分析

当前，在城乡统筹发展中农村存在的一些社会问题也体现为农民工养老保险制度存在的问题。在农村，征地拆迁导致大量农民失去土地，虽然有土地补偿，但是许多地区补偿的标准较低，难以实现对他们的长期保障。这在一定程度上造成失地农民无地、就业无岗、社保无份的现象。由于大量的年轻劳动力外流，农民工的子女教育和养老问题也日益凸显，农民工养老保险的接续问题会更加严重。除了以上问题外，目前在农民工养老保险的政策和实践中也存在一定问题。①

一、参保率低与退保率高并存

目前我国农民工养老保险制度实施中最突出的问题是"参保率低，退保率高"，而导致该现象出现的原因有以下几方面：第一，农民工作为流动型劳动力，他们在不同工作岗位上的工作周期也会存在不同，而且不同职业的工作年限还会有所不同。养老保险制度本身在与其他制度的比较上就会有长期性和稳定性的特点，而农民工自身的特点与养老保险制度建设存在矛盾，这成为了导致退保率高的直接原因。第二，养老保险是为了规避风险而设立的社会保障制度，需要基金积累，因此它持续时间长，缴费稳定。但是农民工受工作周期的影响，其缴费时间会相应减少和中断，这就会导致农民工得不到其应有的保障待遇。农民工的个人账户基金积累变少，无法满足其实质性的养老问题。第三，不同地区、不同模式的缴费标准与缴费费率都有差异，而选择同一模式的地区在缴费上也存在着差异。第四，养老保险缴费主要由用人单位和职工个人共同承担，农民工的养老保险费用也应由用人单位和个人共同承担，但过高的养老保险缴费率往往使企业逃避缴费。尤其是在"综合型"保险模式中，全部保险费用由企业承担，一旦企业拒绝缴纳保费，那么农民工则无保障可言。

二、法律法规不健全

农民工养老保险参保问题是一个社会治理问题，涉及政府、企业、社会等多方利益主体。农民工参保难绝不是单一主体促成的，政府不是万能的，市场也存在失灵。面对养老需求不同的个体，单靠政府或是市场无法满足农民工养老需求，从而出现政府失灵、市场失灵的现象。

虽然我国从 20 世纪 90 年代起，政府针对农民工社会养老保险制度

---

① 高文书、高梅：《城镇灵活就业农民工社会保险问题研究》，《华中师范大学学报（人文社会科学版）》2015 年第 3 期，第 38—43 页。

制定了较为详细的法律法规，从 1999 年制定实施的《社会保险费征缴暂行条例》，第一次将农民工群体纳入城镇职工基本养老保险范围。2006 年国务院出台《关于解决农民工问题的若干意见》对农民工的社会保障做出了原则性的规定，但指导性和实践性不强。2009 年，人力资源和社会保障部共同制定了《农民工参加基本养老保险办法》和《城镇企业职工基本养老保险关系转移接续暂行办法》，为农民工养老保险转移接续提供了方针。但纵观农民工养老保险整个法律制度体系，不难发现当前针对农民工养老保险权益的保障在强制力度上不够，尚未出台全国性的农民工养老保险制度法规，取而代之的是各地方政府碎片化的试行办法，从而大大降低了农民工养老保险制度的权威性，影响了法律法规在执法过程中的效果。同时一些地方政府在贯彻落实劳动法、督促用人单位参保缴费方面的执行力不够。劳动立法不完善，使得许多用工单位有空子可钻，企业不缴或拖延缴费现象屡见不鲜。一些地方政府劳动监察执法力度不够，执法上存在死角。同时，15 年的缴费门槛难以逾越，农民工受到自身以及政策的影响往往很难在一个城市待满 15 年，而在这个缴费年限条件的限制下，多数农民工的参保意愿被打消，使参保率降低。这不仅影响了农民工自身的发展及社会对其贡献的尊重，同时也在一定程度上影响了城镇化及工业化的进程，进一步加深了"城乡二元化"。

三、制度设计不科学

很多地方的农民工养老保险是以城镇职工基本养老保险为基础，而城镇职工基本养老保险是针对城镇企业职工设计的，不适应农民工流动性强的特征。用一个相对固化的制度来覆盖庞大的流动人群必然存在一系列矛盾和问题。主要表现在：第一，农民工参保资金的统筹和地方财政博弈之间的矛盾。按照现行的社会保险制度的设计，农民工养老保险的个人账户可以转移，但统筹基金无法转移，加之各级地方政府设计的养老保险缴费比例带有浓厚的地域性，转入地养老基金要承担参保人在统筹基金中的社会保险权益支付责任。出于地区间利益的博弈，各地都不愿意接收转入。第二，养老保险制度供给的不稳定、不衔接。选择的多样性往往会导致农民工选择的无效性，出现"多而不选"的现象。例如，从最初参照城镇职工基本养老保险制度，到各地方实行分立的养老保险模式，有上海模式、深圳模式、北京模式、成都模式、山西模式等；而在城乡居民养老保险统筹之前，农民工可以选择参加城乡居民基本养老保险、城镇职工基本养老保险、新型农村社会养老保险甚至以个人身份参加商业养老保险。各种保障政策有的归为省一级管理，有的停留在市一级水平上，统筹性及可衔接性比较差，社会保障制度的碎片化现象非常严重。

总而言之，制度的碎片化、地方财政的利益博弈、复杂的保险系统为养老保险的运行和转移设置了多重障碍，让原本就复杂的农民工养老保险转移接续更加难以有效实施。为真正解决农民工养老难题，让农民工享受到公平的养老保险待遇，还需要政府在建立健全农民工养老保险制度的顶层设计上起到主导作用，实现科学的制度供给，以保障农民工养老保险制度的可持续性。

四、农民工养老保险统筹层次低

从养老保险制度的统筹历程看，先是地方县级政府统筹再逐步转向省级，最后实现全国统筹。目前大部分地区仍实行的是县市级统筹，仅有少数地区实现了省级统筹。在近年来农民工养老保险制度的实践中，因统筹层次偏低，且封闭运营，社会养老保险基金缺乏有效和长效的管理机制，地方政府"划疆而治"导致社会养老保险基金的互济功能难以得到发挥。转入地地方政府出于当地财政收入的考虑，容易产生截留农民工统筹账户资金的思想，这会对农民工养老权益产生伤害，危及养老基金的安全，同时也增加了管理的难度和成本。

第七章 城乡居民养老保险制度的统筹问题

第一节 新农保基础养老金的调整方案与财政负担水平

自国务院 2014 年 2 月 21 日出台《关于建立统一的城乡居民基本养老保险制度的意见》（国发〔2014〕8 号）后，原来分散的城镇居民社会养老保险制度和新型农村社会养老保险制度开始整合，并以城乡居民基本养老保险制度的形式出现。制度的统一有利于扭转城乡收入差距持续扩大的局面、对保障城乡居民生存公平与养老公平具有重要的意义。由于新制度的结构与举措与原来分立的两项制度基本一致，农村基础养老金所面临的给付水平及财政负担问题也会仍然存在，其所具有的制度优缺点会长期持续，因此探讨基础养老金给付水平的调整及财政负担水平问题将会对新制度的完善起到指导性作用。

随着经济社会的快速发展，农村地区的养老问题随之显现出来。一方面计划生育政策的出台导致家庭结构产生了巨大变化，已转变为小型家庭，家庭规模的减小使得农民很难独立承担养老；另一方面年轻的农民不断流入城市寻求发展，而大量的老人留守农村，家庭养老在新的时期已不能更好地发挥作用。农村社会养老保险（"老农保"）初创时期曾致力于解决日益突出的农村养老问题，但制度的运行并没有达到预期目标，却为新型农村社会养老保险（简称"新农保"）的推出提供了宝贵的经验。新农保的建立和运行对解决农村居民养老问题起到了积极作用，但是还存在着诸如基础养老金缺乏动态调整机制、中央财政负担水平不适度等问题，制约了农村养老保险制度的发展与完善。本节以CPI及农民人均纯收入增长率为假设条件，构建农村基础养老金动态调整机制，测算动态调整后的农村基础养老金规模和中央财政的实际负担水平。通过设计农村养老保险中央财政适度负担水平模型，将其适度负担水平与实际负担水平进行比较。

一、新农保财政支出存在的问题

1. 中央财政对新农保投入总量不足

新农保与老农保相比，中央财政投入有了进一步的改善，但还是不能说达到最优。中央财政的投入主要体现在基础养老金上，不管是从中央财政负担能力的视角，还是和城镇居民养老保险相比，中央财政投入与农村居民的实际养老需求相比还有较大的差距，还需要进一步加强。

2. 财政投入保障机制存在问题，不利于保障资金及时到位

新农保财政补贴支出在财政预算中的位置并不明确。我国社会保障制度和预算管理制度目前尚不完善，社会保障收支处于"碎片化"的状态。随着新农保试点的扩大，财政对新农保投入的资金规模也会随之越来越大，因此新农保积累的基金规模也会越来越大。如果不从预算制度上规范新农保基金收支，一方面容易导致政府部门在财政资金紧张时占用、挪用新农保资金，另一方面也不利于新农保资金纳入财政管理来保值、增值。

3. 财政支出结构不平衡，不利于新农保顺利实施

近些年来，虽然我国财政支出结构在调整中逐渐趋于优化，公共保障能力显著增强，财政用于社会保障方面的资金不断增加，但是财政支出结构却仍然存在着一定程度的失衡。

4. 财政体制不完善，导致基层财政负担较重

新农保作为区域性公共产品，按目前我国财权和事权划分的规律，支出责任应该主要由县乡财政承担。综合考虑各市经济发展水平和财力状况，对纳入国家试点的地区，中央和省财政按照统一确定的基础养老

金标准对东、中、西部地区分别给予补助。中央和省财政补助后剩余部分由市、县（市、区）政府负担。同时还规定：市、县（市、区）政府应当对参保人缴费给予补贴，补贴标准不低于每人每年30元，缴费即补。中央和省对于基础养老金补助的比例有明确规定，而市、（县、区）对于基础养老金和缴费补贴各自应分担多少，制度设计上却没有一个明确的权利与义务界定。对于应主要由县（市、区）财政承担的部分，对富裕县（市、区）来讲没有问题，但对一些财政资金紧张的贫困县来说，其负担并不轻，有可能使这些县在无力配套财政补助资金时，挪用农民个人账户中的钱用于当期的财政补助资金发放，使农民个人账户变成空账。不仅有导致新农保退化成代际供养的现收现付的可能，而且也会面临财务危机，这显然与我国建立新农保的设计目标是相悖的。城乡居民基本养老保险中财政补贴的缺陷，既不利于养老金待遇水平的提高，也造成了农民养老的不公平。[①]

二、农村基础养老金动态调整设计

1. 农村养老保险制度现状

农村养老保险制度是当前城乡居民基本养老保险制度的重要组成部分，制度规定对农村满60周岁的老年人给予每月人均55元（2015年后提高为70元）的基础养老金，2018年1月1日起全国城乡居民基本养老保险基础养老金最低标准提高至每人每月88元，全部由财政支付。其中我国东部地区由中央财政和地方财政各负担50%的基础养老金，中西部地区由于地方财力有限，由中央财政承担基础养老金的全部支付责任。[②] 但是，从机制设计乃至多数地区具体实践情况来看，基础养老金给付额度并没有进行指数化调整。基础养老金缺乏动态调整机制会导致其养老效果逐年下降。由于农村居民基本生存水平与农民人均纯收入紧密相关，同时物价的变动也会对实际消费水平产生明显影响，因此有

---

① 宫晓霞：《新型农村社会养老保险制度建设中的财政支持研究》，《财政研究》2011年第8期，第36页。

② 封进、郭瑜：《新型农村养老保险制度的财政支持能力》，《重庆社会科学》2011年第7期，第54页。

必要依据农民人均纯收入增长率和 CPI 增长率对农村基础养老金进行动态设计，以得到符合实际的农村养老需求。[1]

2. 基础养老金动态调整模型

对基础养老金进行动态调整的主要原因是人均收入增长及物价变动，调整的目的是使农村老年人口的养老金购买力不下降，维持其基本生活需要。因此，设计基础养老金动态调整模型为[2]：

$$B(t) = [1 + h(t)]B(t-1) \tag{7-1}$$

公式（7-1）中，$B(t)$、$B(t-1)$分别为 t 期和 $t-1$ 期基础养老金，$h(t)$ 为调整指数。基础养老金根据 CPI 增长率与农民人均纯收入增长率之和进行指数化设计：

$$h(t) = \pi(t-1) + g(t-1) \tag{7-2}$$

公式（7-2）中，$\pi(t-1)$ 为 $t-1$ 期的农村 CPI 增长率，$g(t-1)$ 为 $t-1$ 期农民人均纯收入增长率。对参数设计的假设前提是，基础养老金在调整前期主要受 CPI 增长率影响，调整中期则主要受到 CPI 和人均纯收入增长率的双重影响，而调整后期则主要受到人均纯收入增长率的影响。根据中国农村社会经济发展实际状况，并借鉴国际经验，设计基础养老金的调整方案为：在初始期（2012—2020 年），按照指数恒等于 CPI 增长率的原则进行调整，即 $h(t) = \pi(t-1)$，该时期的调整指数设定为 3%；在过渡期（2021—2030 年），调整指数 $h(t) = \pi(t-1) + g(t-1)$，该时期的调整指数设定为 17%；在完善期（2031—2050 年），调整指数为 $h(t) = g(t-1)$，该时期的调整指数设定为 14%。

随着动态调整机制的应用，调整后的基础养老金给付额与未调整相比，其偏离程度随时间推移而不断增大。2015 年调整后的基础养老金是未调整的 1.09 倍，差额为 11.10 元；到 2020 年二者的倍数提高到 1.27 倍，差额也上升到 14.67 元；2030 年二者的倍数达到 6.09 倍，差额达到 279.9 元；而到 2050 年二者的倍数更提高到 34.13 倍，差额也

① 孙雅娜、王成鑫：《基于农村居民最低养老水平的财政支付能力研究》，《人口与发展》2011 年第 5 期，第 4 页。
② 曹信邦、刘晴晴：《农村社会养老保险的政府财政支持能力分析》，《中国人口·资源与环境》2011 年第 10 期，第 132 页。

上升为 1821.93 元。不断上升的倍数及金额差距表明，未调整的基础养老金将无法与以人均纯收入代表的经济发展水平相适应，同时也难以抵消物价变动的影响。

三、对中央财政收入未来趋势的预测

中央财政是否能够负担迅速提高的农村基础养老金，将关系到基础养老金调整水平是否适度、中央财政负担机制是否合理、农村养老保险制度是否具有财政持续性等关键性问题。[①] 为分析农村社会养老保险中央财政负担水平，必须预测未来财政收入规模。预测的思路为，以 GDP 为测算基准，先期预测 GDP 变动趋势，然后通过判断财政收入占 GDP 比重来预测未来财政收入趋势。GDP 的数值基年为 2012 年，预测方法是阶段目标法及采用一次移动平均的时间序列平滑预测法，预测的假设条件为：GDP 年均增长率 2013—2020 年为 7%，2021—2030 年为 5%，2031—2050 年为 3%。对财政收入的预测也采取阶段目标法和时间序列平滑法，预测的基础条件为：2012 年占 GDP 比重为 22%，2013 年之后每年增加 1 个百分点，至 2015 年为 26%；2016—2020 年为 27%，2021—2030 年为 29%，2031—2050 年为 30%。

首先将全国财政收入与 GDP 的增长趋势挂钩，在预测总体财政收入规模与变化后，将其中具有稳定变化规律的中央财政收入提取出来，得到中央财政收入的总体趋势。具体测算原则为：根据中国分税制财政体制设计，在中央财政收入与地方财政收入同步增长的情况下，中央财政收入占全国财政收入的比重将按照年递增 0.8—0.9 个百分点的速度提高，提高至目标值 60% 左右。假设 2013 年中央财政收入比重达到 50%，之后每年递增 0.8 个百分点，至 2025 年实现中央财政收入占全国财政收入比重 60% 的目标，之后保持这一水平不变。从预测结果看，中央财政收入 2015 年为 7.37 万亿元，2020 年增长到 11.55 万亿元，相对 2015 年增长 0.56 倍；2030 年增长到 22.31 万亿元，相对 2015 年增

---

① 蒋云赟：《我国新型农村养老保险对财政体系可持续性的影响研究——基于代际核算方法的模拟分析》，《财经研究》2011 年第 12 期，第 10 页。

长 2.03 倍；2050 年达到 43.29 万亿元，相对 2015 年增长 4.88 倍。

四、基于财政适度负担水平模型的测算

财政用于社会保障支出的规模是有其限度的，即存在着财政适度负担水平问题。如果超过了适度水平，则会导致社会保障支出过多，削弱财政对其他领域的支付能力；但如果低于适度水平过多，则可能导致社会保障的"安全网"作用不能充分发挥，使弱势群体的生存受到影响，多数国民不能公平地享受到经济发展成果。[1] 所以对社会保障的财政适度负担水平进行测算是至关重要的。而养老保险是社会保障制度的重要组成部分，从所需资金量上构成了社会保障制度的核心。农村养老保险财政适度负担水平的测算模型为：

$$C_S = S_{CZ} \times Y_{SB} \times (I_1/I) \tag{7-3}$$

公式（7-3）中 C_S 为农村养老保险财政适度负担水平，S_{CZ} 为财政社会保障支出比重，Y_{SB} 为养老保险支出占社会保障支出比重，I_1 为农村老年人口数量，I 为全国老年人口数量。农村养老保险财政适度负担水平的测算思路是：首先，计算财政社会保障支出比重；其次，判断财政社会保障支出中用于养老保险的支出比重；最后，测算农村老年人口占全国老年人口的比重。在养老保险支出的人口构成中，包括农村老年人和城市老年人两类。从公平角度出发，假设需要给予两类人相同水平的养老金，则给付比例可以等同于两类人占全国老年人口的比重。农村老年人占全国老年人口比重决定了养老金在城乡的分配比例，表明养老保险支出总额中有多少份额养老金分到农村老年人手中。

从公式（7-3）可知，农村养老保险财政适度负担水平受到三方面因素的影响：

1. 财政社会保障支出比重

2012 年我国财政社会保障（含社保、就业、医疗）支出比重约为 15%，以此作为测算基数；目前发达国家的财政社会保障支出比重平均

---

① 贾宁、袁建华：《基于精算模型的"新农保"个人账户替代率研究》，《中国人口科学》2010 年第 3 期，第 102 页。

水平约为40%，我们将发达国家水平作为未来目标值，即2050年财政社会保障支出比重达到40%水平。对该比重的变化趋势进行判断和设计：初始期（2012—2020年）财政社会保障支出比重由15%逐步提高到20%；过渡期（2021—2030年）该比重由20%逐步提高到30%；完善期（2031—2050年）该比重由30%逐步提高到40%。

2. 养老保险支出占社会保障支出比重

该比重具有与财政适度负担水平同向变动的规律，但是该比重随经济发展水平和社会保障完善程度而逐步提高，达到一定标准后将维持在一个较为稳定的水平上。从国际经验来看，养老保险所需资金约占社会保障资金总额的一半，因此在公式（7-3）中设定该支出比重为50%。

3. 农村老年人口占全国老年人口比重

农村老年人口占全国老年人口比重越高则财政适度负担水平就越高[①]。

财政的社会保障支出能力与规模，从根本上取决于财政收入水平。以此为基础，设计中央财政与地方财政社会保障支出结构为：初始期（2012—2020年）二者的支出结构为5：5，过渡期（2021—2030年）二者的支出结构为5.5：4.5，完善期（2031—2050年）二者的支出结构为6：4。其中，中央财政适度负担水平计算公式为：

$$ZC_S = \frac{C_{ZS} \times C_S \times K_t^Z}{Z_{ZS}} \tag{7-4}$$

$t = 1, 2, 3$

公式（7-4）中，农村养老保险 ZC_S 为中央财政适度负担水平，C_{ZS} 为财政总收入，C_S 为农村养老保险财政适度负担水平；K_t^Z 为中央与地方社会保障财政支出结构比例，其中的上标 Z 表示社会保障支出中的中央财政比重；Z_{ZS} 为中央财政收入。t 取值1、2、3，分别代表初始期、过渡期和完善期三个阶段。

依据对2012—2050年中央财政收入的预测，可以对农村养老保险

---

① 刘昌平、郭婷：《财政补贴型新型农村社会养老保险制度研究》，《东北大学学报（社会科学版）》2009年第5期，第433页。

中央财政适度负担水平进行测算，得到结果如表7-1。

表7-1　农村养老保险中央财政适度负担水平

年份	中央财政适度负担规模 （依据中央与地方财政支出结构比例） （亿元）	中央财政 适度负担水平 （％）
2012	2364.90	4.08
2020	4939.04	4.72
2021	6459.72	4.80
2025	9132.12	5.23
2030	12909.80	5.79
2031	15333.84	6.13
2035	17550.60	6.32
2040	19876.30	6.17
2045	22248.70	5.96
2050	25727.30	5.94

资料来源：根据对中央财政的预测数据及公式（7-4）计算得出。

中央财政适度负担水平呈现出先上升后下降的趋势。在初始期（2012—2020年），财政适度负担水平由2012年的4.08%上升到2020年4.72%，总体上升了0.64个百分点。在过渡期（2021—2030年），由2021年的4.80%上升到2030年的5.79%，总体上升了0.99个百分点。在目标期（2031—2050年）财政适度负担水平呈现稳中有降的变化态势，由2031年的6.13%下降到2050年的5.94%，总体下降了0.19个百分点。

五、农村基础养老金的中央财政负担水平

1. 农村基础养老金中央财政负担模型及现实水平

某一年度农村基础养老金的中央财政负担水平=（中央财政对东部地区农村基础养老金每人每月补贴额×12×东部地区农村60岁以上老人数+中央财政对中西部地区农村基础养老金每人每月补贴额×12×中西部地区农村60岁以上老人数）/中央财政收入。其测算公式（7-5）为：

$$SF_i^z = \frac{JY_k \times 12 \times NL_i^k}{S_i^z} \tag{7-5}$$

$i = 2012，2013，\ldots，2050；k = 1，2$

公式（7-5）中，SF_i^z 表示农村基础养老金的中央财政负担水平；JY_k 表示中央财政对农村基础养老金的每月补贴额，当 $k=1$ 时，表示中央财政对东部地区农村基础养老金人均月补贴额，当 $k=2$ 时，表示中央财政对中西部地区农村基础养老金人均月补贴额；NL_i^k 表示农村 60 岁以上老人数，其中当 $k=1$ 时表示东部地区，当 $k=2$ 时表示中西部地区；i 表示具体年份；S_i^z 表示中央财政收入。

2. 农村基础养老金动态调整下的中央财政负担模型及水平预测

设计农村基础养老金动态调整下的中央财政负担模型，主要考虑中央财政所能提供的养老金在农民养老中发挥的作用。养老作用的衡量标准是替代率，包括养老金总替代率和中央财政补贴替代率。[1] 依据经验，农村老年人的土地和子女供养能够提供约 10% 的替代率，同时替代率为 60% 时老年人达到合意的养老水平，因此设定农村养老金替代率为 50%。从未来发展目标来看，农村个人账户部分应提供 25% 的替代率，因此余下 25% 的替代率需由中央财政和地方财政的补贴提供。财政补贴的原则是，前期阶段由中央财政支付大部分补贴，地方财政提供小部分补贴；后期阶段中央财政补贴规模将大幅度下降，而地方财政的补贴规模应大幅度提升。现实情况表明，当前财政补贴的替代率距 25% 的目标替代率有很大差距，因此根据现阶段农村实际替代率结构以及未来财政补贴的原则，可对替代率进行如下假设：初始期（2012—2020 年）农村基础养老金总替代率为 8%，其中中央财政补贴替代率为 6%，地方财政补贴替代率为 2%；过渡期（2021—2030 年）的总替代率由 9% 提高到 12%，其中 2021 年中央财政补贴替代率为 7%，地方财政补贴替代率为 2%，此后逐渐提升，到 2030 年中央财政补贴替代率为 9%，地方财政补贴替代率为 3%；目标期（2031—2050 年）的总替代

---

① 华黎：《农村养老保险的财政学分析：基于城乡社会保障统筹视角》，《财政研究》2010 年第 3 期，第 17 页。

率由12%提高到25%，其中2031年中央财政补贴替代率为9%，地方财政补贴替代率为3%，此后逐渐提升，到2050年中央财政补贴替代率为10%，地方财政补贴替代率为15%。

对动态调整后的农村基础养老金中央财政负担水平测算方法如公式（7-6）所示：

$$ZC_{DT} = \frac{DT_J \times I_1 \times \frac{TZ_t}{TJ_t}}{Z_{ZS}} \tag{7-6}$$

$t = 1, 2, 3$

公式（7-6）中ZC_{DT}为动态调整后的农村基础养老金中央财政负担水平，DT_J为动态调整的农民人均年均基础养老金，I_1为农村老年人口数，TZ_t为中央财政补贴替代率，TJ_t为基础养老金总替代率，Z_{ZS}为中央财政收入。t取值1、2、3，分别代表初始期、过渡期和目标期三个时期。根据替代率假设以及中央财政收入预测结果，能够测算农村基础养老金动态调整下的中央财政负担水平。测算结果见表7-2。

表7-2 农村基础养老金动态调整下的中央财政负担规模及水平

阶段	年份	调整后的农村基础养老金总额（亿元）	根据替代率应由中央财政负担的基础养老金（亿元）	基础养老金调整后的中央财政负担水平（%）
初始期（2012—2020年）	2012	764.53	573.39	0.99
	2013	874.19	655.64	1.00
	2014	996.81	747.61	1.00
	2015	1130.91	848.18	1.15
	2020	2017.22	1512.92	1.31
过渡期（2021—2030年）	2021	2198.44	1714.78	1.27
	2025	3444.03	2686.35	1.54
	2030	5998.15	4498.61	2.02

阶段	年份	调整后的农村基础养老金总额（亿元）	根据替代率应由中央财政负担的基础养老金（亿元）	基础养老金调整后的中央财政负担水平（%）
目标期（2031—2050年）	2031	6567.09	4925.32	2.03
	2035	9406.48	6181.48	2.22
	2040	13407.80	7469.24	2.32
	2045	18822.90	8889.18	2.38
	2050	28366.00	11356.10	2.62

资料来源：根据农村基础养老金调整数据、中央财政收入预测数据及公式（7-6）计算得出。

农村基础养老金动态调整下的中央财政负担水平表现出在波动中总体上升的趋势。在初始期（2012—2020年），农村基础养老金财政负担水平由2012年的0.99%上升到2020年1.31%，总体上升了0.32个百分点；在过渡期（2021—2030年），出现一定波动，但总体保持了上升趋势，由2021年的1.27%上升到2030年的2.02%，总体上升了0.75个百分点；在目标期（2031—2050年），农村基础养老金中央财政负担水平出现了缓慢的提升，由2031年的2.03%上升到2050年的2.62%，总体上升了0.59个百分点。

六、中央财政负担水平适度性检验

农村基础养老金动态调整后，中央财政负担出现了比较明显的上升趋势，这种上升趋势能够达到何种水平，是否对中央财政的承受力构成影响？这些问题都要求对基础养老金的中央财政负担水平做出适度性检验。农村基础养老金动态调整下的中央财政负担水平的适度性检验公式为：

$$ZC_S - ZC_{DT} \geq 0 \quad 或 \quad ZC_S - ZC_{DT} < 0 \tag{7-7}$$

公式（7-7）中 ZC_S 为农村基础养老金中央财政适度负担水平，ZC_{DT} 为调整后农村基础养老金中央财政负担水平，当二者的差额大于等于零时，通过适度性检验，表明中央财政可以承受；当二者差额小于零时，未通过适度性检验，表明中央财政不能承受。[①] 测算结论如表7-3所示。

表7-3 农村基础养老金动态调整下的中央财政负担水平适度性检验

阶段	年份	中央财政适度负担水平 ZC_S（%）	农村基础养老金调整后中央财政负担水平 ZC_{DT}（%）	中央财政适度负担水平与农村基础养老金调整后负担水平的差额 ZC_S-ZC_{DT}（%）
初始期（2012—2020年）	2012	4.08	0.99	3.09
	2013	4.13	1.00	3.13
	2014	4.25	1.00	3.25
	2015	4.34	1.15	3.19
	2020	4.72	1.31	3.41
过渡期（2021—2030年）	2021	4.80	1.27	3.53
	2025	5.23	1.54	3.69
	2030	5.79	2.02	3.77
目标期（2031—2050年）	2031	6.13	2.03	4.10
	2035	6.32	2.22	4.10
	2040	6.17	2.32	3.85
	2045	5.96	2.38	3.58
	2050	5.94	2.62	3.32

资料来源：根据表7-1和表7-2相关数据计算得出。

从表7-3和图7-1可知，在适度性检验结果中，差额大于零，通过检验。从图7-1中可以发现，在2012—2050年间，农村基础养老金动态调整下的中央财政负担水平远低于中央财政适度负担水平，且二者差距较为稳定。在初始期（2012—2020年），中央财政适度负担水平与农村基础养老金调整后中央财政负担水平的差额，由2012年的3.09个

① 边恕、孙雅娜等：《养老保险缴费水平与财政负担能力———以辽宁养老保险改革试点为例》，《市场与人口分析》2005年第3期，第14页。

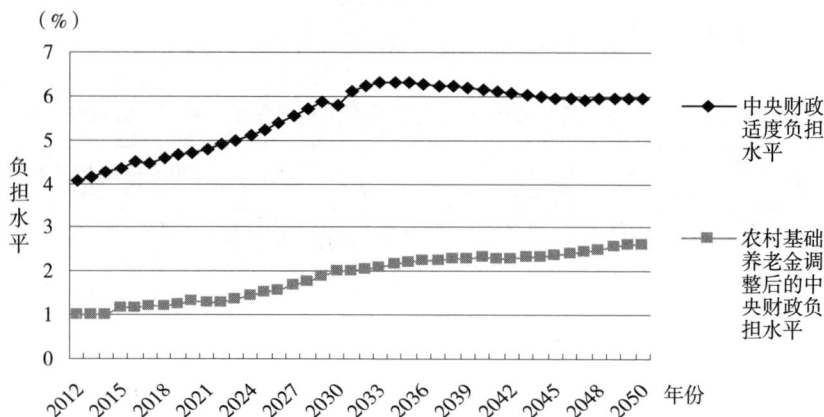

图 7-1　农村基础养老金动态调整下的中央财政负担水平适度性检验

资料来源：根据表 7-3 结论绘制得出。

百分点上升到 2020 年的 3.41 个百分点，上升 0.32 个百分点；在过渡期（2021—2030 年），二者差额出现了缓慢增长，由 2021 年的 3.53 个百分点上升到 2030 年的 3.77 个百分点，上升 0.24 个百分点；在目标期（2031—2050 年），二者差额变动平稳，略有下降，由 2031 年的 4.10 个百分点下降到 2050 年的 3.32 个百分点，下降 0.78 个百分点。从二者差距的总体态势来看，2012—2050 年间始终保持 3—4 个百分点的水平上，变动非常稳定。

我国实行的新农保改变了我国农民几千年来的传统养老模式，在中国社会保障发展史上具有里程碑意义。新农保是由农民个人缴费、集体补贴、政府补助共同筹集资金，在农民符合领取条件后按照国家相关规定从新农保积累基金中领取养老金，以保障农民老年基本生活的一种制度安排。新农保的成败关键在政府，尤其是中央政府的作用是非常关键的。

老农保的失败和新农保的快速发展很重要的原因就在于政府是否切实履行了相应的财政责任。财务责任是政府责任的集中体现，中央政府合理的财务承担是新农保制度可持续运行的关键。

农村基础养老金需要设立动态调整机制，以克服因物价及收入水平变动所带来的养老水平下降问题。参考国际经验，设计与 CPI 增长率、人均纯收入增长率相挂钩的调整机制，可以得到农村基础养老金的未来给付水平。其规模逐渐超过未经调整的养老金额度，且二者差距有加速扩大的趋势。通过构建中央财政对农村基础养老金的适度负担水平模型，可知中央财政能够承担较大的农村养老金支付责任。动态调整后的农村基础养老金总体规模、占中央财政的负担比重显著提升，但与中央财政适度负担水平相比，尚有很大差距，且变动幅度非常稳定，表明中央财政对动态调整后的农村基础养老金仍有很强的负担能力。

第二节　城乡保中央财政普惠型 给付的适度性

城镇居民社会养老保险（简称"城居保"）和新型农村社会养老保险（简称"新农保"）在合并后，形成了具有城乡统筹性质的新的居民养老保险制度，称为城乡居民基本养老保险（简称"城乡保"）制度。中央财政普惠型给付是当前制度的主要亮点，也是吸引居民加入该制度的主要原因。从与居民粮食消费及城乡居民的收入与消费的比较来看，中央财政普惠型给付水平具有低起点和逐步上调的特点，是与制度发展规律及社会经济发展水平相适应的，具有相对的适度性。其目标定位决定了调整指数在近期只能是主要食品消费价格指数，在长期可能会在逐步扩充食品种类的基础上，调高调整指数水平。国际经验表明，普惠型养老金制度具有明显的正外部性，其占各国财政支出的比例对我国也具有参考价值。以国际经验为参照，我国的中央财政普惠型给付将具有更大的调整空间，并且在财政支出结构进一步优化的前提下，具有更大的承担潜力。

养老保险一元化是养老保险体系建设的基本要求，近年来我国进行的养老保险制度改革已经体现了养老保险一元化发展趋势。2009 年国家建立新农保，填补了农村社会养老的空白，缩小了城乡养老保障差距；2012 年国家建立城居保，并于 2014 年实现了城乡居民养老保险制度统一，迈出了养老保险城乡整合的关键性一步。同时，2015 年国家提出机关事业单位养老保险制度"并轨"，借鉴城镇职工养老保险缴费模式和缴费水平，促进机关事业单位养老保险制度和城镇职工基本养老保险制度的统一。经过制度整合，目前中国社会养老保险体系由城镇职工基本养老保险和城乡居民基本养老保险两大板块构成。养老保险制度整合实践为养老保险城乡统筹提供了宝贵的经验借鉴，但在制度整合过程中也暴露出了问题：城乡居民基本养老保险制度如何定型，城乡居民基本养老保险筹资如何由中央和地方财政分担，随着城乡居民收入水平和消费需求提高，养老保险缴费水平如何确定，这都是城乡居民基本养老保险制度面临的关键性问题。

一、城乡保制度设计与前期研究

2009 年 9 月国务院发布《关于开展新型农村社会养老保险试点的指导意见》（国发〔2009〕32 号），决定开展新型农村社会养老保险试点，并提出 2020 年之前基本实现对农村适龄居民全覆盖的思路。2011 年 6 月国务院发布《关于开展城镇居民社会养老保险试点的指导意见》（国发〔2011〕18 号），并于 2011 年 7 月正式启动试点工作，于 2012 年实现了制度全覆盖。2014 年 2 月 7 日国务院总理李克强召开国务院常务会议，听取关于 2013 年全国人大代表建议和全国政协委员提案，决定合并"新农保"和"城居保"，建立统一的城乡居民基本养老保险制度，使城乡居民的养老保险制度由分散走向了统一。2014 年 4 月根据国务院相关文件规定，原来的城镇居民社会养老保险制度和新型农村居民社会养老保险制度合并，形成一个城乡统筹下的新的居民养老保险制度——城乡居民基本养老保险制度。该制度在秉承了原来两项制度的基本原则和内容基础上，保持了中央财政普惠型给付的规定。确立并保持财政资金在制度中的重要地位，是该项制度的闪光点，将为保障居民的养老金水平及制度的可持续运行提供重要前提。

1. 城乡保的适度水平理论

城乡居民基本养老保险是城乡居民在年老失去劳动力之后的生活来源和基本生活保障之一，其作用就是用来保障劳动者在年老之后的基本生活，并为其提供基本保障，让劳动者在年老之后不必担心自己的基本生活出现问题，基础养老金至少应满足城乡老年人最基本的生存需求。城乡居民基本养老保险基础养老金政府财政补贴是建立在生存公平这一理论基础上，城乡居民养老保险待遇领取人员应为城乡 60 周岁及以上老年人口。

对于养老保险的适度水平，学术界有不同的解释，养老保险的适度水平要结合实际情况具体分析。我国学术界已经对我国的养老保险适度水平进行了一些相关研究，研究中指出：城乡居民养老保险适度水平要设定在一个合适的界限和范围当中，应该充分结合当前社会发展和国家财政的力量，考虑到人口结构等众多因素对其影响，进而来调整适度水平。

《国务院关于建立统一的城乡居民基本养老保险制度的意见》（国发〔2014〕8 号）中指出：我国城乡居民基本养老保险指导方针之一就是要保障居民的基本生活。但是保障基本生活的标准要取决于城乡居民的基本生活需求。随着社会的不断进步，人们的基本生活需求已经不仅仅局限于温饱，还需要有一定的娱乐等精神方面的需求。在基本的生活需求当中，包括衣食住行等方面的支出，也包括了参与各种娱乐消费等活动的支出。因此在考虑城乡居民基本养老保险给付水平时，应该限定一定的支出界限。针对老年人的基本生活需求来看，需求可以分成两种：一种是生存方面的，也就是说要保证老年人能够"吃饭"的基本生活需求，这是养老金给付的下限。第二就是涉及交通、住房等方面的需求，这是养老金给付的上限。在对这些概念进行研究的过程中，我们应当意识到除了要保证生存公平这一原则之外，实际上还有多种需求需要解决，比如如何缩小城市和乡村之间的差距等。综上所述，城乡居民养老金给付水平的确定标准首先要符合生存公平的原则，更要保证老年人的基本生活，养老金的数额既不能太高也不能太低。

2. 城乡保制度筹资给付模式

城乡保继承了新农保和城居保的筹资给付模式，中央要求各地应当根据当地实际情况提高基础养老金标准，进一步健全参保缴费激励机制，积极引导参保居民选择更高档次缴费，增加个人账户积累，逐步提高养老保障水平，促进城乡居民基本养老保险制度可持续发展。

从资金分担格局来看，中央财政和东部地区的地方财政分别各承担50%的基础养老金，而中西部地区的基础养老金则全部由中央财政承担。个人账户养老金则由城乡居民个人缴纳的保险费、集体补助及地方财政补贴组成，实行年度数额缴费制，每年城乡居民在100—2000元12个缴费档次中自由选择缴费档次（档次划分为100元、200元、300元、400元、500元、600元、700元、800元、900元、1000元、1500元、2000元），地方财政则向缴费者的个人账户提供每年不少于30元的补助（2015年后提高为不少于50元）。

3. 城乡保制度对财政收支的影响

国际上规定，当一个国家或地区65岁以上的老年人口比例达到7%时，该国家或地区就进入了老龄化社会。2019年我国65岁以上人口比重为12.57%，说明我国已进入老龄化社会。2019年我国城镇人口所占比重为60.60%，农村人口所占比重为39.40%。人口老龄化加剧导致一系列的经济和社会问题，其中较为明显的主要体现在劳动力供需关系、养老保障、医疗保障等领域，最后表现在财政收支方面。生育率的下降、人口预期寿命的延长，作为人口老龄化加剧的两大因素，造成我国社会保障财政负担的加剧。较低的社会保障支出不足以体现出社会保障制度的功能，但是较高的社会保障支出却会加剧我国财政的负担。

首先，人口老龄化的加剧导致劳动力供给与需求脱节，甚至出现劳动力短缺现象，不利于我国经济长远发展，进而影响到我国财政收入；其次，人口老龄化的加剧导致退出劳动力市场的人数明显大于进入劳动力市场的人数，从而导致个人所得税收入大打折扣，同样降低了我国财政收入能力。而为了解决人口老龄化带来的问题，政府往往会将更多的资金投入到养老、医疗等保障领域，进而导致财政支出规模的增加，威胁着我国财政的可持续性。[①]

二、城乡保发展现状

1. 城乡统筹参保意愿提高

我国农村居民人均收入水平逐年提高，这就意味着农民收入有了一定的参保支撑能力，农民可以将一部分收入用于养老保险的缴纳当中。随着经济和城乡融合的快速发展，越来越多的农民观念发生转变，养儿防老的传统观念也逐渐趋向弱化，更多的农民希望能够实现自我养老。国家近年来带给农民的各方面保障让农民深有体会，因此农村居民相比过去参保意愿显著提高。

与此同时，城镇居民一直以来观念意识超前，且越来越多的子女因为工作原因远离了父母身边，加上国家养老保险政策的宣传，更多人主动选择去参加养老保险。因此，社会养老保险制度城乡统筹深受许多城镇居民的欢迎。

2. 城乡统筹存在的问题

我国的社会养老保险制度在政策上实现了覆盖全部居民，但是在实际操作的过程中可以发现还有以下问题。

（1）参保人数与统计的覆盖率不相对应，实施效率较低

主要表现两个方面：一方面是宣传力度不足，不能做到制度全覆盖。很多偏远地区的农民尤其是部分老年人不了解政策、甚至误解养老保险制度，导致养儿防老与依靠土地养老的传统观念仍然难以改变，进而阻碍了社会养老保险制度城乡统筹的进程。另一方面表现为没有较好地利用信息网络，在养老保险保障过程中，多省市数据没有上传至网络中，数据不够公开透明。现在很多农村已经做到了信息网络覆盖，但是与养老保险相配套的设备、网点都没有落实到位。

（2）保障存在不公平

居民的保障水平上，多缴多得与长缴长得又会促使保障水平出现高

---

① 张鹏飞、苏畅：《人口老龄化、社会保障支出与财政负担》，《财政研究》2017年第12期，第33页。

低不均的情况，资金也很难从收入较高的人群流向收入较低的人群。尽管我们推行城乡统筹的养老保险制度，打破了户籍差异为养老保障带来的壁垒，事实上，城镇与农村依旧存在经济与社会发展上的差距，资金充裕的居民可能会参选城乡保中保障较高的档次，但资金不充足的居民尤其是农村居民，更多地会选择较低的保障标准甚至是逃避参保。长此以往会出现保障水平参差不齐的情况。

（3）统筹发展不协调

养老保险制度是社会保障体系里的一个重大分支，我国也把这一制度当成衡量民生工作是否落实的标准，当前虽然实施了统一的城乡居民养老保险制度，但从整体来看还是不尽如人意：一是表现在制度方面，尽管已从身份上破除了城市与农村的户籍区别，但仍然改变不了惯性带来的影响，许多偏远地区养老保险依旧没有覆盖到位，城乡仍然存在极大的差异。二是表现在管理方面，很多省份只是从宏观上执行了这个政策，在管理上尚未完全达到省级统筹，尤其是很多农村地区依旧只是县级在统筹，制度整合并不完善，发展尚不协调。

三、城乡保制度下中央财政普惠型养老金给付水平分析

1. 国家财政承受能力

确定城乡保普惠型养老金中央财政给付的适度性水平，中央财政才能在财政可承受范围内推行这一制度，从而在全国范围解决农村居民的养老问题。当然，这样做必然对国家财政带来不小的压力。

2. 工业反哺农业

国家为全国农民建立普惠型养老金制度是工业反哺农业和回报农民的必然趋势。新中国成立后，我国为早日实现工业化，优先发展重工业，农民为国家实现工业化作出了重大牺牲，农村现有 65 岁以上的老年人都是当年这一制度下的付出者，他们应该享受政府财政反哺。但是，由于我国综合国力不足，长期以来没有建立农民的养老保障制度。现在我国已经具备了工业反哺农业的能力，在农村实行普惠型养老金制度，对于享受普惠型制养老金待遇的农村老年人，发放养老金的唯一根据就是其年龄，在全社会有很高的共识度，符合民心，也符合中国的

现实。

3. 实施意义

普惠型养老金制度填补了我国农村社会保障体系的空白。长期以来，我国农村社会保障明显落后于城市社会保障，在广大农村地区，"养儿防老"曾经是农民的主要养老方式。普惠制养老金制度，填补了农村社会保障体系的空白，改变了农民单纯依靠个人家庭养老的模式，对解除农民后顾之忧，提高农民生活水平，促进农村消费，具有重大积极意义。[①]

4. 基于最低营养水平的城乡居民基本养老需求测算

（1）基本生活需求界定

基本生活需求，即人们在物质上的基本生活需求，通常指衣食住行方面的成本。无论是城镇还是农村，食品的消费支出是人们支出的重要部分，占总支出比重大。人步入老年后，对穿着的需求减少，一般开支不大，而且通过一生的奋斗，老年人基本实现了居有定所，通常不会再新建或购买新住房，而且老年人的交通花销比工作时期要减少很多。基于此，本节认为老年的基本生活性支出主要为食品支出。食品支出分为食品的现金和非现金支出两部分。食品的非现金支出，是指不用自己的现金即可获得的食品方面的支出，子女供给的食品、自主生产的粮食以及集体补助的粮食等。故满足老年人的食品现金消费支出是城乡居民基本养老保险保障农民基本生活需求的基本要求。

生存需求支出即维持生存所需的所有费用支出。对城乡保制度的基础养老金一直是存在争议的，大多数观点认为这一保障水平过低，应该用更加客观和科学的办法来确定老年人现实的养老需求。方法之一就是热量支出法。热量支出法的测算步骤为：首先找出居民维持生存所必需的每日最低热量摄入量，再将每日最低热量摄入量与每日食品摄入量进行换算，最后将食品摄入量与食品平均价格相乘即可得出居民每日维持生存所需费用水平。中国营养学会将每日摄入的热量分为低、中、高三

档，分别为 1800 千卡、2200 千卡、2400 千卡，考虑到老年人从身体机能上对热量的摄入是较低的，但又与当前较高的物质水平相一致，因此不能选取最低的热量摄入值，而应该是一个中低水平的热量；同时参考中国营养学会对不同年龄段老年人每日热量需求的估算，如 60—69 岁老人每日所需能量为 1700—2500 千卡，70—79 岁老人为 1600—2000 千卡，80 岁以上的老人为 1400—1600 千卡，因此本节将老年人每日所需热量统一设定为 2000 千卡。

表 7-4　热量组合中各类食品的零售价格

单位：元/公斤

	2005 年	2006 年	2007 年	2008 年	2009 年	2010 年	2011 年	2012 年
粮食	2.80	3.62	3.78	3.96	4.34	4.86	5.43	5.69
豆类及豆制品	2.25	2.83	2.95	4.27	4.05	4.40	4.57	4.66
油脂	6.77	7.52	7.68	9.42	7.33	7.43	8.52	8.95
肉禽	14.97	18.14	20.48	25.17	23.48	23.77	29.94	30.57
蛋	5.49	6.64	6.34	6.42	6.69	7.49	8.58	8.33
水产品	11.74	12.52	13.37	14.59	15.20	16.29	18.35	19.82
鲜菜	1.54	1.92	2.15	2.14	2.63	3.19	2.91	3.37
水果	2.75	3.01	2.78	2.92	3.28	3.57	3.98	3.98
奶类及奶制品	4.70	4.54	4.75	5.88	5.88	6.06	6.31	6.51

资料来源：根据中华人民共和国国家统计局编《中国统计年鉴》（中国统计出版社 2006—2013 年版）相关数据和中国营养学会官网（www.cnsoc.org.cn/asp-bin/GB）相关数据整理得来。

根据营养学会提出的固定热量下的食品组合，每日 2000 千卡热量摄入下的食品换算成每年摄入量，分别为粮食 100.38 公斤，豆类及豆制品 12.78 公斤，油脂类产品 9.31 公斤，肉禽产品 22.82 公斤，蛋类 13.88 公斤，水产品 22.82 公斤，鲜菜 129.15 公斤，水果 59.32 公斤，奶类及奶制品 77.57 公斤。

表7-5　基本食品支出额及粮食消费额

单位：元

	2005 年	2006 年	2007 年	2008 年	2009 年	2010 年	2011 年	2012 年
年支出额	1785.17	2040.07	2160.13	2441.92	2521.53	2725.22	3005.24	3155.87
月支出额	149	170	180	203	210	227	250	263
2000 千卡下的粮食支出额（月额）	23	30	32	33	36	41	45	48
按每月 30 斤的粮食支出额（月额）	42	54	57	59	65	73	81	85

资料来源：根据表7-4数据计算得出。

　　根据食品营养组合及各类食品的单价，可以估算出养老需求的基本食品支出额，该指标年度数值由 2005 年的 1785.17 元，逐步提高到 2012 年的 3155.87 元，按月计算则由 2005 年的每月 149 元，提高到 2012 年的每月 263 元。在 2000 千卡的食品组合下，粮食单项支出额由 2005 年的每月 23 元逐渐提高到 2012 年的每月 48 元，但这是没有考虑到同时摄入的其他食品的情况。如果其他项目的食品摄入不足，则单凭该水平的食品支出是不能有效保障居民生存的。因此，可以考虑按照每日 1 斤粮食这种传统思考模式下的结果，则每月就约消费 30 斤粮食，如果将粮食支出作为保持生存的唯一条件，则粮食支出 2005 年每月为 42 元，到 2012 年提高到每月 85 元。从平均水平看，与我国 2009 年开始实施新农保制度时设定的基础养老金是非常接近的，因此可以认为中央政府设计基础养老金时应该主要是以每月粮食支出额作为参考的。

　　5. 基于城乡居民收入、消费及其差额的普惠型养老金适度性分析

　　收入和消费的差额代表了居民还有多少资金剩余，这是满足居民安全需要的重要指标，也反映了居民生活满意度和自我发展空间的大小。从 2009 年起基础养老金占城镇居民收支余额的比重为 13.44%，此后比例逐年下降，到 2012 年下降到 8.36%。总体来看，历年的平均值约为 10% 左右；基础养老金占农村居民收支余额的比重由 2009 年的 56.91% 逐渐下降到 2012 年的 26.38%，从连续各年的平均水平看约为百分之四十。

表 7-6　城乡居民收支状况及基础养老金占收支差额的比重

		2009 年	2010 年	2011 年	2012 年
城镇居民	收入（元/年）	17174.7	19109.4	21809.8	24564.7
	消费（元/年）	12264.6	13471.45	15160.89	16674.32
	收入与消费的差额（元/年）	4910.1	5637.95	6648.91	7890.38
	普惠型养老金占收入与收支差额的比重（%）	13.44%	11.71%	9.93%	8.36%
农村居民	收入（元/年）	5153.2	5919	6977.3	7916.6
	消费（元/年）	3993.45	4381.82	5221.13	5414.47
	收入与消费的差额（元/年）	1159.75	1537.18	1756.17	2502.13
	普惠型养老金占收入与收支差额的比重（%）	56.91%	42.94%	37.58%	26.38%

资料来源：根据中华人民共和国国家统计局编《中国统计年鉴》（中国统计出版社 2010—2013 年版）相关数据计算得出。

如果从收入或消费无论哪一指标来单独考察，则基础养老金的给付都是很低的，但是如果从城乡居民收支差额来衡量，则可以发现占居民资金剩余的比例并不算低，尤其是占农村居民的收支比例保持在较高的水平上，相对于城镇居民而言，制度带给农村居民的满足感会更高。即使对收入较高的城镇居民，基础养老金也占收支差额约十分之一的比重，可见基础养老金给付水平从居民资金剩余角度来看，还是相对适度的。

四、城乡保制度下中央财政普惠型养老金给付的指数化调整

1. 指数的调整

调整指数一般要参考物价指数及人均收入增长率，但鉴于普惠型给付的特点，需要设计与其特点相符的调整指数，考虑到普惠型给付的设计初衷，最可能的调整指数是以主食（米、面类主食）为代表的食品消费价格指数。在未来，随着收入和消费水平的逐步提高，及财政支出结构的转变，蔬菜类及肉类消费品会成为调整指数的构成因素。

因为城乡保基础养老金保障的是居民的基本生存需求，现实的给付

水平就表明了其政策定位，因此养老金给付水平调整所要瞄准的参数只能是直接关系到居民生存的食品类商品。粮食价格变动率可以作为普惠型基础养老金调整的首选参考指数。2005—2012 年我国粮食价格的年上涨率平均为 10.7%，假设以这一增长率作为未来短期内城乡保基础养老金的调整指数；第二个可供参考的调整指数是在粮食的基础上，再加入鲜菜和油脂类产品，2005—2012 年以上商品价格的平均上涨率为 7.1%；第三个调整指数就是在以上商品的基础上，再加入肉禽和蛋类产品的价格变动率，2015—2012 年以上商品的价格平均上涨率为 8.78%。

2. 指数的设计

在对基础养老金的给付调整指数进行设计时，可以假设以上三种调整指数在未来短时期内依然保持平均的上涨率，在结合当前普惠型给付的养老金水平基础上，就能够对未来一段时间内的普惠型养老金给付水平进行预测。因为 2015 年我国城乡保基础养老金已经由每月 55 元上调到每月 70 元，因此以 2015 年为测算起点，对以后各年度指数化调整后的普惠型养老金给付水平进行估算。结果如表 7-7 所示。

表 7-7　基础养老金指数调整方案

单位：元/月

指数调整方案	2015 年	2016 年	2017 年	2018 年	2019 年	2020 年
方案一	70	75.6	81.6	88.2	95.2	102.9
方案二	70	75.0	80.3	86.0	92.1	98.6
方案三	70	76.1	82.8	90.1	98.0	106.6

注：2015 年之后的给付水平是按照三种指数调整后的结果。其中，"方案一"是指钉住粮食价格变动率；"方案二"是指钉住粮食、鲜菜、油脂类产品价格变动率；"方案三"是指钉住粮食、鲜菜、油脂类、肉禽、蛋类产品价格变动率。
资料来源：根据中华人民共和国国家统计局编《中国统计年鉴》（中国统计出版社 2006—2013 年版）中价格指数平均值计算得出。

基础养老金的性质决定了调整指数只能钉住基本食品，同时还要兼顾经济发展总体指标，根据这个原则可以设计三个调整阶段。在当前为第一阶段，选取方案一来实现近期目标；随着制度的进一步完善，进入第二阶段，选取方案二来实现中期目标，尽管方案二与同期方案一相比，给付金额是较低的，但是由于两种调整机制具有时间的继起性，实际上是方案一结束后继之以方案二，因此不会引起给付绝对额的降低。在制度基本成熟后，进入第三阶段，用方案三来实现远期目标，以保证给付水平与经济发展和老年居民养老需求相适应。

五、普惠型养老金给付的国际经验及我国中央财政负担的可行性

从国际经验看，普惠型的养老金项目一般以非缴费型养老金的形式出现，采取中央政府直接管理或委托社会保险经办机构等组织实施。年度平均支出额度控制在该国 GDP 的 1% 左右，一般不超过 2%。

如果以国际经验为参照标准，则中国的普惠型养老金给付的总水平在绝对量上将是巨大的，2009 年是我国开始实施新农保的起始年份，2010 年开始实施城居保，由两个制度组合而成的城乡保真正开始运行是 2014 年 4 月份，这就给测算普惠养老金支付水平造成了困难，因此为了说明问题并且寻求计算的简便，本节测算起始年份设为 2009 年，即默认该年为普惠型养老金给付开始实施的起始年，因为由此计算出的结果一定是大于现实数值的，在考察极大值前提下，如果发现中央财政对此可以承担，则低于这一标准的给付总量就更可以承受了。

2009 年我国的 GDP 总量为 34.05 万亿元，到 2012 年 GDP 总量增长到 51.89 万亿元，如果按照国际经验中 1% 的 GDP 占比来计算的话，同期应该用于普惠养老金支付的资金量将由 2009 年的 3405.069 亿元增长到 2012 年的 5189.421 亿元。从历年的经验看，我国 GDP 增长的同时财政收入也相应增长，并且二者的比例关系比较固定：2009—2012 年 1% 的 GDP 平均约占中央财政收入的 9.3%。在这样的总体资金量下，可以计算城乡居民普惠型给付的养老金理论水平，这是每个居民所能获得的潜在养老金水平。该水平主要受到三个参数的影响：全国城乡 60 岁以上人口数、领取城镇企业职工基本养老保险金的人数、1% 的 GDP 额度。公式为：

$$TPO = \frac{GPA}{OPN - OWN} \qquad\qquad (7-8)$$

公式（7-8）中，TPO 为普惠给付的养老金理论水平，GPA 为 1% 的 GDP 额度，OPN 为全国城乡 60 岁以上人口，OWN 为领取城职保养老金的人数。

根据公式（7-8）可以得到 2009—2012 年城乡老年居民所可能得到的最大值的潜在养老金：2009 年为每月人均 210 元，2010 年为 238 元，2011 年为 278 元，2012 年为 302 元。从数量看，潜在养老金水平远远大于同期人均每月 55 元的给付，分别是现实数值的 4—5.5 倍。这说明相对于当前现实的普惠型养老金给付水平，中央财政是有很大承受空间的。

另一方面，中央财政收支状况也在很大程度上决定了中央财政的支出承受力。如果财政收支相抵或者有赤字，就谈不上进一步加大中央财政的负担水平。从现实的中央财政收支状况看，收支长期保持盈余，这就为提高普惠型养老金给付水平提供了资金面的可能性。其次需要判断具体的盈余规模及潜在养老金水平所带来的给付缺口是否是中央财政收支盈余部分能够承担的。中央财政收支差额承受比例的计算公式为：

$$FBP = \frac{(POL - ROL) \times (OPN - OWN)}{IED} \times 100\% \qquad (7-9)$$

公式（7-9）中，FBP 为中央财政收支差额承受比例，POL 为潜在养老金水平，ROL 为现实养老金水平，IED 为中央财政收支差额。根据公式（7-9），可以对 2009—2012 年中央财政收支差额承受能力进行估测。测算结果为，2009 年为 1.01%，2010 年为 0.97%，2011 年为 0.91%，2012 年为 0.95%。从中央财政收支差额承受的比例看，每一年的比例都处于极低水平，意味着中央财政资金的收支盈余在补充普惠给付缺口上是极具承受能力的。

在调整普惠养老金给付水平后，其所占中央财政收支差额的比重也会相应发生变化。给付水平的调整包括静态和动态两种方式，所谓静态调整是指，按照政策规定，每隔一段时间不定期地公布基础养老金标准；而动态性调整是指按照设计好的指数随时自动进行调整，例如以本节设计的三种指数化调整方案为例，在 2015 年之后普惠型养老金给付水平随指数而不断上升。如果以静态调整方式为例，根据人口老龄化速率，2015 年 60 岁以上城乡老年居民（不含领取城职保养老金人员）约为 1.5 亿，按照每人每月 70 元的普惠养老金给付标准计算，当年支出的基础养老金约为 105 亿元。假设经济发展的大趋势和财政收支结构不发生根本性变化，则 2015 年财政收支状况一定会优于 2012 年，我们以 2012 年财政收支状况作为分析基准，如果 2012 年能够承受调整后的普惠养老金给付，则可以认为 2015 年更具有承受普惠养老金给付的潜力。根据测算，2015 年的普惠养老金给付规模尽管增长较快，但是占 2012 年中央财政收支盈余的比重仅为 0.28%。从动态调整方式看，如果从 2015 年起按照本节设计的三个调整方案，一直实施到 2020 年，则 2020 年调整方案下的普惠给付占 2020 年中央财政收支盈余的比例分别为：方案一的比例为 0.41%，方案二的比例为 0.40%，方案三的比例为 0.43%。从以上分析可知，无论静态或动态的调整，只要选择的调整指数坚持中央财政"保基本"的政策初衷，则中央财政是完全有能力承担普惠型养老金给付责任的。

城乡保制度中基础养老金具有普惠给付性质。一般认为基础养老金的给付水平过低，不能真正满足农村老年人的养老需求，但是无论从社会保障"保基本"的政策初衷角度，或是居民每月粮食消费额及占其收支差额比例来看，基础养老金的初始给付水平还是具有一定适度性的，更何况今后会随经济发展而逐步调整水平。在调整方式上，最有可能的是钉住基本食品价格指数，由此得到的基础养老金总额在符合国际经验的前提下，中央财政是能够承受的。

城乡保覆盖面目标人群收入水平普遍偏低，城乡居民依靠自身能够得到的保障水平也较低。因此政府应对这部分人群提供更多的养老保障，即各级政府应对城乡保提供更多的财政支持，而这一财政支持主要体现在基础养老金部分。政府对城乡保基础养老金进行财政补贴，不仅是弥补城乡居民这一低收入人群社会保障不足的体现，更有利于实现收入再分配。具体的优点如下：

第一，有助于提升城乡保基础养老金的保障水平。应通过对城乡保基础养老金财政补贴机制进行适度性研究，设计科学合理的基础养老金调整方案，使各地基础养老金整体给付水平朝着适度区间健康均衡发展，从而逐步提升城乡保基础养老金的保障水平。

第二，有助于明确基础养老金财政补贴机制下中央与地方政府财政责任。通过重新定义基础养老金最低标准，重新划分财政补贴区域并确定基础养老金最低标准下中央与地方财政补贴分担比例，设计各地基础养老金最低标准与基础养老金增发部分调整方案，即可对各地基础养老金整体给付水平下中央与地方财政补贴总额进行测算，从而明确城乡保基础养老金财政补贴机制下中央与地方政府财政责任。

第三，有助于实现城乡保基础养老金财政补贴机制的公平化发展，实现生存公平与地区公平。生存公平是每一个公民都享有的基本权利，也是最应得到满足的权利，基于此对各地基础养老金适度下限水平进行测算和预测，即政府所承担的财政责任至少应满足当地城乡居民生存公平；而在对基础养老金最低标准适度水平测算的基础上，按照地方财政实力弱则中央财政补助多的原则，有助于缩小地区间差距，从而实现城乡居民养老保险基础养老金财政补贴机制的地域公平。

我国在推行城乡保制度的基础上，实行中央财政普惠型城乡保给付，解决农村老年人因贫困而无力维持基本生活的养老问题，中央财政普惠型城乡保给付适度水平对于我国实现城乡居民基本养老保障具有十分重要的意义。

第三节　城乡居民基本养老需求、调整机制及统筹方案

城乡保实现了制度有效供给的目标，但是在养老需求方面还缺乏深入的探讨，因此制度运行虽然取得了较大成效，但距离真正满足居民养老需求及实现该制度科学、可持续运行还存在待完善的空间。本节运用

ELES 模型对城乡居民基本养老需求水平进行定量分析，划分了需求的上、下限，得到了测算期（2002—2015 年）的城乡居民养老需求替代率。基于替代率，设计了居民养老金城乡统筹的三项方案：分别是"双下限"方案、"城下农上"方案和"双上限"方案。通过柯布—道格拉斯型调整函数，得到了三种方案下的物价与收入指数权重，并基于该结论对 2017—2050 年城乡居民养老需求进行了预测。结合城镇化率，测算了不同城镇化发展阶段所适用的养老金给付标准。

2009 年我国政府开展了新农保试点工作，2010 年开始建立城居保，两项制度运行之后迅速扩面，有力地推动了社会养老保险制度对全民的覆盖。由于两项制度在资金筹集、缴费档次、给付水平、补贴方式等环节具有趋同性，因此政府下发了《国务院关于建立统一的城乡居民基本养老保险制度的意见》（国发〔2014〕8 号）文件，于 2014 年实现了两项制度的整合，形成了城乡居民统一的基本养老保险制度，这是构建中国特色"全民养老安全网"的重要标志。该制度的运行卓有成效：第一，普惠型基础养老金给付制度运行稳定。城乡居民在达到 60 周岁以后，都可获得基础养老金给付。第二，基础养老金给付标准不断提高。到 2018 年起全国城乡保基础养老金最低标准提高至每人每月 88 元，从政策实际执行情况看，基础养老金实际水平远高于制度规定的最低标准，2015 年达到约 119 元/人/月。第三，参保人数增加明显。2015 年城乡居民参保人数已达 5.05 亿人。[①] 第四，各地区地方政府加大了对个人账户缴费的补贴力度。针对个人缴费提供累进式财政补贴，补贴水平普遍高于制度规定的 30 元/人/年的标准。

当前城乡保运行平稳，但也存在着对制度运行可能产生负面影响的一些问题，这些问题包括：基础养老金给付标准较低；给付标准的调整机制不明确；缺少与城乡社会经济共同发展的统筹思路。由于存在以上问题，政策目标更多地体现在制度的建立与扩面上，完成了制度"从无到有"并使其融入社会保障整个体系的任务；较低的养老金标准使

---

① 韩秉志：《去年城乡居民养老保险参保人数日均增 1 万人》，《经济日报》2016 年 3 月 27 日。

该制度实际只承担了城乡居民的部分养老责任；是否调整养老金主要取决于当期政策走向或财政资金充裕程度。从以上问题看，城乡保还有进一步完善的空间：要为基础养老金标准建立一个目标值，或者说是一种理论上的基准；要构建调整机制，使基础养老金的调整更加科学化和合理化；要在城镇化的不同阶段实现养老金给付水平的阶梯式提升，以满足城乡居民不断增长的基本养老需求。基于此，需要对现有的制度设计进行修正，以达到城乡保不断完善的目的。

一、基本概念

城乡保的完善需要考虑居民基本养老需求、与收入水平相挂钩的养老金替代率、与城镇化率相关联的城乡养老金统筹阶段等问题。

1. 城乡居民基本养老需求项目及水平

基本养老需求是指，为满足老年居民生存或基本生活的物质及精神产品需求。养老需求在纵向时序上是与青年时期的生活需求有密切关联的，但也并不是年轻时期需求的自然延伸，而是老年时期为维持生命延续并保持相对满意的生活质量所必需的核心生活支出；养老需求在横向截面上，因个人偏好或生活习惯的不同，具体项目有明显差异，但是其核心要素是保持基本不变的，即衣、食、住、医、文教娱乐等基本需求。在城乡养老需求上，尽管城镇居民和农村居民的生活条件、收入水平及消费习惯有较大差异，但在面临老年生活时普遍会选择具有相同性质的消费项目。养老保险制度的给付原则是"保基本"，因此本节将"基本养老需求"等同于"基本生活需求"。

2. 城乡居民养老金替代率

在分析养老金替代率时，要从收入与养老需求的角度判断替代率的合适水平，这就是养老需求适度替代率。替代率是衡量养老金水平和老年保障程度的关键性指标，学界对此存在多种解释，包括以本人退休前工资为基准的替代率、以社会平均工资为基准的替代率等。本节所使用的是需求替代率指标，指城乡居民基本需求支出与同期城乡人均纯收入的比值。基本需求具有多层次性，本节将多个需求层次加以合并，构成了以食品为基础的最低需求，称为"城乡居民食品需求"或者"城乡居民基本养老需求下限";以基本的物质和精神产品为基础的高等级需求,称为"城乡居民基本生活需求"或"城乡居民基本养老需求上限"。因此,城乡居民基本养老需求是由上、下限需求水平构成的一个空间。在这一前提下,养老需求适度替代率是指养老需求的上、下限分别与当期城乡人均纯收入的比值,二者构成了随时间变化而变化的动态替代率区间。

3. 城镇化水平及城镇化率

城镇化水平及城镇化率的提高对城乡居民基本养老需求将产生重大影响,其物质和精神产品在需求种类及数量上会出现趋同性。所谓城镇化,是指农村人口转化为城镇人口的过程,或者是人口持续向城镇集聚的过程,这一过程是工业化进程中必然经历的历史阶段;城镇化率是反映城镇化水平高低的重要指标,指一个地区常住城镇的人口占该地区总人口的比例。在城镇化进程中,随着城镇化率的不断提高,更多的农村居民将迁入城镇定居,其消费观念和水平会直接受到城镇居民的影响,并产生对养老需求的刺激效果。消费示范效应的存在,会推动城乡居民生活水平的均等化和消费结构的趋同化。从这个角度看,养老需求的变化会与城镇化进程产生比较密切的联系,城镇化将不仅是随经济发展和社会进步而出现的客观现象,而且会成为推动城乡居民养老需求提升和一体化的重要途径。

二、城乡保制度的特点及主要政策

城乡保制度的主要特点:一是个人缴费、集体补助、政府补贴相结合的三方资金筹集机制,明确了三方的责任,政策简明清晰。二是引入了财政补贴机制,而且在"出口"和"入口"两个方面都进行财政补贴:在"出口"方面,财政承担基础养老金支付责任;在"入口"方面,地方财政对个人账户提供资金补贴。[①] 三是基础养老金与个人账户养老金相结合的待遇支付机制,既保证了公平也实现了差异,有利于与

---

① 孙雅娜:《新型农村社会养老保险的财政资金分担水平研究》,《辽宁大学学报(哲学社会科学版)》2013年第4期,第62页。

城镇职工养老保险制度对接。四是中央政府制定了最低标准并提供相应补贴，地方政府根据自己实际情况在此基础上累加补贴，不仅可以发挥基础保障作用，也有利于体现不同地区之间的差异。

1. 财政补贴政策

中央财政补"出口"（基础养老金），政府对符合领取城乡保待遇条件的参保人全额支付基础养老金，其中中央财政对中西部地区按中央确定的基础养老金标准给予全额补助，对东部地区给予 50% 的补助。鼓励地方政府适当提高基础养老金水平，所需资金由地方财政负担。地方财政补"进口"（缴费），对选择最低缴费档次的，补贴标准不低于每人每年 30 元；对选择较高档次的，适当增加补贴金额；对选择 500元及以上档次的，补贴标准不低于每人每年 60 元。

2. 参保缴费政策

坚持政策引导，自愿参保的原则。目前缴费档次为 100 元至 2000元共 12 个档次，各地可以根据实际情况增设缴费档次。参保人自主选择缴费档次，按年缴费，多缴多得。

3. 待遇计发政策

参加城乡保的个人，年满 60 周岁、累计缴费满 15 年，且未领取国家规定的其他基本养老保障待遇的，可以按月领取城乡居民养老保险待遇。需要强调的是，适龄城乡居民首先要按规定参保并履行缴费义务，才能享受相应的待遇。当地新农保和城居保制度实施时，已经年满 60周岁及以上人员，可以不缴费直接领取养老金，但不满 60 岁的，应当逐年缴费，如果不按规定参保缴费，就不能享受相应待遇。

4. 基金管理政策

城乡保基金纳入社会保障基金财政专户，实行"收支两条线"管理，单独记账、独立核算，基础养老金与个人账户的基金分账管理，个人账户基金不得用于发放基础养老金，逐步推进基金省级管理。

5. 个人账户政策

国家为每个参保人员建立终身记录的养老保险个人账户。个人缴费、政府对参保人的缴费补贴、集体补助及其他社会经济组织、公益慈善组织、个人对参保人的缴费资助，全部记入个人账户，完全积累，实账管理，权属个人。个人账户储存额按国家规定计息。参保人死亡，个人账户资金余额可以依法继承，不再剔除政府补贴。

三、城乡居民基本养老需求水平测定、适度替代率及方案设计

1. 城乡居民基本养老需求水平的测定及适度替代率

1973 年经济学家 C. Liuch 设计了扩展线性支出模型（ELES 模型）。[①] 该模型的形式是：

$$P_i q_i = P_i r_i + \beta_i (I - \sum_{j=1}^{n} P_j r_j) \tag{7-10}$$

式（7-10）中，P_i 指第 i 种商品的价格，q_i 指第 i 种商品需求量，r_i 指第 i 种商品的基本需求量，I 为收入，β_i 指第 i 种商品在整体消费中的比例，是除基本需求之外的超额消费。将式（7-10）变形为：

$$P_i q_i = P_i r_i - \beta_i \sum_{j=1}^{n} P_j r_j + \beta_i I + \mu_i \tag{7-11}$$

令

$$\alpha_i = P_i r_i - \beta_i \sum_{j=1}^{n} P_j r_j \tag{7-12}$$

将式（7-12）变形为

$$\sum_{i=1}^{n} \alpha_i = \sum_{i=1}^{n} P_i r_i - \sum_{i=1}^{n} \beta_i \sum_{j=1}^{n} P_j r_j \tag{7-13}$$

假设收入 I 分为储蓄和消费两部分，则设消费支出为 I'。$\sum_{i=1}^{n} P_i r_i$ 是居民基本需求，其公式为：

$$\sum_{i=1}^{n} P_i r_i = \sum_{i=1}^{n} \alpha_i + \sum_{i=1}^{n} \beta_i \times (I' - \sum_{i=1}^{n} P_i r_i) = (\sum_{i=1}^{n} \alpha_i + I' \sum_{i=1}^{n} \beta_i) \div (1 + \sum_{i=1}^{n} \beta_i) \tag{7-14}$$

《中国统计年鉴》中将城镇居民分为最低收入户、较低收入户、中

---

① Constantino Liuch, "The Extended Linear Expenditure System", *European Economic Review*, Vol. 4, No. 2 (1973), pp. 21-32.

等偏下户、中等收入户、中等偏上户、较高收入户、最高收入户七种类型，将农村居民分为低收入户、中低收入户、中等收入户、中高收入户和高收入户五种类型；将居民消费支出分为食品、衣着、居住、家庭设备及用品、交通通信、文教娱乐、医疗保健、其他商品共八类。本节利用相关年份的八类支出数据建立线性回归模型，估计参数 α_i 和 β_i，并将所求参数和当年纯消费支出 I' 代入式（7-14）来对我国城乡居民基本需求上限进行测算；同理，对城乡居民基本需求下限的判断来自食品消费，需要分别计算城乡食品消费的 $\sum\alpha_i$、$\sum\beta_i$，结合相关年份的食品消费支出，来求得城乡居民食品需求。结果如表7-8所示。

表7-8　城乡居民基本养老需求上下限及替代率

单位：元/人/月

年份	城镇居民养老需求下限：城镇居民食品需求	城镇居民养老需求上限：城镇居民基本生活需求	农村居民养老需求下限：农村居民食品需求	农村居民养老需求上限：农村居民基本生活需求
2002	78.76（12%）	254.01（40%）	34.36（17%）	76.42（37%）
2003	88.56（13%）	265.34（38%）	35.51（16%）	80.97（37%）
2004	105.06（13%）	296.08（38%）	42.66（17%）	91.03（37%）
2005	112.04（13%）	331.03（38%）	44.47（16%）	106.48（39%）
2006	119.47（12%）	360.13（37%）	45.32（15%）	117.87（39%）
2007	141.70（12%）	413.61（36%）	53.38（15%）	134.32（39%）
2008	163.93（12%）	469.84（36%）	63.04（16%）	152.53（38%）
2009	172.18（12%）	509.66（36%）	62.45（15%）	166.4（39%）
2010	189.31（12%）	561.27（35%）	70.49（14%）	182.57（37%）
2011	216.06（12%）	631.63（35%）	74.79（13%）	217.55（37%）
2012	238.03（12%）	694.80（36%）	70.23（11%）	246.17（38%）
2013	264.67（12%）	794.01（36%）	117.87（15%）	298.60（38%）
2014	288.44（12%）	865.32（36%）	131.11（15%）	332.15（38%）
2015	311.95（12%）	935.84（36%）	142.77（15%）	361.69（38%）

资料来源：2002—2012 年数据根据中华人民共和国国家统计局编《中国统计年鉴》相关数据（中国统计出版社 2003—2013 各年版）及公式（7-14）计算得出。由于从 2013 年起，年鉴中不再统计"按收入等级分城乡居民家庭平均每人全年现金消费支出"一项，因此本表中 2013—2015 年结论为估算。

注：括号内数值为养老需求替代率。

由表 7-8 可知，城镇居民基本养老需求下限由 2002 年的 78.76 元/人/月提高到 2015 年的 311.95 元/人/月，年均增长率为 11.69%；上限值由 2002 年的 254.01 元/人/月提高到 2015 年的 935.84 元/人/月，年均增长率为 10.58%。从养老需求上下限看，城镇居民基本养老需求上下限区间由 2002 年的 78.76—254.01 元/人/月，提高到 2015 年的 311.95—935.84 元/人/月。农村居民基本养老需求下限由 2002 年的 34.36 元/人/月提高到 2015 年的 142.77 元/人/月，年均增长率为 7.41%；上限由 2002 年的 76.42 元/人/月提高到 2015 年的 361.69 元/人/月，年均增长率为 12.41%。从养老需求上下限看，农村居民基本养老需求上下限区间由 2002 年的 34.36—76.42 元/人/月，提高到 2015 年的 142.77—361.69 元/人/月。

在替代率方面，2002—2015 年城镇居民基本养老需求下限的替代率在 12%—13% 之间波动，均值为 12%；基本养老需求上限替代率在 35%—40% 之间波动，均值为 36%。同期，农村居民基本养老需求下限的替代率处于 11%—17% 之间，均值为 15%；基本养老需求上限替代率在 37%—39% 之间变化，均值为 38%。由此可以判断，2002—2015 年城镇居民基本养老需求替代率的适度区间为 12%—36%，同期农村居民基本养老需求替代率的适度区间为 15%—38%，农村居民基本养老需求适度区间的替代率要比城镇居民稍高，说明农村居民从收入中用于基本需求支出的比例要高于城镇居民，这也从侧面反映了农村居民收入水平较低、额外消费不足及资金积累能力缺乏等现实。

2. 基于居民养老需求的城乡养老保险统筹方案设计

从已有的研究文献可知，一些学者从居民消费差异的角度，认为城乡养老需求具有相对性，主要是收入水平、消费结构、消费习惯、文化风俗或者地区差异等原因，导致城乡居民所获得的基础养老金应该是不同的。[1] 或者认为城乡居民养老金均等化并不是保险水平绝对相同，而

① 杨翠迎、郭光芝：《各地新农保养老金及补贴标准合意增长水平研究——基于养老金替代率视角的分析》，《西北农林科技大学学报（社会科学版）》2012 年第 9 期，第 17 页。

是相对水平上的协调。① 这些观点无疑具有重要的理论探讨价值，但是本节从取消对特定群体的歧视性政策、消除城乡二元结构、实现城乡统筹与协调发展的角度认为，在现实中应该逐渐趋近并最终实现城乡居民养老金标准的统一。根据该思路，绘制城乡居民基本养老需求区间，如图 7-2 所示。

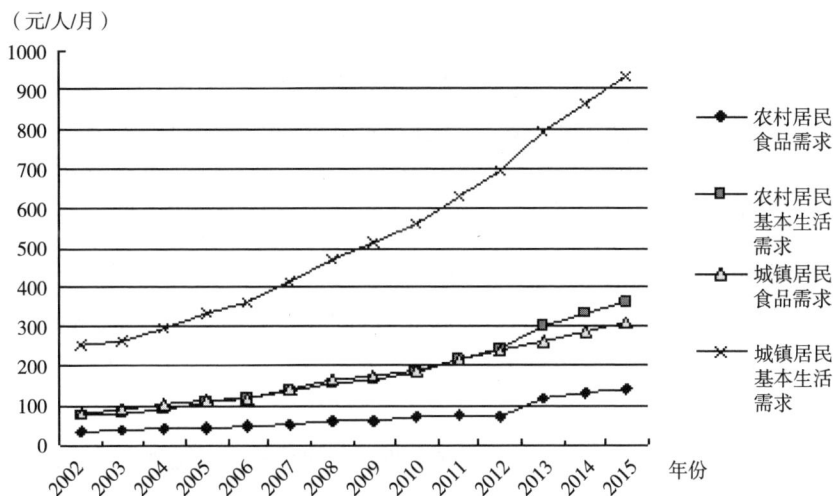

（元/人/月）

图 7-2 城乡居民基本养老需求适度区间

资料来源：根据表 7-8 数据绘制得出。

根据图 7-2 中城乡居民基本养老需求曲线之间的关系，本节设计了三种城乡居民养老金统筹给付方案：分别称为"双下限"方案、"城下农上"方案、"双上限"方案。三种方案的设计思路如下：

（1）"双下限"方案

该方案由城乡居民双方的基本养老需求下限构成，是城镇居民基本养老需求下限与农村居民基本养老需求下限的组合，即城镇居民食品需求和农村居民食品需求组合在一起，以城镇化率为权数的加权平均数形式表现出来。这是一个城乡居民最低限度养老水平的组合方案，从理论

---

① 穆怀中、陈曦：《城乡养老保险梯度协调系数及其社会福利改进效应研究》，《经济学家》2014 年第 9 期，第 33 页。

给付标准看，也是一个与目前现实政策最为接近的方案。考虑到福利刚性、资金压力及制度运行的可持续性，这一方案在当前具有现实性，是现实制度所应参考的理论标准方案。

（2）"城下农上"方案

该方案由城乡居民基本养老需求的一个下限和一个上限构成，是城镇居民基本养老需求下限和农村居民基本养老需求上限的组合。这是由城镇居民食品需求和农村居民基本生活需求所构成的中等限度养老水平的组合方案。具体的标准是，以城镇化率为权数的城乡居民基本养老需求上、下限均值。图 7-2 中有一个明显的现象：农村居民基本养老需求上限（即农村居民基本生活需求）几乎与城镇居民基本养老需求下限（即城镇居民食品需求）重合，说明农村居民基本生活消费仅仅等同于同期城镇居民的食品消费，可见城乡之间还存在着明显的差距。由于这两条几乎重合的线是城乡居民现实生活中都能够达到的、客观存在的消费线，因此由二者的均值所确定的需求水平，将易于被城乡居民接受。

（3）"双上限"方案

该方案由城乡居民基本养老需求两个上限构成，是城镇居民基本养老需求上限与农村居民基本养老需求上限的组合。这是城镇居民基本生活需求和农村居民基本生活需求组合在一起所形成的高水平的给付方案。具体标准是，以城镇化率为权数的城乡居民基本养老需求上限的均值。需要在城乡二元结构基本消除或者有很大改观的前提下，来实施这一方案。

担负着满足基本养老需求任务的城乡居民基本养老保险制度，如果能够实现养老金标准与居民基本养老需求相互契合的目标，则该制度就是一个得到优化的合意制度。这需要测算三种不同方案下的适度替代率，以作为政策设计时的参考基准。为确定兼顾城乡的相对客观的结论，就需要找到能代表城乡两类人群的指标，在众多指标中，城镇化率能够比较充分地反映城乡居民变动情况及其人口比例，因此以该指标为权数可以更科学地确定城乡统筹时的居民基本养老需求。可以用式（7-15）对城乡统筹下的居民基本养老需求进行测算：

$$E_i = kX + (1 - k)Y \tag{7-15}$$

式（7-15）中，E_i 为城乡统筹方案下的人均养老需求；$i=1$，2，3，分别代表三种方案。K 为城镇化率，X 为城镇居民的人均月均养老需求，Y 为农村居民的人均月均养老需求。根据式（7-15）进行具体测算，结果如表7-9所示。

表7-9　以城镇化率为权数的三种方案下基本养老需求和替代率

年份	城镇化率（%）	"双下限"方案		"城下农上"方案		"双上限"方案	
		基本养老需求（元/人/月）	替代率（%）	基本养老需求（元/人/月）	替代率（%）	基本养老需求（元/人/月）	替代率（%）
2002	39.1	52	12	77	18	146	33
2003	40.5	57	12	84	18	156	33
2004	41.8	69	12	97	17	177	31
2005	43.0	73	12	109	18	203	34
2006	44.3	78	12	118	19	225	36
2007	45.9	94	12	138	18	262	35
2008	47.0	110	13	158	18	302	35
2009	48.3	115	13	169	19	332	37
2010	50.0	129	13	186	19	372	37
2011	51.3	147	13	217	19	430	39
2012	52.2	158	13	242	20	480	41
2013	53.2	196	13	281	19	562	38
2014	54.1	216	13	308	19	621	38
2015	55.1	236	14	334	19	678	39

资料来源：根据中华人民共和国国家统计局编《中国统计年鉴》（中国统计出版社 2013—2016 年版）相关数据及表7-8 相关数据计算得出。

通过对三种统筹方案中给付标准的计算，得到各方案下的均值，将其作为可以参考的理论给付标准。尽管城乡保的整合是在 2014 年，与之相关的新农保制度最早于 2009 年 10 月开始实行，但并不影响对居民养老保险制度形成之前养老需求的评估，而且正是对制度运行前情况的分析，才更可能反思当前制度在给付标准方面存在的问题以及改进方式。在"双下限"方案下，2002 年城乡居民每月人均基本养老需求标准为 52 元，2015 年提高到 236 元，其对应的替代率在 12%—14% 之间波动。在"城下农上"方案下，城乡居民基本养老需求标准由 2002 年的 77 元提高到 2015 年的 334 元，所对应的替代率在 18%—20% 之间波动。在"双上限"方案下，2002 年城乡居民基本养老需求标准为 146 元，2015 年提高到 678 元，相对应的替代率在 31%—41% 之间波动。为确定适度标准，可以将变化比较稳定的替代率作为衡量依据。将历年替代率的均值看作是相关方案下的适度替代率，以便政府决策时作为参考。经测算可知，2002—2012 年间，"双下限"方案下的适度替代率均值为 13%；"城下农上"方案的适度替代率均值为 19%，"双上限"方案的适度替代率均值为 36%。当然，这只是测算时期内的适度替代率水平，并不表明未来也要采用这一替代率。因为，适度替代率的变化趋势是缓慢下降的，究其原因，是作为替代率分子的居民基本养老需求，从性质上属于基本需求范畴，消费项目以及水平比较固定，不会出现很大的增长幅度；而另一方面，作为替代率分母的人均收入，则随着经济的发展而不断提升，这就导致了替代率整体较低且不断下降。因此在对未来的养老金适度替代率进行测算时，需要对政策出台临近时段的生活需求项目及金额进行研究和测算，以确保得到符合当期现实需求的结果。

四、城乡居民基本养老金调整机制及三种方案下的调整比例

根据养老金指数化调整的国际经验与国内实践可知，对养老金标准进行调整需要考虑物价、收入或者两者组合的变动情况。以物价和收入的组合变动作为指数化调整依据，能够对养老需求的影响因素做出综合性考虑，在指标选取上具有全面性，因此本节采用了组合调整指数。其中对物价因素选取了直接影响养老金水平的居民消费价格指数，对收入因素选取了人均纯收入指标。以下设计柯布—道格拉斯型函数，对物价和收入两个因素在养老金给付中的贡献率进行测算，从而测度物价和收入因素在不同的养老金给付方案中的合理构成比例。

设养老金指数化调整公式为柯布—道格拉斯型函数：

$$P_{pension} = A \cdot R_{price}{}^{\alpha} \cdot I_{income}{}^{\beta} \qquad (7\text{-}16)$$

式（7-16）中，$P_{pension}$为养老金给付标准，R_{price}为居民消费价格指数，I_{income}为人均纯收入，α和β分别代表物价和收入两个参数对养老金给付水平的影响弹性。

对式（7-16）作对数变换，可得：

$$\ln P_{pension} = \ln A + \alpha \cdot \ln R_{price} + \beta \cdot \ln I_{income} \qquad (7\text{-}17)$$

对《中国统计年鉴》（2002—2016年）的物价指数和人均纯收入数据取自然对数，作无量纲处理，然后依据本节中三个方案的数据进行计量分析，得到如表7-10所示结果。

表7-10 三种方案下的物价与收入组合调整机制

方案	调整机制模型	调整指数	
		物价	收入
"双下限"	$\ln P_{pension}$ = 0.0332 + 1.1291$\ln R_{price}$ + 0.4795$\ln I_{income}$ (1.9387)　　(1.4399)　　(3.0749) R^2=0.9947　F=657　P=0.0001	70%	30%
"城下农上"	$\ln P_{pension}$ = 0.0138 + 0.5537$\ln R_{price}$ + 0.6527$\ln I_{income}$ (1.4510)　　(1.2697)　　(7.5259) R^2=0.9986　F=2495　P=0.0001	45%	55%
"双上限"	$\ln P_{pension}$ = − 0.0217 + 0.4993$\ln R_{price}$ + 0.6259$\ln I_{income}$ (1.4510)　　(1.2697)　　(7.5259) R^2=0.9980　F=1730　P=0.0001	44%	56%

资料来源：根据中华人民共和国国家统计局编《中国统计年鉴》（中国统计出版社2002—2016年版）的物价指数与人均纯收入数据及表7-9数据结论、公式（7-17）计算得出。

由计量分析结果可知，"双下限"方案下对养老金进行指数化调整，合理的调整结构应该是7:3，即调整指数中物价份额占70%，收入份额占30%。"城下农上"方案下的指数调整结构为4.5:5.5，即调整指数中物价份额占45%，收入份额占55%。"双上限"方案下的指数调整结构为4.4:5.6，即调整指数中物价份额占44%，收入份额占56%。

五、城镇化率与城乡居民养老需求统筹的互动分析

1. 城镇化率测算方法及趋势预测

随着城镇化进程的不断推进，城乡居民收入和消费水平将呈现出趋同的变化，归结到基本养老需求方面，城乡居民需求差距也会不断缩小。这一过程与城镇化的发展是密切相关的，可以说城镇化是缩小城乡居民需求差距的重要因素。已有的研究成果表明，自新中国成立至改革开放初期，中国城镇化发展速度相对缓慢，曾远远滞后于世界平均水平。但是 20 世纪 90 年代中期以后，中国城镇化速度加快，2011 年中国城镇化率已经达到 51.27%，接近世界同期 52.1% 的平均水平。在对未来中国城镇化发展速度的测算上，主要存在三种测算方法，分别是曲线拟合法、经济模型法及城乡人口比增长率法。其中，曲线拟合法是将城镇化水平设为因变量，城镇化起步初始值、城镇化率增长幅度及时间作为自变量，利用最小二乘法估计相应参数，进而推算城镇化水平。该方法的关键是确定初始值，研究表明，如果以 1978 年为基期进行预测，其结果与目前的城镇化状况最为接近。经济模型法，主要基于经济增长是城镇化重要推力的思路，通过估计作为自变量的 GDP 对作为因变量的城镇化水平的弹性，来对未来的城镇化水平进行预测。由于经济增长与城镇化的变化是一个长期互动的过程，因此测算二者关系的历史数据要绵延数十年，既要考虑经济增长的实际情况，又要结合国内外机构对经济增长的预测，这样才能得到一个相对精确的城镇化率预测值。城乡人口比增长率法，是将城镇化率作为因变量，城乡人口比作为自变量，将历史年份下的城乡人口比和初始状态的城乡人口比赋予不同权重，再加入时间间隔因素，来估算城镇化率。

以上三种预测方法各有优缺点，存在的主要问题是：曲线拟合法对城镇化初始值的选择不同将导致最终结果差异巨大；经济模型法的难点是如何确定比较准确的未来经济增长率；城乡人口比增长率法对历史年份的城乡人口比与初始状态的城乡人口比二者赋予合理的权重是困难的。因此，需要对三种方法下的测算结果进行折中处理，以使分析结论与现实的偏差最小。根据不同方法得到的未来城镇化率分别为：曲线拟

合法年均增幅为 0.876 个百分点，经济模型法年均增幅为 0.87 个百分点，城乡人口比增长率法年均增幅 0.627 个百分点。将三者的平均值作为最终结果，则综合预测下的城镇化年均增幅为 0.793 个百分点。基于该结论，中国的城镇化率将在 2020 年达到 60.34%，2030 年达到 68.38%，2040 年达到 75.37%，2050 年为 82.67%。[①]

2. 基于收入与物价预测结果的城乡养老统筹方案给付额与替代率

将城乡居民基本养老需求与城镇化进程开展协同研究，需要从几个方面入手：第一，对城镇化率的预估；第二，对"双下限""城下农上""双上限"三种方案下未来的城乡居民基本养老需求的预估；第三，从三种方案下的基本需求与同期人均纯收入的比例得到适度替代率；第四，将城镇化率以同期的适度替代率为基准进行折算，得到每一城镇化率下所对应的替代率，从而对基本养老需求的城乡统筹阶段做出判断。

2003—2016 年《中国统计年鉴》相关数据表明，2002—2015 年物价指数年均增长率为 2.73%，人均纯收入年均增长率为 11.91%。考虑到我国经济已进入新常态发展阶段，发展速度由高速增长转入中高速增长，此外物价变动更加平稳，因此要对未来的收入和物价作合理性预设。收入取决于未来的经济增长情况，高盛集团（Goldman Sachs）首席经济学家吉姆·奥尼尔对中国经济增长速度做了如下预测：2011—2020 年年均 GDP 增长率在 7.7%左右，2021—2030 年为 5.5%，2031—2040 年为 4.3%，2041—2050 年为 3.5%。[②] 根据中国近年的经济增速现实情况，本节将 2017—2020 年中国 GDP 年均增速调整为 6.9%，其他年份增长速度与奥尼尔数据保持一致。此外，将历年 GDP 增长率由 2017 年的 6.9%线性下降到 2050 年的 3.5%，以避免完全按照奥尼尔预测值所可能导致的经济发展阶段差。在物价指数变动方面，2002—2016 年物价指数年均增长率为 2.73%，考虑到政府和学界一般将物价年增长率控制在 3%及以下作为"保持物价基本稳定"的标准，因此本节将

---

① 高春亮、魏后凯：《中国城镇化趋势预测研究》，《当代经济科学》2013 年第 4 期，第 85 页。

② 游芸芸：《高盛全球首席经济学家吉姆·奥尼尔：2027 年中国将成为最大经济体》，《证券时报》2009 年 11 月 3 日。

物价指数的长期增长率设定为年均3%。根据以上的参数假设以及城乡养老需求方案的调整机制，可以对2050年前城乡居民基本养老需求及其替代率进行预测。结论如表7-11所示。

表7-11 三种方案下的城乡居民基本养老需求及替代率

方案 年份	"双下限"		"城下农上"		"双上限"	
	基本养老需求（元/人/月）	替代率（%）	基本养老需求（元/人/月）	替代率（%）	基本养老需求（元/人/月）	替代率（%）
2017	256	12	369	18	750	36
2020	289	11	427	17	867	34
2025	349	10	536	16	1090	32
2030	420	10	662	15	1350	31
2035	500	9	808	14	1648	29
2040	592	9	974	14	1987	29
2045	697	8	1160	14	2368	28
2050	815	8	1368	14	2793	28

资料来源：根据物价和收入变动趋势、三种方案设计及养老需求调整机制计算得出。

在"双下限"方案下，城乡居民基本养老需求由2017年的每月人均256元增长到2050年的815元，年均增长率为3.57%；"城下农上"方案下的每月人均城乡居民基本养老需求由2017年的369元增长到2050年的1368元，年均增长率为4.05%；"双上限"方案下的城乡居民基本养老需求由2017年的每月人均750元增长到2050年的2793元，年均增长率为4.07%。相对于基本养老需求绝对数额的不断增长，养老需求替代率却缓慢下降，"双下限"方案的替代率由2017年的12%下降到2050年的8%；"城下农上"方案的替代率由2017年的18%下降到2050年的14%；"双上限"方案的替代率由2017年的36%下降到2050年的28%。替代率下降的主要原因是，测算养老需求完全依据测算起始点的物质和精神产品，具有时效性的局限：一些当前被认为是超出基本需求的养老产品，随着经济和社会的发展与进步，可能在未来成为老年人养老需求的基本构成部分。但由于对未来的养老需求项目与层次无法作出准确预测，就使得对养老需求的增长速度估计不足，进而导致预测的替代率下降。

3. 城乡居民基本养老需求与城镇化水平互动分析——以 2017 年为起始年

由城镇化率的预测结果和城乡居民基本养老需求三种方案的预期替代率，可以对二者的互动关系进行研究，具体的相互关系如图 7-3 所示。

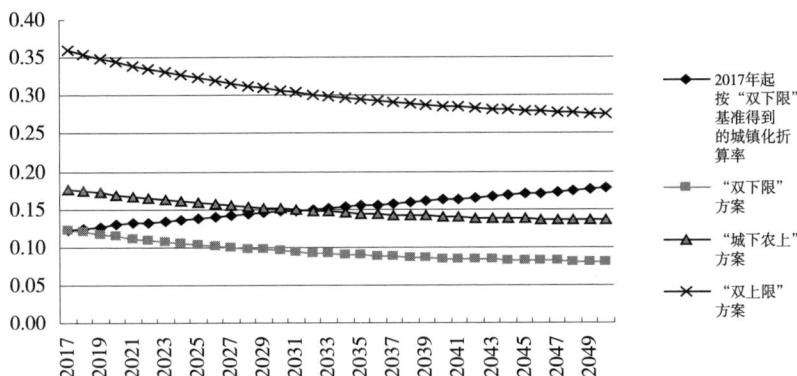

图 7-3　城镇化率与基本养老需求三种方案的匹配阶段

资料来源：根据综合预测下的城镇化率和表 7-11 数据绘制得出。

图 7-3 中暗含了一个假设前提：即 2017 年城乡居民基本养老需求替代率与同期的城镇化率相对应，且二者的匹配是合理的；此后二者的变动将遵循各自的发展趋势并相互对应。假设以 2017 年折算后的城镇化率和同期的"双下限"养老需求为基准，对养老金调整的政策从 2017 年开始执行，则三种方案下的城乡居民基本养老需求的适度替代率不断下降，在不同年份与城镇化率线相交，构成了两个区域：第一区域为 2017—2030 年，是由"城镇化率+'双下限'方案"的交点与"城镇化率+'城下农上'方案"的交点构成，表明在这一阶段城镇化水平下，养老金标准应该至少达到"双下限"方案的设计水平，但不超过"城下农上"方案水平；第二区域为 2031—2050 年，所含区域从"城镇化率+'城下农上'方案"的交点出发，超过了"城下农上"方案，但低于"双上限"方案。表明在这一阶段，养老金标准至少应该达到"城下农上"方案所设计的水平。由于第二区域的养老金标准始

终未能超过"双上限"方案水平，因此可以认为从与同期城镇化率相互匹配的角度看，至少在 2050 年前是不应超过"双上限"方案的。

目前城乡保的运行已取得了显著的成效，但是还存在给付标准低、缺乏明确调整机制以及与城乡统筹发展不协调等问题。[①] 基于此，本节运用 ELES 模型对城乡居民基本养老需求的上、下限进行定量分析，得到了测算期（2002—2015 年）的城乡居民养老需求替代率。研究结论为：

第一，养老需求替代率测算结果。城镇居民基本养老需求下限的替代率在 12%—13% 之间波动，均值为 12%；养老需求上限替代率在 35%—40% 之间波动，均值为 36%。同期，农村居民基本养老需求下限的替代率在 11%—17% 之间，均值为 15%；养老需求上限替代率则在 37%—39% 之间变化，均值为 38%。总体来看，农村居民基本养老需求替代率水平要比城镇居民稍高。

第二，设计了三项方案。基于城乡居民基本养老需求替代率结论，并以同期的城镇化率为权数，设计了居民养老金城乡统筹的三项方案：一是由城镇居民和农村居民二者的食品需求构成"双下限"方案；二是由城镇居民食品需求和农村居民基本生活需求构成"城下农上"方案；三是由城镇居民与农村居民二者的基本生活需求构成"双上限"方案。

第三，定量分析结论。设计柯布—道格拉斯型函数，对城乡居民基本养老需求三个方案的调整机制进行定量分析，得到"双下限"方案的物价与收入权重分别为 70% 和 30%，"城下农上"方案的物价与收入权重分别为 45% 和 55%，"双上限"方案的物价与收入权重分别为 44% 和 56% 的结论，并利用该结论对 2017—2050 年三种方案下的城乡居民基本养老需求进行了预测。利用曲线拟合、经济模型及城乡人口比增长率三种方法测算并加以综合，得到 2050 年前的城镇化率预测值，并对同期的人均收入与物价指数作出合理性假设，在此基础上测算了三种方案下的城乡居民基本养老需求金额及其替代率。出于协调城镇化发展与

---

① 列苓玲、任斌：《公共养老保险制度参数调整与基金平衡研究：一个文献综述》，《社会保障研究（北京）》2016 年第 1 期。

统筹城乡居民基本养老需求的目的，结合城镇化率与城乡居民基本养老需求三种方案，设计养老金给付调整阶段。研究结论表明，城镇化率曲线与三种方案线将构成两大区域，在 2017—2030 年的第一区域内，养老金标准应该至少达到"双下限"方案水平；在 2031—2050 年的第二区域内，养老金标准应该至少达到"城下农上"方案水平，但在 2050年前不会超过"双上限"方案水平。

城乡保除了个人缴费还要依靠财政补贴的支持，参保人数达到一定数量时，势必给地方财政带来一定的支出压力。在一定程度上会影响本地区经济发展水平，从而最终反映到财政可持续性和财政风险上，进而影响参保人员的待遇水平。目前城乡保补贴由中央财政和地方财政共同提供，其中基础养老金覆盖范围较广，需要强有力的支持，因而需要中央政府来承担；同时城乡保的供给和收益具有区域性，地方政府可以通过掌握本地居民多样化的偏好，更好地满足地区居民不同需求，协助中央政府共同承担一定的补贴，提高供给效率。但是，地方政府财力差别较大，财力充足的省份可以提供较高补贴标准的城乡居民基础养老金，经济不发达的省份则可能在支付最低水平养老金方面都倍感压力。

城乡一体化不是指空间上的融合，而是在政治、经济、人口等方面协调发展。在政治方面，国家政策对待城乡居民能够一视同仁；在经济方面，城市发挥带动作用，支援农村产业的发展；在人口方面，打破户籍限制，给劳动力流动提供便利，实现农村劳动力的非农化。城乡一体化是未来发展的必然趋势，城乡居民基本养老保险正是为了推进我国城乡一体化发展而设计的制度。在政策上，农村居民和城镇居民能够获得统一的养老待遇；在经济上，城乡居民获得的财政补贴水平也是一致的。城乡居民基本养老保险制度重点解决了农民工进城务工后难以获得充分的养老保障的问题。随着新农保和城居保的合并，跨地区的城乡参保人员可以在迁入地申请转移养老保险关系，并可以继续参保缴费，从而也解决了劳动力流动的约束问题。①

---

① 李济博：《城乡居民养老保险财政负担研究》，中国财政科学研究院硕士学位论文，2017 年，第 16 页。

第八章　国外养老保险改革对我国养老保险城乡统筹的启示

　　社会保障是现代国家一项基本的社会经济制度，是维护社会安定有序的重要手段。其体系的建立与健全，是建设和谐社会和促进经济与社会协调发展的必然要求。特别是我国作为人口大国，面临着严峻的人口老龄化问题，养老问题已成为国家关注的重点。养老保险作为社会保障的重要组成部分，其改革也必然成为社会保障制度改革的重要环节。

　　近年来，伴随着我国人口老龄化进程的加快，养老问题日益成为社会各界高度关注的问题。由于城镇化、农民工进城、二元经济结构等因素的影响，中国农村人口老龄化的现象更为严重，在当前实施乡村振兴战略的过程中，基于我国国情和实际，借鉴其他国家养老保险制度建设的经验，构建城乡统筹的养老保险体系显得尤为重要。

　　养老保险制度的建立和具体的实施涉及一个国家的各个层面，与一国的政治、经济、文化等紧密相连。因此，养老保险制度的改革也是一个综合性的问题，需要从多个角度对其进行研究。通过对各国多层次养老保险制度改革的动力机制分析，有助于厘清改革中的源动力及各动力源相互之间的作用关系，丰富多层次养老保险制度改革的理论内涵。我国在20世纪50年代形成了社会养老保险制度的雏形，之后经历了不断的发展。自20世纪90年代以后由于人口与经济等外部环境发生明显变化，我国为了养老保险制度的可持续发展而采取了一系列的改革措施，最主要的便是将现收现付制模式转向"统账结合"的部分积累制，但这种制度变革也产生了较大的转制成本，在一定程度上造成当前出现的养老基金收支缺口和个人账户资金的"空账"问题。在接下来的养老保险改革中，我们有必要借鉴其他国家的养老保险改革经验，对其改革动因、改革路径选择以及改革的整体框架进行深入探析，通过对各国养老保险改革的具体情况进行衡量和借鉴，来推动我国多层次养老保险的改革进程，为我国养老保险城乡统筹提供决策参考。

第一节　美国养老保险模式及改革进程

美国的养老保险体系主要由三大支柱组成：第一层次的养老金制度为政府强制性的联邦退休金制度，完全由雇主和雇员缴纳，政府并不负担。这一制度覆盖了全国绝大部分的就业人口，是美国多层次养老保险体系中的基础[①]；第二支柱是由政府或者企业出资的退休金计划，由政府出资的被称为公共部门养老金计划，而企业及某些非营利组织机构为其雇员提供的养老金计划则被称为补充养老金计划，补充养老金计划种类繁多，一般分为 DB 计划或 DC 计划。第三支柱是个人退休金计划，一般带有一定的税收优惠，由个人自愿选择参与。[②]

一、美国养老保险制度改革的动力机制分析

1. 经济情况恶化成为推动改革的主要动力

美国经济在 20 世纪 70 年代的石油危机后受到剧烈冲击，80 年代以后情况持续恶化，图 8-1 截取了美国 1985—1995 年间相关的经济状况，同期政府的财政赤字也在不断扩大。一方面经济形势恶化，而另一方面美国政府的福利支出仍旧在逐年增长，给美国政府造成了日益严重的财政压力，同时高额退休金也对美国的经济系统产生了负面影响。美国经济状况的恶化是推动社会福利待遇改革的主要动力。

[①]　杨斌、丁建定：《美国养老保险制度的嬗变、特点及启示》，《中州学刊》2015 年第 5 期，第 81—85 页。

[②]　杨斌、和俊民、陈婕：《美国养老保险制度政府财政责任：特征、成因及启示》，《郑州大学学报（哲学社会科学版）》2015 年第 5 期，第 90—93 页。

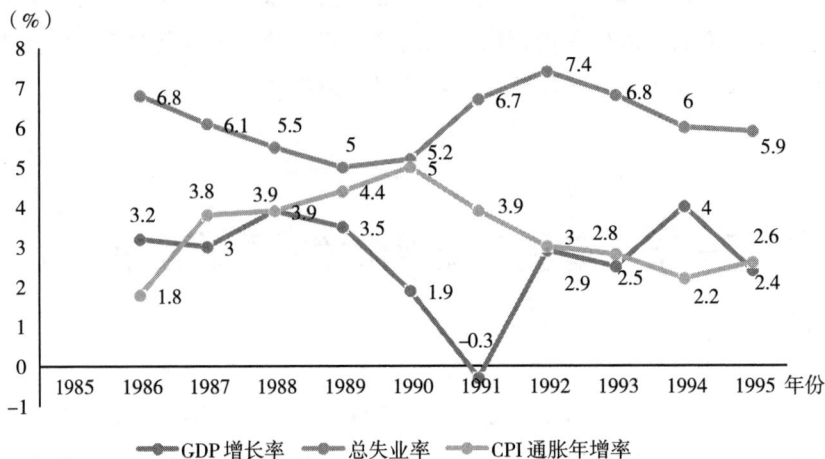

图 8-1　美国 1985—1995 年 GDP 年增长率、总失业率、
按 CPI 计通胀年增率

资料来源：国际货币基金组织《政府财政统计年鉴》数据文件，见 http：//finance. sina. com.
cn/worldmac/indicator_ GC. XPN. TOTL. GD. ZS. shtml。

2. 人口老龄化给养老保险制度带来严重的支付危机

美国进入老龄化的时间较早，虽然目前养老金的财务危机并不严重，但人口老龄化条件下通过财务精算系统作出的预期收支情况仍旧堪忧。由图 8-2 可知，美国 65 岁以上人口比例从 20 世纪 50 年代的 8%左右上升到了 80 年代的 11%，人口老龄化对养老保险制度最严重的影响就是其制度赡养率逐渐升高，缴费端与支付端严重失衡。同时，美国人的预期寿命也在不断延长，到 21 世纪初美国人口预期寿命已经增长到了 76. 5 岁，并且这一数值仍旧在上涨。人口年龄结构的变化一方面导致退休的人口数超过了新增缴费人口，养老金预计支出时间增加；另一方面较低的生育率使得适龄劳动人口增加缓慢甚至负增长，养老金的缴费人口减少。这一变化的不断发展使美国可预期的未来养老保险制度财务平衡难以维系，如果要保持目前的养老金替代率，那么企业和职工的缴费率则不得不持续上升。随着人口老龄化带来的美国养老保险愈发严峻的支付危机，无论是缴费率的设计还是基本养老基金的投资运营都举步维艰，因此，从更多层次分担养老金的给付风险，加强对第二、三层

（%）

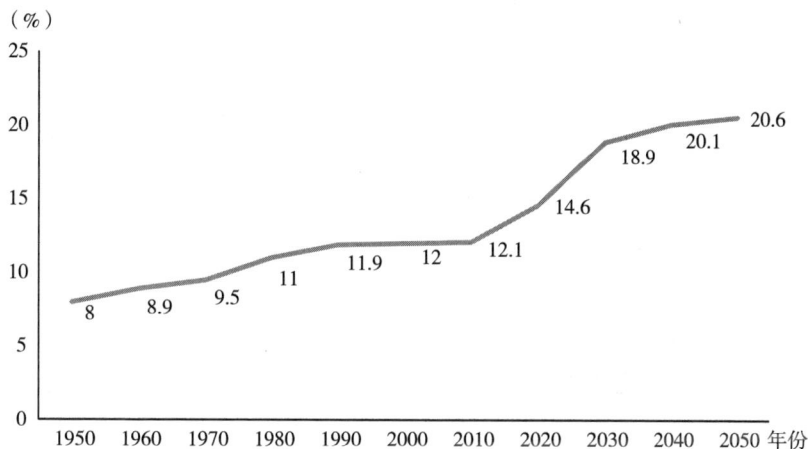

图 8-2　美国 65 岁以上人口占总人口比例　单位：%

资料来源：World Population Prospect：The 2004 Revision，https：//www. scienceopen. com。

次补充养老金的发展和调控，自然也就成为美国多层次养老保险制度的改革方向。

3. 现行的养老保险制度设计对美国劳动力市场发展起阻碍作用

首先，美国在进行养老保险征缴中并没有区分具体行业，特别是开发性行业和劳动短缺的部门也没有任何相关的优惠政策，这样既无法对这些部门员工形成有效的激励，同时也不利于劳动力的有效配置。其次，由于工业化导致产业结构的调整，美国女性的劳动参与率明显提高，随之而来的则是对养老保险具体参数设计改革的要求；同时，新经济下信息和知识经济的发展使得就业结构和就业方式的改变与原先以正规就业为基础的基本养老金制度设计上存在明显的不适应，需要更多层次的养老金制度来满足这部分人口的养老保障需求。最后，美国的老年人口劳动参与率比起 20 世纪 60 年代下降的幅度较大，同时也因为退休后较高的养老金替代率使得人们更倾向于提前退休，这不仅减少了美国总的社会财富的产出，也对养老保险的财务产生一定的影响。

4. 独特的文化观念也呼吁养老保险制度的改革

由于美国是由移民人口构成，这些移民无论是种族还是宗教信仰都存在较大的差异。一方面受独特的移民文化和独立战争等历史渊源的影响，美国人更强调个人责任观，对政府的依赖性并不强；另一方面则是整个社会缺乏较强的凝聚力，体现在养老保险制度上则是"互助共济"的思想不为大多数人所理解。因此，美国公共养老金替代率偏低，第二、三层次的企业和个人养老保险市场发达，客观上也为政府在多层次养老保险制度改革中提供了较多的便利。

二、美国养老保险改革进程

1. 美国设计了三支柱养老保险体系

美国养老保险改革从 20 世纪 70 年代就开始进行，在公共养老金方面改革的举措并不多，主要是在第二、三层次的企业补充养老保险和个人储蓄保险方面有较大力度的改革。美国政府比较早地意识到了多支柱养老保险体系对于养老金财务平衡方面的作用。在制度设计上，他们认为，依据精算原则，与工作效率和就业年限挂钩的企业补充养老金应当受到推崇，而完全依靠个人缴费，带有私人性质的个人养老保险则应鼓励和发展。美国养老保险的"三支柱"结构如下所述：

第一支柱——与私人部门完全融合：国家社会养老保险作为美国养老保险制度的第一支柱基本上涵盖了所有的劳动者。这一制度由美国联邦政府的社会保障署进行管理。

第二支柱——与私人部门各自独立：美国的雇主养老保险制度分为政府雇员养老保险与私人部门的养老保险。这两者是完全独立的。联邦政府工作人员的养老保险制度是专门针对政府的公职人员制定的养老保险制度，是一项待遇确定型制度。其由联邦政府的人事管理部门统一管理。

第三支柱——与私人部门部分独立：联邦节俭储蓄计划与企业的年金计划大体上是类似的。该计划是专门针对联邦政府的工作人员设立的一项养老保险。这个计划内的养老保险是联邦的退休金节俭投资委员会来负责管理的。不同于联邦政府职工基本养老保险制度，它不是固定的待遇确定型制度，而是完全的基金积累制，是由联邦政府雇员个人缴费累积，政府给予相应的匹配缴费。

2. 美国政府在改革中设计了实际最低养老金的新标准

通过设立工资上限，无论其工资与平均工资水平关系如何，都有获得养老金的可能，对于长期从事低收入工作的人群能更大程度降低其贫困率。

3. 在第一层次的公共养老保险制度方面进行了三项改革

首先，改革退休制度。在1977年美国通过立法准备提高退休年龄，初步的预想是在原有的65岁的基础上向后延长3—5岁，1983年的社会保险应急法案规定从2000年开始实施调整退休年龄的方案，到2021年逐步完成。同时法案对退休年龄进行精算调整，职工仍可提前退休，但对于提前退休人员，则通过精算公式减少其退休金收入。其次，在公共养老金制度中增收社会保障工薪税。最后，建立社保信托基金，盈余基金用于投资。

4. 在第二与第三层次上，完善相应的监管与法律法规

由于公共养老金替代率较低，美国在促进其他层次养老金市场的发展上出台了一系列相关法案，将养老保险的责任更多地分散到了私人身上，美国私人养老金市场得到了较大的发展，已经成为推动国家经济增长的重要力量。

5. 美国实施了多种养老方式

除了家庭、社区以及养老院等养老方式外，还十分流行公共老人公寓的养老方式，非正式养老方式中私营机构与非政府组织也发挥了重要作用。对政府而言，主要是财政拨款支持和出台优惠政策，政府对老年公寓提供支持，会专门拨款用于一部分小型住宅兴建或对老人原有住房整修，并且规定老年公寓不得提高租金。

第二节　德国养老保险模式及改革进程

德国是现代社会保障制度的诞生地，社会保险制度是德国社会市场

经济的重要支柱，其权利与义务相结合、公平与效率相结合的社会保险制度为世界各国所效仿。① 当前德国的公务员养老保险是现收现付制，资金完全由国家财政负担，是一种与其他群体养老保险相互独立的制度。②

一、德国养老保险制度改革的动力机制分析

1. 德国养老保险制度改革的社会经济背景

德国于 19 世纪末在当时的宰相俾斯麦的主导下建立了社会保障制度，也是世界上第一个建立养老保险制度的国家。该制度最初的运行模式其实是基金积累制，在第二次世界大战后才改为现收现付制，经历几十年的发展，在面临人口老龄化危机时其代际缴费失衡的缺陷也凸显了出来。同样，德国的养老保险制度也是由法定养老金制度、职业养老金制度和个人自愿性养老保险制度组成，但德国比起其他国家而言其三层次的养老金制度发展尤为失衡。法定养老金在运行过程中实际起到了"唯一支柱"的作用，其他两个层次的养老金制度则规模较小，发展缓慢，难以起到其应有的作用，当经济增长速度减缓、人口老龄化、社会阶层的不断分化和失业率不断上升等问题作用于养老保险制度时，德国的法定养老金制度根本难以承担，企业年金和个人自愿性养老保险发展乏力，规模过小的问题也都暴露了出来，使得经济和社会情况继续恶化。由于 20 世纪 70 年代以来世界性人口老龄化和经济增长速度的下降，再加上德国国内各种问题丛生，为了使德国养老保险系统能正常维持下去，德国政府不得不对养老保险制度进行相应的调整和改革。

2. 政府面临的财政负担日益加重

德国的经济在 20 世纪 60 年代的平均增长率为 4.4%，然而 20 世纪 70 年代以后一直处于低速增长的状态，到 2000 年前后甚至出现负增

---

① 杨俊：《德国养老金待遇确定机制研究》，《社会保障研究》2018 年第 1 期，第 96—104 页。

② 龙玉其：《不同类型公务员养老保险制度的比较研究——以英国、德国、新加坡为例》，《保险研究》2012 年第 7 期，第 121—127 页。

长，中央政府负债占 GDP 的比例不断增加。图 8-3 为德国养老保险支出与 OECD 国家养老保险平均支出占 GDP 百分比的对比，可知德国的养老保险支出费用已经大大超出 OECD 国家的平均值，愈发成为政府财政的负担，政府在现收现付制模式下的养老金财务预算甚至表明其公共养老金制度将会在未来某一时刻破产。因此，减少财政支出，重构筹资模式，增大其他层次养老保险的规模来维持养老保险制度的运转成为德国政府进行多层次养老保险制度改革的一个内在动力。

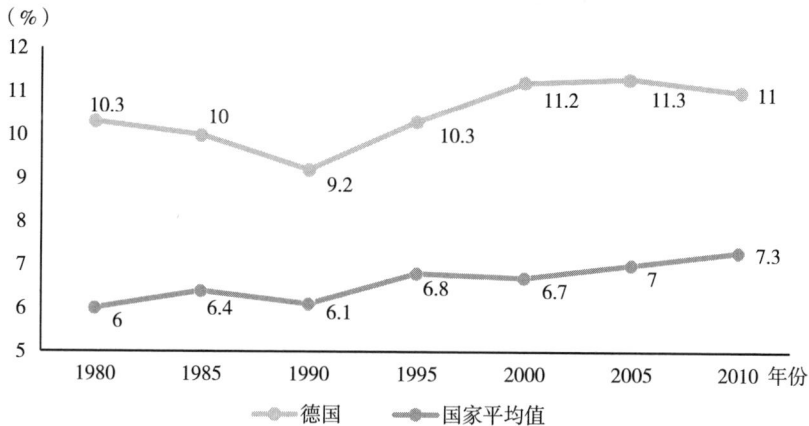

图 8-3　1980—2011 年德国养老金支出占 GDP 百分比及
OECD 国家的平均值

资料来源：OECD Data，https：//stats. oecd. org。

3. 人口老龄化使得养老金收支难以平衡

养老金财务的可持续性主要由收支两端决定。从收入端来看，德国的生育率在 20 世纪 60 年代为高峰期，到 1994 年只有 1.24%，大大低于国际生育率水平并一直难以提高，这也就意味着养老金缴费人口难以增长甚至会逐步减少，再加上教育的普及使得人们进入劳动力市场的时间延后，缴费时间相应减少，这种情况下养老金的收入也难以增长甚至会逐步减少；从支出端来看，德国的死亡率不断降低，人均预期寿命从 20 世纪 80 年代的 73 岁提高到了 2000 年的 78 岁，老年人口领取养老金的时间预计将大大延长，养老金支出不断增加。图 8-4 显示德国失业率从 1994 年的 6.6% 上升到了 2005 年的 10.4%，也就意味着这 10 年有将近 400 万人口失业。由于失业率上升，导致部分学生会选择延迟就业以及工人选择提前退休，显然，这样的选择会缩短缴费期限并相应延长其领取期限。另一个问题则是就业人口的减少必将导致缴费人口的减少，对养老金的收支平衡造成了严重的影响。此外，由于德国养老金制度规定特殊就业人群可不用参与强制性的养老保险制度，随着信息经济的发展，劳动市场上非正式就业和灵活就业者日益增加，对养老保险的覆盖面和待遇提出了更高的要求，这部分人群的养老问题也亟待解决。因此，加强法定公共养老金制度以外的多层次养老保险体系建设无疑是改革的重要方向。

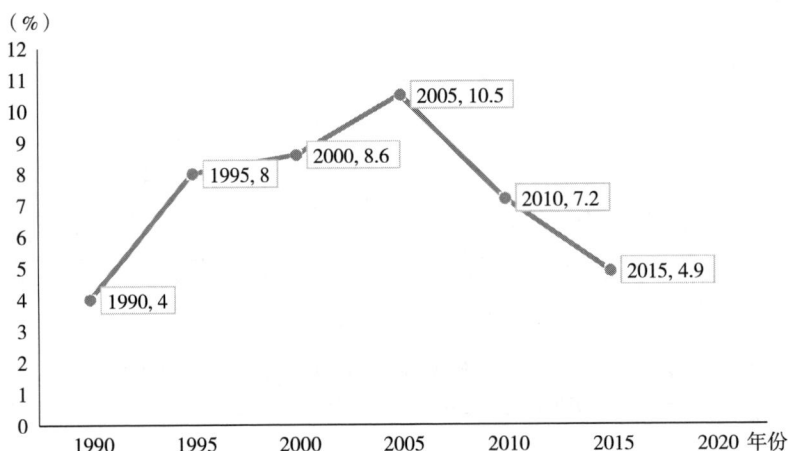

图 8-4　德国在 1993—2015 年间的失业率（每五年为一个平均值）

资料来源：OECD Data, https：//stats. oecd. org。

4. 养老保险制度本身的缺陷导致了缴费率不断提高

由于人口老龄化影响，养老保险缴费人数减少而领取人数和领取时间不断增加，在现收现付制的以支定收模式下，巨额的养老保险支出只能依靠不断提高雇主和雇员的缴费额以及国家不断加大的财政补贴来力求平衡。通过对比德国与世界平均水平的工作人口比例，我们发现德国在 1985 年以后，其缴费人口比起世界平均水平面临的形式更为严峻，在现收现付制的单一模式下要保持养老金替代水平最为便捷的方法便是提高缴费率，德国养老保险缴费率也从 20 世纪 50 年代的 14% 增加到了

1997 年的 20.3%，如此高额的缴费给企业和个人都造成了巨大的压力。就个人而言，高额的社会缴费直接减少了个人的当期消费能力，使得国内的有效需求不足，对于经济增长产生不利的影响；对企业而言，高额的社保缴费进一步压缩了企业的利润空间，劳动力成本的上升也使得其在经济全球化的经济格局中缺乏劳动力成本的竞争优势。因此，如何控制养老保险缴费率，增加养老的筹资和收益渠道成为德国政府面对的一个难题。此外，两德统一下养老保险制度的整合与德国各利益集团的合作与博弈也给德国政府带来巨大的财政压力。

二、德国养老保险改革进程

自 1992 年以来，德国养老保险制度进行了多次改革。改革的措施主要包括完善筹资机制，调整待遇计发办法，对退休年龄、待遇调整机制、替代率进行了调整等。经过几十年的改革，德国的养老保险制度逐渐完善，形成了一个独立的制度体系。

1. 第一层次的公共养老保险改革

改革的核心内容是在养老金公式中引入新的计算因子，通过将养老金的多少与寿命长短和就业率挂钩，让退休的职工共同分担由于代际失衡造成的养老金支付压力，减轻在职者的压力，同时也较为隐晦地削减了过度的养老金福利支出，力图实现代际公平。其次，《老年收入法》中也规定了养老金制度相关的纳税制度，在职职工养老金缴费阶段不纳税，延迟到领取时交税，这样可以最大限度地保证年轻的一代有更充足的资金为自己的养老做理性的投资，促进个人养老金计划的发展。

2. 第二层次的企业补充养老保险改革

德国的企业补充养老保险采取自愿建立的原则，政府对其的管理主要体现在通过制定法律对其进行引导。2005 年的《养老金收入法》对于企业年金的五种形式在税收上统一规定为递延形式，也就是在缴费阶段免税，而在给付阶段进行征税。政府在企业年金方面的转移接续问题也作了明确的规定，职工可以将个人拥有的企业年金带到新的工作单位，其权益不受任何损害。政府出台的一系列政策旨在减少企业年金制度设计上的问题，增大吸引力来促进企业补充养老保险的发展。

3. 第三层次的个人储蓄性养老保险改革

2002 年《老年财产法》中提出的李斯特养老金是一种享受国家直接补助和税收优惠的商业型的养老保险，但却受到了国家政策的宏观调控，可以说是一种新型的混合制度模式，由政府支持的资本积累的融资结构在德国养老保险体系中开始发展起来。另外，国家对企业补充养老保险计划也给予了李斯特补贴，一般是退休基金和直接保险等构成。李斯特养老金也因其独特的设计、灵活的产品类型和较大的优惠力度吸引了一部分投保人的关注。

4. 在第四层次改革中积极探索家庭养老等各种老年服务模式

在德国，上门养老和多代同堂的家庭养老模式也开始发展起来。上门养老模式中，老人不用去昂贵的养老院，省掉了住宿费，直接在家中享受上门服务，再加上可以由护理保险承担符合条件老人的护理费，这样可以使其养老成本一定程度上有所降低。多代同堂则是从 2006 年开始由德国联邦政府倡导和扶助的项目，该项目注重老年服务，同时也给社区居民提供了相互交往和交流信息的平台，旨在利用区域的资源更好地弥补不同家庭各年龄层次的缺失。

第三节　瑞典养老保险模式及改革进程

瑞典政府在 1905 年开始就对本国的养老问题进行了一系列的调查研究，并于 1913 年通过了养老金法案，建立起既包括缴费型的养老保险，同时也附带对贫困者和有需要者进行财产调查的补充养老保险。[1]

---

① 马红鸽：《瑞典养老保险制度政府财政责任的特点及其启示》，《重庆理工大学学报（社会科学）》2016 年第 9 期，第 82—87 页。

从 1948 年起瑞典实施了一项新的养老金法，该法不仅规定了基本养老金的给付不再与收入相关联，同时也明显提高了津贴标准，在很大程度上解除了国民的后顾之忧。[①]

一、瑞典养老保险制度改革的动力机制分析

1. 瑞典养老保险制度改革的社会经济背景

1960 年瑞典开始实施补充养老金法案，该法案规定补充养老金的给付是与收入相联系的。但之后由于瑞典的经济受到世界性经济危机的影响，从 20 世纪 70 年代开始经济增长速度减慢，加之人口老龄化的影响，"福利国家橱窗"的瑞典养老保险制度面临多方面的困境，养老金的财政收支平衡出现缺口。

2. 养老金支出过高，给政府带来严重的财政压力

20 世纪 70 年代以后瑞典经济增速减缓，但高福利的养老金支出由于刚性需求难以相应减少。瑞典养老金支出占本国 GDP 支出 1980 年为 6.80%，1990 年为 7.58%，持续增长到 1995 年的 8.10%，而同期的 OECD 国家平均值为 6.00%、6.10%、6.80%，可见瑞典养老金占 GDP 比重明显高于 OECD 国家平均水平。瑞典政府为了维持高额的包括养老金在内的公共支出，不得不向国内外举债，给经济增长带来了严重的负面影响。由此导致的通货膨胀也使得社会再生产的顺利运行受阻，客观上要求政府削减过高的养老金等福利支出。

3. 人口老龄化问题造成养老金收支平衡难以持续

瑞典人口结构变化情况如表 8-1 所示。20 世纪 70 年代以后随着生育率不断降低，人口增长率一直维持在较低的水平，同时人口预期寿命不断延长，人口年龄结构的变化直接影响了产业结构调整和劳动生产率的提高。同时，老年人口的不断增加，对养老金最直接的影响就是养老金支出不断增加，其收支平衡面临严重的挑战。

---

① 郭灵凤：《瑞典公共养老金模式的嬗变：结构改革与参数因素》，《欧洲研究》2017年第 5 期，第 60—71 页。

表 8-1　1975—2000 年瑞典人口部分指标变化情况

	1975 年	1980 年	1985 年	1990 年	1995 年	2000 年
65 岁及以上人口比重（%）	15.1	16.3	17.2	17.8	17.5	17.3
预期寿命（岁）	75	75.8	76.8	77.6	78.8	79.7
总和生育率（%）	1.77	1.68	1.74	2.13	1.73	1.54
人口增长率（%）	0.38	0.21	0.16	0.78	0.52	—

资料来源：OECD 和瑞典国家统计局，见 https：//stats. oecd. org 和 http：//www. statistikdata-basen. scb. se/pxweb/sv/ssd/。

4. 瑞典劳动力市场供求扭曲，失业率过高

瑞典在 20 世纪 90 年代以前的失业率一般维持在 1%—4%之间，到 1995 年左右已经攀升到了 9%，国内劳动力需求剧减，失业率急剧攀升。在现收现付制的筹资模式下，尽管瑞典当时的养老保险缴费由雇主承担，但失业率的上升同样也意味着缴纳养老保险费的人数急剧减少，从短期来看，直接加重了政府的财政补贴负担，从长期来看，就相当于提高了制度的赡养比，使得养老金制度变得愈加不可持续，这也给瑞典经济和社会造成了严重的负面影响。图 8-5 反映了这一时期的瑞典失业率状况。

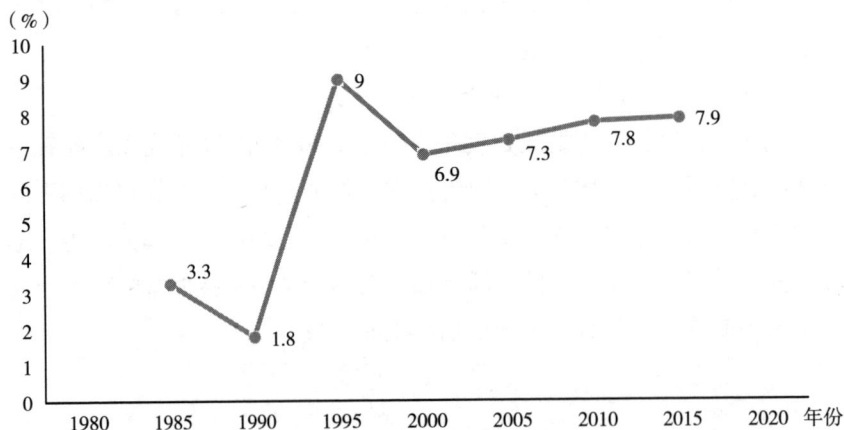

图 8-5　瑞典在 1985—2015 年间的失业率（每五年为一个平均值）

资料来源：OECD Data, https：//stats. oecd. org。

5. 制度本身的缺陷

瑞典的公共养老金主要由基础养老金和补充养老金构成，根据消费物价指数确定"基础值"进行指数化调整。首先，瑞典的补充养老金规定参保者退休收入高低与工作期间收入最高的年份挂钩，这就明显使得工资收入变化较大的人群受益更为明显，代内分配缺乏公平，同时也影响到了劳动人口的退休决策，对劳动力的供给造成负面影响。其次，基础养老金和补充养老金在运作方式上基本为现收现付制，这一点加上人口老龄化的原因造成了代际转移支付的失衡，使得政府公共支出中养老金支出不断扩大比例，造成公共资源分配不合理，其他的公共资源支出被迫减少，使得整个经济运行的效率有所降低。

二、瑞典养老保险改革进程

瑞典目前的养老保险制度，是历经多次改革后形成的。改革前，公共养老金中的基本养老金缴费由国家财政承担，给付全民平等；补充养老金给付则是与收入和工作年限相关，部分养老金主要面向提前退休人员。现行的瑞典公共养老金制度则主要由名义账户养老金计划（NDC）、基金个人账户制（FDC）和最低养老保障金三部分组成。

1. 最低层次的改革

在瑞典多层次养老保险制度改革过程中已将原先的公共养老金逐步取消，保留的最低养老保障金即相当于世界银行所提出的"零支柱"模式。其对象包括无收入和低收入群体，资金来源完全由政府承担。

2. 第一层次公共养老金的改革

将统筹账户与个人账户结合起来是瑞典养老保险制度改革的重要内容和创新所在。为了保证新老制度的平稳衔接，瑞典政府对不同年代的人采取了不同的过渡办法，按照出生年份规定了具体的养老金待遇享受办法。其次是实行新的退休年龄，将退休年龄提高到61岁并采取弹性退休机制，61岁开始可以领取养老金，但也可以延迟到70岁再退休，养老金的领取按照一定比例对应增加。同时在社保津贴的基数方面进行了改革，将与物价挂钩的"基础值"更改为与工资指数挂钩的"基础值"，使养老金制度的发展更适应于经济的发展。

3. 第二层次半强制性职业年金改革

瑞典的企业年金主要以职业年金为主，同时也有小规模地介于国有与私有之间的团体年金。目前的职业年金在瑞典实行得较好，已经覆盖了大部分的职业人口。其费率一般来说占工资的4%左右，主要由各行业根据具体情况决定。基金的投资运营由雇主自主选择，主要由各私营基金公司负责。企业可以将此缴费项列在税前，政府在投资与领取环节也规定了满足一定条件的税收优惠政策。

4. 第三层次个人储蓄养老保险计划的改革

瑞典的个人储蓄计划必须由符合相关规定的养老金储蓄机构负责相应的指导投资，政府在个人储蓄养老金计划中主要负责制定相应的政策来引导和监管，瑞典金融监管局统一负责监管方面的实际操作，政府在改革中通过出台税收优惠方面的规定来促进个人养老金的发展。

5. 第四层次的改革

瑞典政府在这一层次的改革中非常注重家庭养老以及拓展各种社会资源来完善养老服务机构，比如根据老年护理需求，建立"家庭扶助计划"，提高老年人的生活质量。同时各级政府也在各地区建立了相应的家政服务网，为家庭养老的老人提供24小时服务，增进家庭养老的实际操作性。同时在养老服务市场引入私营养老机构，力求抑制公共养老机构费用增长过快的趋势，鼓励非营利机构等民间资本建立公益性质的养老机构，在税收和土地上给予一定的优惠。

第四节　日本养老保险模式及特点

第二次世界大战后，日本的福利制度逐渐建立起来。通过20世纪60

年代"福利国家"的建设，日本在 1962 年实现了全民社会养老保险。①
经过 20 世纪 70 年代后期到 80 年代的转型、改革，日本的福利社会体
制逐渐形成。② 到 21 世纪初，日本政府开始推行护理社会保险制度，
同时推进老年社会福利制度改革，从而以护理制度为核心的社会老年保
障体系逐步形成并不断完善。③

一、日本的养老保障制度的构成

第一，日本养老保险制度又称为年金制度。日本的年金制度，是当国
民出现年老、残疾、死亡等状况时，能够保障其生活安定而确定的，该制
度由公共年金、企业补充年金及个人储蓄年金三部分组成，其中起主导作
用的是公共年金，该部分年金由政府承担，范围覆盖全国，带有强制性。

第二，与年金制度类似，日本建立了全民皆保的医疗保险制度，政
府规定所有国民都有义务加入某种类型的医疗保险。医疗保险制度作为
日本养老服务体系中的第二大组成部分，险种多样、保障齐全、以实行
低保费高保障而著称，为老年人的健康提供了重要保证。

第三，日本老年护理保险制度。与年金制度目标不同，老年护理保
险的目标是通过基金模式的运作，给老年人提供舒适、高质量的健康保
健服务，以保障并提高老年人的生活质量。护理保险制度是专门针对老
年人制定的，是日本养老措施中的一大特色。由于有强有力的制度保
障，使老年人能解决温饱问题，加之有配套的医疗保障体系以及完善的
社区建设，日本的养老保障制度较为成功。

第四，日本属于立足国情探寻适宜养老居住模式成功的国家，现在
推行的养老方式主要是"居家—社会型"模式和以"年金—医疗—护
理"为核心的养老服务体系的综合。日本具有东方传统文化特色，老
年人多与子女合住，居家养老现象普遍。一是随着日本社会的变化，日

---

① 尹文清、罗润东：《老龄化背景下日本养老模式创新与借鉴》，《浙江学刊》2016 年
第 1 期，第 174—179 页。

② 杨斌、王三秀：《日本养老保险制度的变迁及其对我国的启示》，《西安财经学院学
报》2016 年第 5 期，第 90—94 页。

③ 宋悦、吕康银：《日本养老护理服务业劳动力供给分析》，《现代日本经济》2019 年
第 2 期，第 82—94 页。

本的老年人赡养已经向家庭、社会并重的方向转变，传统的家庭养老转型标志着养老的形式已经多元化。二是遍布全国的个性化商业养老院。三是看护型养老院，身体活动不便及患病老人入住，并为其提供全面的护理服务。所有类型的养老院都被纳入护理保险范围，真正实现了"按需养老、按需护理"的目标。

二、日本养老保险制度的特点

第一，养老保障覆盖面广，保险制度多元化。日本社会保障制度的核心是社会保险。国民年金制度即基本养老保险为所有 20 岁以上且未满 60 岁的日本国民提供了最广泛的养老保障，尤其是将农民及自营者等低收入人群包含在内，对收入较低且不稳定的农民群体来说尤为重要。另外，1970 年设立了农民年金制度，1991 年实施了国民养老金基金制度。日本政府大力支持农协开展的人身共济保险。日本政府通过以上四种养老保险制度的共同实施，满足了各类群体的养老需求，保险制度的多元化也提高了国民养老生活的水平。

第二，立法先行，养老保险法律法规体系完备。日本养老保险制度的发展历程中，每项政策的实施与变动，尤其是实施养老保险的细节，都有明确的法律规定。这些立法从保险的对象、给付条件和标准到养老金的运营管理等都以法律的形式确定下来。通过一系列的法律法规，切实保障了日本养老保险制度的持续发展，确保了养老有法可依。

第三，政府的主导作用。日本养老保险制度的建成和运行，离不开政府在制度的设计立法、财政投入、基金监管等方面的主导作用。首先，日本多层次的养老保险体系设计，是在政府的主导下依据各时期经济社会发展需求，不断出台相应的法律法规，扩大养老保障覆盖范围，完善体系结构。经过多年发展，日本政府在老年人就医、护理、服务等方面都出台了相应的法律，形成了全面系统的养老保险法律体系。其次，养老保险制度的运行离不开政府的财力支持。日本政府除了负担国民年金制度运行的行政管理费用外，还承担了保险缴费金额的 1/3，并在经济不景气的情况下，把承担额提高到 1/2，同时还负担共济年金等在内的制度运营监管费用。

第五节　典型国家养老保险制度改革的共同点

前述代表性国家养老保险制度改革的共同点是：从政府包办走向责任共担；从单一层次制度走向多层次制度；逐步走向制度的融合是改革的总体趋势。

在大多数国家养老保险改革中，都是从改革基金的融资方式开刀，主要是分散责任，采取由国家、单位和个人共同负担的方式。传统的养老保险制度往往是国家包办的单一层次的现收现付制，过于单一的制度在实践中既不利于缓解政府财政压力，也不利于分散制度风险，更不利于与国民养老保险制度的衔接融合。各国多是通过构建多层次的养老保险制度来解决这些问题，开始体现出与普通国民养老保险制度相同的特点，由国家的基本保险、补充性保险、个人储蓄累积三个层次或多个层次组成，这也符合了世界银行极力倡导的多层次养老保险模式。在这一过程中，不同国家的融合程度不同，融合的进度亦有所差别。有些国家是改革伊始就将全部的公务员归入改革的范畴，统一实施新的养老保险制度。有些国家是采取渐进的方式进行逐步过渡的改革，无论是基于缓解财政压力，还是完善劳动力市场、吸引优秀人才、促进制度的公平与效率相结合等方面的考虑，都需要从完全独立的制度走向趋于融合的制度。

第六节　国外养老保险改革经验对我国养老保险城乡统筹的启示

通过前文对几个代表性国家养老保险制度改革的原因、措施和特点的分析，了解国外养老保险制度的改革进程和经验，能够为我国养老保险城乡统筹改革提供借鉴。

一、与本国国情相结合

从国外养老保险制度来看，世界上并没有完全一样的两种养老保险制度，并且一种养老保险制度并不能始终如一地适用于一个国家的不同发展阶段。各国国情不同，所选择的养老保险制度相应地也有较大差异。一国的国情主要表现在国家的政治体制、经济制度、历史文化、民族特色、未来发展趋势等方面。我国养老保险城乡统筹必须与本国的基本国情相适应。谋划养老保险制度城乡统筹改革必须立足国情，具体问题具体分析，积极稳妥地推进。

二、兼顾公平与效率

兼顾公平与效率是我国养老保险城乡统筹应该坚持的基本原则，同样也是国外养老保险改革的基本经验。公平是指在养老保险的待遇方面，城市退休职工和农民的福利待遇不能有大的差距，需要通过建立合理的养老金制度来缩小两者之间的差距。效率则是指不同地区养老保险制度都能很好地调动当地人员的工作积极性。

三、建立多层次的融合型养老保险制度

养老保险制度趋于融合是很多国家改革的共同趋势。我国的养老保险城乡统筹也应该走向融合型的制度模式。走向融合并不是指城乡养老保险一模一样，而是在确保城乡养老保险制度建设思路一致的基础上，建立多层次的养老保险制度。我国在 1997 年养老保险制度改革中也提出要建立多支柱养老保险体系，但到目前为止，养老保险的第二层次、第三层次发展依然滞后，所占份额比较小，没有在其体系中发挥其应有的作用。需要建立以社会养老保险为主体，以商业保险、储蓄养老和养老基金制度等多种形式为补充的多层次养老保障体系，来满足城乡居民、职工、农民工等不同群体的养老保障需求。

四、注重养老保险法制建设

我国的养老保险城乡统筹需要有法制依据。国外养老保险制度的特征之一就是首先建立一个比较完善的法律制度，做到发展和改革有法可依。我国现阶段养老保险的相关法律法规尚不健全，且早期养老保险政策的实践是先于法律法规的，属于"边实践、边总结、边立法"模式。特别是涉及农村养老保险的法律法规更新速度较慢，当时的立法背景已发生变化，多年实践中出现诸多新的问题，旧法已很难适应当下形势，这些都迫切要求我国在推进养老保险城乡统筹过程中，做到立法先行，不断完善法律法规的建设。

五、政府对养老保险城乡统筹要起到导向和推动作用

政府首先要缓解基本养老金财务问题，降低基本养老金替代率。对转轨成本进行核算，加快解决个人账户"空账"的问题，可借鉴瑞典做法，采用弹性退休机制。其次，政府要降低基本养老保险缴费率，为企业年金发展提供更大的空间；加快我国产业结构转型升级，促进技术和知识密集型企业发展；促进专业养老基金公司的发展，为参保者提供专业化的企业年金服务；设计更为合理的税收优惠制度，对中小型企业倾斜更多的税收优惠政策。最后，政府要对商业养老保险的发展起推动作用；对商业养老保险的需求方进行充分的调查；从商业养老保险的供给方入手，提高商业养老保险公司产品和服务的专业性、创新性和多样性。

六、充分发挥其他层次养老保险的作用

第一，鼓励民间力量参与养老服务业发展，构建富有特色的综合型老年服务体系。创新养老方式，发展适度普惠型的老年社会福利事业，推行政府为特殊老年困难群体购买服务，确保公共产品的供给能满足社会的需求。第二，注重养老服务产业发展，根据养老形式的划分，明确家庭养老、社区养老和休闲度假养老的责任承担机制。家庭养老方面的完善力度主要由政府机构主导；社区养老应当在政府引导下，充分发挥

商业养老机构的作用；休闲度假养老则应当完全由商业养老市场竞争决定，这样也可以大大增加其发展的动力。同时，政府可以实施"家庭扶助计划"，完善社区功能，充分发挥社区在居民生活特别是在养老中的重要作用。第三，注重非政府组织在多层次养老保险中的作用。由于我国地区经济发展水平差距较大，在财政状况良好的地区可以通过养老保险得到较为充分的养老保障，而在经济欠发达地区，完全依赖政府提供养老保障是不现实的，应当加强非政府组织的力量，发展与地区实际情况相适应的非正式的养老形式。

第九章 推进统筹城乡养老保险体系建设的对策

第一节 推进统筹城乡养老保险制度层面顶层设计

社会养老保险制度同其他社会领域建设一样，需要有战略性的顶层设计，即全局性规划养老保险制度发展理念、方向、原则、结构以及重点的战略蓝图。城乡养老保险制度一体化发展要求调整早期过分注重地方创新、自下而上的局部性试验改革的做法，转向更加重视中央层面的统一体系安排、结构设计、关系协调和整体治理，着力构建制度一体化改革的模式平台和整合渠道。统筹城乡社会保障制度应将农村与城市的社会保障制度纳入一个整体进行统一规划，按照制度框架城乡统筹、经办操作城乡一致、待遇标准城乡衔接、机构设置城乡统一的统筹思路，统筹规划、科学设计、有选择、分步骤地进行改革。与此同时，还要做好与其他制度的协调配合，实现城乡社会保障制度改革的良性互动与协调发展。

一、协同推进多支柱养老保险体系建设

建设多支柱城乡社会养老保险体系对于缩小城乡间养老金待遇水平差距、维护社会公平具有重要意义。近年来，社会保障改革的一个显著趋势就是发挥多种不同保障机制的作用，建立基本养老保险、企业（职业）年金、个人储蓄性和商业性养老保险多层次养老保险体系，重

塑国家、社会和个人多方责任共担的社会保险理念，提高制度运行效率。很多 OECD 国家在推进社会保障制度建设过程中，非常注重发挥市场机制对政府责任的补充作用，将政府补助与个人责任相结合，经济保障、服务保障与精神慰藉互相融合，建立起多支柱的养老保障体系。当下，面对人口老龄化加剧、社会转型的双重压力，建立健全全覆盖、多层次的城乡社会保障制度是一项长期、艰巨并且极具挑战性的战略任务，需要国家从宏观战略的高度予以推进，探索建立具有中国特色的社会保障制度体系。

建立多支柱养老保险体系是城乡一体化养老保险制度结构的"存量调整"，在形式上是基本保险与补充保险相结合，既可以利用统筹部分保障基本生活、积累部分提高待遇，又可以克服老龄化危机，多组合降低基金风险。在多支柱养老保险体系中，第一支柱是公共养老金计划，通常由政府立法强制实施并承担最终责任，旨在给退休人员提供基本养老保障，该计划一般采取现收现付模式。我国第一支柱的公共养老金计划包括城镇职工基本养老保险制度和城乡居民基本养老保险制度。第二支柱是职业养老金计划，是由国家提供一定的税收优惠、雇主主导建立的养老金计划，体现单位和个人的养老责任。目前我国第二支柱职业养老金体系包含了企业年金和职业年金两个部分。其中，企业年金制度的对象是企业职工，采取的是企业在参加基本养老保险制度的基础上自主建立的方式，目标是为企业职工提供一定程度的退休生活保障，提高退休职工退休后生活水平；职业年金制度是指机关事业单位的工作人员在参加国家基本养老保险的基础上，在国家政策指导和监督下实施的一种具有一定程度互济性和强制性的社会保险项目，是基本养老保险的补充和辅助，采用强制参加的方式，旨在提高退休生活保障水平。截至2018 年末全国有 8.74 万户企业建立了企业年金，参加职工 2388 万人，年末企业年金基金累计结存 14770 亿元，加权平均收益率为 3.01%。[①]在积极推进企业年金和职业年金工作的同时，要拓展第三支柱个人储蓄

---

① 资料来源于《2018 年度人力资源和社会保障事业发展统计公报》，2019 年 6 月 11 日，见 http://www.mohrss.gov.cn/SYrlzyhshbzb/zwgk/szrs/tigb/201906/t20190611_32049.html。

性和商业性养老保险体系。2018年财政部印发了《关于开展个人税收递延型商业养老保险试点的通知》，在上海、福建和苏州工业园区开展为期1年的试点，为第三支柱养老保险开展了有益的探索和尝试。第三支柱是个人养老金计划，采取完全积累制，由个人自愿缴费，国家给予税收优惠，体现个人养老责任。

按照世界银行提出的养老保险"五支柱"建设理念，消除养老金"多轨制"，这不仅是解决因统筹层次偏低而带来的各地养老负担差异大、基金规模效益弱和养老保险关系转接不畅等问题的治本之策，更能有效缓解公众对社保制度因公平性不足而产生的信任危机。因此，在完善第一支柱养老金制度的基础上，要继续推进第二支柱建设。在养老保险"保基本"原则得到真正执行后，企业应该开始全面建立企业年金制度。作为养老保险的第二支柱，这一制度需要由自愿变为强制，从而在真正构建多层次养老保险制度的道路上迈出坚实一步。为有效推进企业年金制度的发展，需要在缴费、运营、领取三个环节设计税收优惠措施，同时积极开展企业年金制度也是提高企业职工忠诚度、保持企业人力资本的有效手段，要让所有企业意识到企业年金不是负担，而是有利于企业长久发展的制度。逐步加强税收优惠等政策支持，并考虑以准强制的方式完善企业年金制度，对于职业年金中非全额拨款的事业单位采取虚账或虚实结合的养老金需尽快进行实账管理，加强其投资和监管，从制度设计上保障职业年金保值增值，以更好地提高养老金水平。此外，在完善第三支柱试点的基础上，按时且全面实施原定的第三支柱计划。为鼓励个人能够更多地为其退休进行储蓄以此减轻国家未来的养老负担，政府可以提供相关税收优惠或财政补贴政策。

二、理顺城乡养老保险的转移接续关系

养老保险制度间的衔接和转移接续是顺利实现统筹城乡社会养老保险制度目标的前提条件，加快弥补制度缺失、衔接整合各项养老保险制度从而构建覆盖城乡的社会养老保险制度，是建立更加公平、普惠、可持续社会养老保险体系的必然要求。由于我国城乡二元经济体制的长期存在和经济发展水平的不平衡，因此在完善城乡两类社会养老保险制度

的基础上实现社会养老保险关系的城乡转移接续是整合城乡社会养老保险制度的必经阶段。实现社会养老保险关系的城乡转移接续既是满足农村劳动力转移就业与回乡时养老保险关系转移接续的现实需求，又是推动城镇化发展和城乡融合的必然举措。城乡居民养老保险与城镇职工养老保险两种养老制度需要进行进一步的调整与整合，真正打破城乡养老樊篱关键就在于这两种制度的有效融合。

人社部和财政部在 2009 年联合制定的《城镇企业职工基本养老保险关系转移接续暂行办法》（自 2010 年 1 月 1 日起执行），基本解决了流动就业人口（主要是农民工）的城镇企业职工养老保险跨统筹区域转移接续的问题；2014 年 2 月，人社部印发《城乡养老保险制度衔接暂行办法》，基本解决了城镇职工基本养老保险和城乡居民基本养老保险之间的制度衔接问题，社会养老保险关系的城乡转续工作进入实质性操作阶段，体现出了国家对于深化养老保险制度改革的决心。但是，上述转移接续政策在具体执行过程中，也存在转移接续手续烦琐、办理成本高、转出地和接收地利益分配不均、对不同年龄段转移人群的制度歧视以及跨地区和跨制度的养老套利等问题。按照《城乡养老保险制度衔接暂行办法》的规定，参保人员从城镇职工基本养老保险转入城乡居民基本养老保险时，之前的参保缴费年限可合并累加计算为城乡居民基本养老保险的缴费年限，但当参保人员从城乡居民基本养老保险转入城镇职工基本养老保险时，其参加城乡居民基本养老保险的缴费年限则不折算为城镇职工基本养老保险缴费年限。这就意味着现行转续政策仍然是单向的。同时，当从城镇职工基本养老保险向城乡居民基本养老保险转续时，《城乡养老保险制度衔接暂行办法》也没有转移社会统筹账户基金的规定。因此，社会养老保险的城乡转续工作还需要进一步完善。

从城乡养老保险制度模式看，城乡居民基本养老保险个人账户与城镇职工基本养老保险个人账户的计发办法已完全一致，都是以个人账户的积累额除以对应的养老金计发月数，因此，个人账户的对接已无障碍。问题的关键是城镇职工基本养老保险统筹养老金与城乡居民基本养老保险基础养老金的待遇计发办法不一致，城镇职工基本养老保险待遇较高，城乡居民基本养老保险待遇较低。压高就低不可能，拔低就高不现实，二者如何有效对接才是问题的症结所在。理顺不可能一蹴而就，必须循序渐进、稳步推进。循序渐进是我国经济社会发展不平衡、地区差距大的具体国情之下的必然选择，需要照顾多方利益，分阶段、有步骤、有重点地推进制度体制改革。做好养老保险制度间的接续转移，保障参保人的基本权益，不断扩大制度覆盖面。

城乡养老关系转移既涉及制度间的问题，也涉及跨省或跨统筹地区的问题。首先，我国城乡之间、不同地区间的经济发展水平差异较大，养老保险政策在一些具体细节上也存在地区差异，因此转移办法的完善需要一个探索试点的过程。其次，办法的实施需要统一规范、操作简便的经办流程，否则再好的办法也难以落实。城乡养老关系转移从提出申请，到审核办理完结，需要准确完整的信息数据库和网络做支撑，但目前很多地区还是靠手工操作，且不同地区的养老信息数据库的数据内容、格式、信息项目等也不一致。这些极其重要的基础性问题需要在试点中逐步解决和完善。因此，建议分别选择部分代表性农民工输入地和输出地，开展城乡养老关系转移的试点，探索经验，完善办法。

实现养老保险制度间的接续转移，关键是要以职工养老保险制度为大体框架的基础上，对城乡居民养老保险制度的缴费方式与养老金计发进行调整，在各自现实的待遇条件下实现二者的无缝衔接。我国城镇职工基本养老保险统筹养老金与城乡居民基本养老保险基础养老金待遇计发办法的唯一共同点是缴费年限。对一个"新人"来说，参加城镇职工基本养老保险领取统筹养老金和参加城乡居民基本养老保险领取基础养老金的最低义务缴费年限均为15年，这是构成二者计发办法的唯一共同要素。以"缴费年限"分别量化城镇职工基本养老保险统筹养老金和城乡居民基本养老保险基础养老金，然后采取分段计算的方法，可以找到一个在现实的待遇条件下实现二者无缝衔接的办法。具体来说，就是对城乡居民养老保险进行"仿职设计"。在缴费方式上，将目前按照固定金额缴费的形式转变为按收入水平的比例缴费，政府根据缴费档次与缴费期限进行适当补贴，鼓励长缴多缴。同时，秉持"人本化"服务理念，注重城乡贫富之间的相对公平，针对部分高龄农村老人入城，政府应在其转保时给予一定补助，对贫困老人、孤寡老人等要配套补贴政策，设立缴费豁免标准，避免富人占据更多的养老资源。最后，建立农村个人账户的调剂金制度，防止因收益波动或老年人长寿带来的养老金支付风险，对于跨地区转保，可以先从社会养老调剂金中划拨一部分来弥补统筹资金不能及时入账的情况，保证老年人领取养老金的及时性。此外，政府需要通盘考虑多方因素，解决制度接续转移过程中的地区差异与地方财政补贴转移问题，在制度全覆盖、养老保险全国统筹的基础上，加快制度整合衔接，尽快出台一个全国统一的接续转移办法，解决养老保险跨区域转移问题，使国民能够公平共享基本养老权益。

三、加快养老保险经办服务管理体制改革

提升社会养老保险经办机构服务效能是确保城乡养老保险制度顺利运行的基础条件。养老保险经办机构建设是养老保险制度统筹的重大现实问题，经办机构经办能力不强导致政策落实不力，经办管理统筹层次低造成养老保险转移接续难，经办管理人员素质低导致经办效率低。这些问题不仅阻碍养老保险制度的发展优化，还会严重损害公民的参保积极性。政府需要在养老保险经办管理体系优化方面加大力度。

首先，要尽快构建社会保障垂直经办体制，用垂直管理体制代替属地管理体制，统一经办流程，提高经办效率，实现养老基金的统收统支。我国养老保险经办机构实行的是地区分割的属地管理体制，经办机构向地方政府负责，而不向上级经办机构负责。上级经办机构与自身的关系只是业务指导，因此造成了机构建设不统一、服务流程不规范、信息化建设分散等问题，在社会保险统筹层次逐渐提高、城乡一体化进程加快的大背景下，经办机构的属地管理模式弊端日益显现，应加快推进社保经办机构垂直化管理，使得社保经办机构的管理方式和业务流程得到统一。实现全国统一的经办机制，实现中央与地方经办机构组织与人事上的垂直管理，下级经办机构只对上级经办机构负责，地方经办机构对中央经办机构负责，而不再对地方政府负责。责任分工方面，中央社会保险经办机构负责全国养老保险基金预算决算编制和战略规划、政策法规的制定；人社部行使行政监督和基金监督的职责；省级社会保险经办机构参与养老保险基金预算编制并上报中央社会保险经办机构，负责

个人账户基金投资管理；省级以下派出机构负责经办养老保险具体事务。明确养老保险基金交由中央层级的养老保险经办机构集中统一管理，整合中央经办机构与地方经办机构的职责，将养老保险费的收缴权下放地方，养老保险费的收支预算由中央负责，适度集中经办管理机构，更好地提供社保便民服务。同时，合理划分各级社保经办机构职责，应按照"管理向上集中，服务向下延伸"的理念合理划分省、市、区县三级社保经办机构的职责，进而避免各级经办单位职责的交叉和资源的浪费。构建标准化的社保经办管理体制，制定统一的社保经办管理标准，统一各级社保经办机构名称、部门设置和办事流程。

其次，建立健全经办服务机构信息化建设的相关制度。信息化建设是提升社保经办机构能力的关键，建设高质量的社会保险经办服务体系，必须要加强"互联网+"信息化、人工智能化服务建设。一是要努力推动信息系统向更高层次集中。为适应以基本养老保险为代表的社会保险统筹层次逐步提高的要求，应全面推进信息系统一体化建设进程，由国家牵头对经办信息系统进行统一开发，以解决各地社保信息化系统分散化建设所导致的数据接口不统一问题。推进"金保工程"向乡镇、社区的延伸，构建覆盖基层社保经办服务机构的多级网络信息系统。二是在网络技术飞速发展的当下，应积极推动"互联网+"与社保经办工作相融合，打造"互联网+社保经办服务"新模式，引领社保经办工作转型升级，全面推行网上查询、申报、缴费、资格认证等"电子社保"新模式。三是要加快建立部门之间信息交流平台，不断扩大数据共享范围，以提升经办部门的信息认证能力。提高对社保大数据分析应用能力，通过大数据分析，更好地管理社保基金。

最后，探索完善经办机构购买服务的途径。在市场经济体制逐步完善的背景下，社会保险经办机构应积极拓宽经办服务供给途径，例如探索外包类PPP模式在社会保险经办服务管理中的应用，将部分社保经办非核心业务交由第三方组织承办，以实现经办机构公共目标与社会资本专业化优势的互补。当前，一些地区的社会保险经办业务已经开展了与社会资本的合作，合作内容涉及社保档案整理、支付审核、收缴发票寄送、待遇咨询等多个方面。随着社保经办业务服务量的不断扩大，要鼓励各地经办服务机构与社会资本的深度合作，探索更多的可合作项目；要规范社保经办机构外包服务的环节，在经办机构服务外包的过程中应明确经办服务的责任主体是经办机构；要合理划定购买服务的范围，通过建立监督咨询机制，保障服务购买的质量。同时，应注意经办机构购买服务的潜在风险，避免竞争性购买带来的服务质量下降问题和购买成本难控问题。

四、明晰中央与地方责任划分

中央和地方之间权责不清是目前城乡统筹养老保险制度中面临的现实问题。在经济转轨的过程中，原本由企业负责的养老保险责任逐渐在企业、个人和政府之间重新分配，中央与地方之间的管理上"条块分割"，财政上"分灶吃饭"，使得养老保险的财权和事权方面常常出现分歧，难以统一。这种权责分配容易出现盲目甚至无序的情况，养老保险事权在中央，但地方政府通过出台细则可以改变中央规定。省级虽有一定比例调剂，但市县级负责养老保险支出责任仍是基本格局。实现城乡社会养老保险统筹发展，应当明确界定政府应该承担的责任，确保社会各类人群都能较公平地分享经济社会发展果实，全体国民都能实现老有所养。明确中央政府与地方政府的权责，关键是要坚持财权与事权相统一原则。中央和地方的养老保险权责划分和财力匹配，涉及养老保险制度的公平、效率、便携和可持续，涉及政府与市场的关系，涉及中央与地方财政体制，关系国家长治久安，是一项利益纠葛复杂、难度系数高的系统工程。

中央政府应尽快统一城乡养老保险制度，虽然目前是统账结合的模式，但是城乡之间缴费比例与缴费方式仍存在较大差距。首先，中央政府应该充分参考比较合理的顶层设计方案，科学决策并积极推动城乡统筹养老保险制度的形成与实施。将我国目前按不同人群设计的养老保险制度统一整合为纵向分层的养老保险制度，既是从根本上完善我国养老保险制度的举措，也可厘清各层级政府责任的边界，为中央和地方养老保险责任划分和财力匹配提供可操作性。计发基数也需要调整，统一以个人缴费为基数计发基础养老金，既可增强缴费激励，也可为中央和地方养老保险责任划分和财力匹配提供管理基础。中央政府还应该推动各省份之间养老保险参保缴费信息共享，实现省份间信息系统交互共享。由于地方政府在信息优势下容易发生道德风险行为，因此中央政府必须及时且准确掌握参保人的信息，而这项工作主要由中央政府来承担。其次，地方政府需要统一征缴机制，在城乡统筹的背景下，地方养老保险经办机构的主要职责是征收和核实，改变现在征收由税务部门和社保经办机构混收的情况，应该加强征收和核实的力量手段，加强相关行政监督力度。给予困难地方参保补助也是地方政府的职责，地方政府要根据本地发展情况确定补贴对象和标准，对于残障人士和低收入参保人等特殊群体的参保补贴都应该由地方政府承担全部责任。

中央与地方责任划分主要体现在以下方面：一是养老保险预算编制的责任应分级，省级养老保险部门负责本级的，并接受同级的立法机关监督，中央政府养老保险行政部门在审核各省份预算的基础上，制定全国的养老金收支预算，接受人民代表大会的监督。对于养老保险的历史债务和现实缺口，也应该分级负责，以避免地方政府出现道德风险行为。对于预算内的缺口总体上可以由中央与地方按比例负责，大约是七比三甚至五比五，对于预算外的资金缺口则由地方政府来承担，目前使用养老保险中央调剂金制度作为全国统收统支的过渡政策，通过逐年提高上解比例逐渐实现真正意义上的全国统收统支。对于养老保险基金管理也应该分级负责，由中央政府出台基金管理的指导标准和实施意见，各省份根据自身发展情况进行细化管理。使得总体保持一致，但管理流程更具可行性和可操作性。

第二节　增强城乡养老保险
可持续发展能力

一、优化政府公共财政投入方向

公共财政投入是缩小城乡社会保障服务差距、实现一体化养老保险制度的关键，体现了收入再分配与公共服务均等化理念。养老保险制度的城乡统筹需要改变养老保险的财政投入格局与各级政府间的分担机制，积极发挥财政作用，优化财力投向，为城乡养老保险统筹创造有利条件。

首先，调整政府财政投入结构，加大对农村地区养老保险的支持力度。福利国家的实践经验表明，养老保险制度作为一项重要的公共政策，财政投入是制度均衡发展的主要依赖。农村地区养老保险制度作为城乡统筹的薄弱环节，需要财政加大资源倾斜力度，尤其是对于贫困县、欠发达和少数民族地区，适度增加财政补贴力度，改变城乡养老保险制度财政投入不均的现状，担负起农村养老保险制度的财政兜底的责任，根据中央政府与地方政府财力的不平衡程度、地区的人口结构、财力状况和支出标准等综合因素，不断完善财政转移支付制度，优化财政转移支付结构。

其次，建立和完善社会保障资金预算管理制度。制度统筹层次普遍偏低以及对养老保险资金缺乏有效监管，致使资金"监管虚化"，这不仅降低了养老保险资金的利用效率，也增大了基金缺损的风险。因此，必须建立资金预算管理制度，细化、统一城乡社会养老保险收支名目，将政府财政预算中的社会保障内容同目前财政专户的社会保障项目合并编制一个独立完整的社会保障预算，将社会保障方面的收支全部纳入其中，由财政部门按照政府财政预算收支管理方式统一核算、统一管理，并与政府其他预算之间保持严格的相互独立性，不断推进我国社会养老保险城乡统筹和基本公共服务均等化的发展。

最后，深化基层政府财政体制改革，合理确定基层政府社会养老保险财权与事权的责任匹配。增强基层政府在推动社会养老保险城乡统筹中的动力和能力，就必须从全局的角度出发，对财政体制创新和县乡机构改革"双管齐下"：一方面，鉴于市管县的财政调控力度较弱以及乡镇财政"空壳化"的突出问题，可逐步减少财政管理级次，实现财力重心的下移，提升基层政府对农村居民养老保险财政补助的负担能力；另一方面，要合理划分基层政府社会养老保险财权与事权，做到权责统一。具体社会养老保险财权与事权的划分需要考虑的因素很多，但不管事权放在哪一级政府，都应根据事权核定所需财力，本身财力不足的，上级财政应给予补助并实现出资比例的制度化和常规化，中央政府承担的社会养老保险财政支出应足额安排专款，尽量避免让下级财政安排配套资金。

在建立农村社会保障项目以及为非正规部门就业人员提供社会保障过程中，为提高制度覆盖面、保证缴费可承受力，多数国家都根据其经济实力和具体情况给予不同程度的财政支持，一些国家的支持力度还非常大，这是值得借鉴的国际经验。从社会保障未来的发展趋势看，城乡社会保障的资金需求还将进一步扩大。因此，应将财政社会保障投入问题纳入经济社会发展战略布局和长期发展计划中统筹考虑，完善投入机制，重点支持居民社会保险、社会救助、社会福利等社会保障的薄弱环节，逐步改变"重城市、轻农村"的倾向。进一步完善中央财政对地方社会保障的转移支付制度，通过有效的转移支付增强地区之间社会保障事业发展的协调性，助力推进统筹城乡养老保险体系建设。

二、健全养老保险基金投资机制

为了实现保值增值目标，2015 年国务院发布《基本养老保险基金投资管理办法》，对基金的投资模式、运营主体、投资范围和治理规则等进行了明确规定，并授权全国社会保障基金理事会负责运营由地方归结至上的基本养老保险基金，形成了以社保理事会为轴心的"统一委托投资"模式。尽管基金投资管理的体制机制已经初步确立，但在实际运行中仍然面临一些亟待解决的难点问题，比如资金上解规模小且节奏缓慢、投资运营模式存在缺陷、投资策略偏向保守等。

在风险可承受范围内，通过拓展投资范围参与市场运作，提高养老保险基金的投资收益率。秉持责任投资和长期投资理念，开展养老保险基金的多元投资渠道，让养老保险基金投资向收益水平较高的投资项目倾斜。一是在投资工具选择上，投资范围除了银行存款和国债外，还应当包括债券类产品、股票和基金类产品，以及国家基础设施建设等具有长期稳定收益的实业投资领域。目前，我国债券市场的可选择品种不多，但债券投资相对于股票投资，风险可控性更高，而且其收益远远高于银行存款和国债。股票虽然投资风险高，但收益也高。在投资品种选择上，可以重点关注具有较高投资价值的优质股票，特别是对于一些成长性较好的上市公司应重点考虑进行养老保险投资。二是增强积极地参与国际化投资的战略观念。经济全球化条件下，国际投资渠道越来越广泛，也使得我国养老保险基金具有更为广阔的投资选择空间，也可以帮助有效地分散风险。三是建立基金投资目标体系，提高投资绩效管理能力。基金投资管理最为重要的步骤是资产配置，配置以后需要对每个细分产品设定清晰明确的投资目标。比如，根据一定时间内银行存款、国债、地方债、股权、股票、实物资产等的平均收益率，结合通货膨胀率确定基金投资最低目标收益率，以此作为投资目标评价的核心考核指标。

加强落实投资监管和信息披露工作。加强风险管理，建立健全基金投资运营监管、报告和信息披露制度，建立健全基金监督行政执法规程和自由裁量基准制度，强化基金收支、管理和投资运营全过程的监督检查。针对当前养老保险基金投资管理存在的"内部人控制"问题，必须建立起有效的投资监管机制和信息披露制度，提高受托机构、托管机构和投资管理机构的自我约束力。一是完善监管体系，采用数量限制监管和审慎监管相结合的方式。监管力量上，整合分散的政府多部门监管资源，明确各方权责，形成合力对基金投资管理全过程进行统一监管。监管内容上，除了继续实行投资范围和投资比例监管外，还应对投资机构的偿付能力进行监管。二是完善信息披露制度，充分发挥社会监督功能。基金受托机构或监管机构应当定期对基金运行状况、资产配置结构和投资收益情况等信息向公众进行公开披露，尤其是要保证披露信息的真实性、完整性和及时性。同时，加强基金投资管理透明化，赋予参保人以知情权，建立起有效的社会监督机制。

三、多途径化解养老保险历史债务

目前对于养老保险历史欠债处理，既没有法律上的规范，也没有出台养老保险历史债务化解的相关政策，这是养老保险制度可持续发展的潜在威胁。化解历史债务可以使得各地在统筹层次提升过程中"轻装上阵",从而有效缓解养老保险基金区域利益固化的现状,因基金盈亏差异而导致的不良性影响也将得以削弱。中央与地方政府的责任分权是化解历史债务的前提,中央政府对于历史债务虽有一定的义务,但中央政府只应承担有限的兜底责任,对于一些人口老龄化严峻和制度赡养率较低的地区可以给予制度上的倾斜,地方政府不应完全依赖中央政府,不能心存侥幸或一推了之。政府在进行每年的财政预算时,需要把养老保险财政补助加入政府的正常预算支出,形成稳定的规范补助机制,政府应加大对资金运营过程的监督管理,最大程度上提高政府财政资金的使用效率。从可持续发展角度考虑,在保证基金足额征缴和合理增加财政补贴的基础上,应通过多种渠道筹集养老保险资金,降低财政压力。

首先,划拨国有资产补偿债务。"划转国有资本充实社保基金"在党的十八届三中全会相关文件中就有明确要求,2015年中央企业的划转量已达2563亿元。通过国有股权的减持政策,从2000年到现在,这一部分钱占社保基金财政性收入的35%。继续深化国有企业改革、推进国有企业发展、强化国有资产监管,提高国有资本回报,多途径建立国有资本补充我国社会保险的战略储备机制。把属于全民的国有资产的收益注入社保基金,形成防范未来风险的资金池,将有助于建立更加公平、更可持续的养老保险制度。各省份也可结合本地实际,因地制宜地建立地方性的社会保险战略储备机制,以地方财政补贴、土地出让金部分划拨、地方国资的利润上缴、资本变现和资本划转等多种方式,充实地方社会保险战略储备基金。

其次,发行养老金国债。通过发行政府债务的形式进行养老金的筹集,是国外解决养老金缺口问题常用的方法,通过发行债务的形式,将集中爆发的养老金问题延期化,可以有效地解决由于历史欠账问题导致的养老金集中发放所造成的养老金缺口问题,而且不会给政府短期内造成过大的财政负担。特别是在我国当前地方财政过度紧张的情况下,债券已经成为改善我国养老保险基金资金结构、提升养老保险基金投资收益率的有效手段,并得到了各方面的认可。

最后,发行养老金彩票。发行彩票是当前阶段我国一种常见的社会资金筹集手段,彩票为我国公益事业的发展提供了必要的资金来源,极大地推动了我国公益事业的发展。彩票采用依法销售、特许发行、自愿购买的原则，面向社会发行。当前随着我国信息技术的发展和网络覆盖率的不断提升，彩票的发行范围不断扩大、发行方式日渐多元化。我国彩票资金的利用，则应严格《彩票管理条例》规定，采用政府性基金管理办法实现对养老彩票所筹集资金的预算管理，将收支相分离，按照相关法律法规接受审计机关、财政部门以及社会公众的监督，并根据预先做出的承诺如期向社会披露资金利用方向、利用项目等信息。

四、定期发布养老保险精算报告

目前多数国家对于养老保险都建立了定期精算报告制度。养老保险基金精算报告制度是根据国家法律、法规和政策规定，定期对养老保险制度开展精算评估，发布由精算责任人认可的评估报告，以监测基金收支风险、保证基金平稳运行的精算业务规范。精算报告主要有两个用处：一是监测养老金基金运行质量，并定期向社会公布；二是作为改革养老金制度的重要依据，是推动实施参数改革与结构改革的重要技术手段。

党的十八届三中全会首次提出"坚持精算平衡的原则"，精算报告就是一个及时的预警机制，其载体就是定期发布的养老金报告。通过对人口结构和收支情况的预测和总结，归纳其变化趋势并给出预警，有利于及时调整制度参数并采取必要的应对措施。随着经济发展进入新常态，经济增长的机遇和压力并存，供给侧结构改革中的降费需求对于养老保险可持续发展提出了新的挑战，因此对于养老保险的中期及长期预测的重要性凸显。由于各省份的人口结构、产业结构与历史发展等因素，养老保险的省级结余情况畸轻畸重，有些沿海发达省份有可以支持数年支出的结余储备，有些省份已经出现收不抵支。建立精算报告制度有利于防范地方债务风险，及时做出提醒，并为调剂金制度的顺利运行提供根据。此外，精算报告制度的建立有利于省级政府及中央政府的数据平台建设与数据信息共享，提高各地数据采集、归纳和处理能力，推动数据采集与处理等方面的标准建立。

实现城乡统筹的养老保险制度，需要设定统一的制度参数。合理的制度参数要实现人口老龄化背景下基金运行的精算平衡，并且统一的制度参数实现后也需要根据人口预期寿命、社会平均工资增长水平和制度赡养率的变化，定期调整养老金给付水平、职工退休年龄、缴费率等指标。与此同时，养老金全国统筹过程中中央财政的补贴数额、各级对于历史债务的分担比例、全国统筹后基金保值增值的投资运营选择也都离不开精算数据的支持，建立完善的养老金精算报告制度有助于推动基本养老保险全国统筹的实现。由于目前统一的制度尚未形成，有些精算方面尚未定型，所以精算报告可以按照年度现金流与基金率的测量方案进行测算，并且从发达国家的精算报告中吸取符合我国国情的做法，尽量克服数据获取的约束，设定合理的预测周期，充分考虑外部制度参数对于养老保险政策的影响。当前，应加快建立养老保险精算报告制度，通过精算报告客观评价制度运行情况，对基本养老保险全国统筹后基金的支撑能力和统筹层次提升中财政负担能力作出科学的预测与判断，以更好地推动统筹城乡养老保险体系的建设。

第三节　优化统筹城乡养老保险配套机制

一、深入推进传统户籍制度改革

城乡养老保险服务非均等化的根源在于二元户籍制度。城乡居民不能按职业而依旧按户籍身份来获得相应的养老保障，一些在城市生活且具有较高缴费能力的农民继续被限制在农村养老保险制度之内，无法自由选择，尤其是在城镇非正规就业的农民工群体，也因户籍原因必须首选参加户籍所在地的新型农村社会养老保险制度，即使是城镇正规就业的农民工，被强制参加了城镇职工基本养老保险，也因较强的流动性和各地养老保险制度的不统一而导致转移接续困难，甚至是养老金利益的便携性损失，最终不得不退保。由此可见，隔绝城乡的二元户籍制度壁垒虽有所弱化，但户籍身份差异仍然是界定城乡养老保险制度覆盖对象和首选参保制度的标准。

我国城乡有别的户籍制度也导致城乡缴费差距逐渐扩大，目前农村养老保险覆盖率高于城镇，两者出现逆转，而城镇缴费率为20%，农村仅相当于5%左右，并且社保的转移接续问题突出，统筹协调难度增大，二元分隔体制成为阻碍城乡统筹的主要因素。工业化的不断发展需要更高的城市化水平来满足对劳动力的需求，因此在大量人口城乡流动的背景下，农村大量剩余劳动力想要融入城市以得到更高的公共服务，但是二元户籍制度与农村市民化进程并不协调，很多中老年的农村流动人口因为未能融入城市，享受不到城市的公共服务而被迫返乡，这不仅加重欠发达及农村地区的养老负担，使得农村与城镇之间的养老保险制度融合更加困难，并且有悖于社会公平与正义。当前的户籍制度不仅是身份确认与人口管理的功能，并且附加了很多额外资源与权益。户籍制度改革的目的是形成覆盖城乡的公共服务体系、实现公共服务水平均等化，这与养老保险城乡统筹的改革方向一致，因此养老保险的城乡统筹进程既要符合现阶段的社会发展与生产力发展水平，也要与户籍制度的深化改革协同推进，互为促进。

剪除城乡户籍的藩篱、建立统一的户籍制度有利于城乡统筹的健康发展。一方面要淡化户籍偏向，逐步剥除与户籍相挂钩的福利待遇，使原本不应附加于户籍制度福利功能返回原本领域，使得户籍制度的本质功能得以回归。另一方面要循序渐进地降低农村户口向城镇迁移限制，先从小城镇再到中小城市、最后到大城市，逐步实施一元化的户口管理制度。需要注意的是，户籍放开需要考虑本地的容纳能力和发展水平，否则突增的供需矛盾会导致更大的负担。保障居民自由流动的同时要兼顾城市的人口资源与环境压力，改变城乡居民的身份差别，努力实现居民在全国范围内的自由流动，降低城乡养老保险制度的缴费与待遇差距，应配合就业、居住与教育等方面的制度措施，建立统一的基本公共服务体系，解决好农村转移人口在城市中的生活与发展问题。

二、积极推进土地产权制度改革

作为农业政策整体中一部分的农村社会养老保险制度，只有与城镇社会养老保险制度统一规划、统筹发展，让农村居民与城镇居民平等享有最基本的养老保障服务，解除养老的后顾之忧，才能形成城乡经济社会发展一体化新格局，但这必须与土地制度的深化改革相配套。土地产权制度的改革完善是农业劳动生产率得以提高的基础，也是推进农业现代化和城镇化进程的必由之路。至今，土地依然发挥着农民生产、生活和养老保障的重要功能，农民们把养老希望更多地寄托在土地上，但农业产出值较低。同时，随着农业土地被征用为城市用地，失地农民的养老保障问题凸显，由于补偿安置费用较低或一次性补偿，导致农民担忧日后的养老问题。

首先，打破城乡二元的土地市场体制，对集体土地和国有土地在土地征收、流转使用、市场管理等方面实行同价补偿和同等保护。集体土地和国有土地两种性质的土地所有制在管理制度与模式上的差异，应在城乡统筹的背景下得到协调和统一，最重要的是在农村土地流转过程中实现与国有建设用地的"同权同价"，打破地方政府作为土地一级市场唯一卖方的垄断地位，提升农民的土地权利，尤其是赋予农民和集体更多的征地谈判权和收益分配权。重点是保证农民在稳定和长久拥有土地承包经营权的基础上，不断丰富农地承包权的内涵，比如对《物权法》中农地承包权的"用益物权"，进一步细化为可转让、继承、赠与、抵押等权益。实现农地使用权是在农民自愿基础上的有偿和充分流转，切实保障和落实农民应得的土地收益。

其次，建立全国统一的农地产权制度。目前实施的"城乡统筹"战略在农村的基础性制度改革也主要集中在土地所有权改革方面。从顺应工业化、城镇化和农村现代化发展的趋势看，统一农村土地所有权为国家所有应是一个最终的选择，至少对社会养老保险制度城乡统筹有巨大的益处：一方面，针对农村社会养老保险制度中集体补助在全国各地的不平衡，在实现土地国有化后，就可以把出资补助矛盾化解在国家层面，不管是谁用地，一律向国家缴纳土地使用费和土地增值费，而不再将责任推给各个村集体，避免了有钱的集体可补、没钱的可不补的不公平现象发生，国家对农民养老保险基金实行全国统筹，统一管理和统一补助，在一定程度上缩小了不同区域农村养老保险制度的待遇水平。另一方面，农村土地国有化后，同弥补城镇职工基本养老保险基金不足的筹资渠道相类似，可以从土地出让收益中划出一定比例来充实农民养老保险基金，有利于城乡统筹的社会养老保险制度的资金来源公平。

三、建立调剂金激励约束机制

目前养老保险中央调剂制度上解比例从 3% 起步，逐步提高，并且现行中央财政补助政策和补助方式保持不变。上解比例越高，贡献地区的净转出、受益地区的净拨入就越多。提高上解比例，意味着更多的养老金从贡献地区流向受益地区，在中央财政补助政策和补助方式不变的情况下，可能降低贡献地区结余率，甚至增加地方政府财政负担。显然，伴随上解比例的提高，可能会加剧贡献地区地方政府的抵触情绪，增加政策执行难度。

一方面，制度实施之初，一定程度上必然会加大省际矛盾和中央与地方矛盾。从地方关系来说，这对于出现亏空的地区是一种弥补，有利于提高这些地区退休职工的福利水平，但对基金流出的地区却造成了一定的福利损失，减少了当地的可用资金，侵害了当地的利益，一定程度上阻碍了当地福利事业的发展。存在基金结余的省份失去对结余资金的使用权，会降低其上缴基金的积极性；也导致存在基金缺口的省份将本地的养老金发放的责任转嫁给了中央政府和基金结余省份，基金缺口的省份对上级政府的依赖性增强，容易滋生"搭便车"现象，从而产生新的公平与效率问题。

另一方面，就中央与地方关系而言，会增加地方与中央政府之间的博弈行为，如：降低参保门槛，包括降低缴费基数、降低费率等；粗放化参保式，通过趸交方式将被征地农民等群体纳入制度等。上述行为虽然短期内获益良多：一定程度上提升了地方政府形象，赢得民心，降低了企业税赋，增强了竞争力，减轻了个人经济压力，增强当前支付能力。但长远来看，不仅增加了改革的成本，制度的可持续性和保障功能也因此受到侵害，中央政府承担的责任将更重，社会共济和社会公平的目标愈加难以实现。收益差的省份还可能会滋生过度依赖的心理态势和行为方式。

因此，需要建立必要的激励机制，来有效调动地方政府的积极性。对此，可以在中央政府的统一运营下，赋予征缴收入良好的地方政府使用部分本地结余基金的权利；可以适当加入"附加养老金"等项目，使基础养老金的待遇与当地生活水平相符，以满足退休职工的现实需求；对于养老金存在基金缺口的省份，需要设置一定的惩罚机制，以防止其依赖性的产生。地方政务必要切实承担养老金的扩大覆盖面与征缴任务，担负确保基本养老金按时足额发放和弥补养老保险基金缺口的主体责任。同时，必须建立健全考核奖惩机制，可考虑将制度落地进程与效率列入省级政府工作责任制考核内容，据情况适度予以奖惩。

四、强化数据信息系统建设

随着养老保险城乡统筹进入"大社保"阶段，信息化建设呈现从分散向统一的发展趋势。近年来养老保险信息化建设在统一应用软件、数据中心建设、社会保障卡制作发行、养老保险交换数据上传等方面取得了显著成绩，取得了利用信息系统全面提升社保业务经办管理服务水平的成效，但也存在不足，尤其是农村养老保险信息化建设存在着信息管理系统陈旧落后、信息登记散乱缺失、信息化管理人才贫乏及监管薄弱等现实问题。针对当前各地统筹层次低，政策不一的情况，信息系统建设必须着眼长远实施整合升级。建立全国统一的养老保险信息系统，为实现全国统筹提供必要的技术支撑。对目前相互分割、无法兼容的各地社会保险信息系统进行联网和兼容，是确保国家社会保险经办机构真实、快捷地了解全国所有参保人的参保信息及基金征缴与待遇支付情况的前提条件。通过信息系统实现中央社会保险经办机构及时、准确地了解、监管每个参保单位和参保职工的信息，并加强与就业、税务、工商、审计等部门的信息共享与信息核查，对违法违规的组织与个人给予相应的惩罚。因此，应当将信息系统的全国联网、无缝对接作为全国统筹的基础性工程。

首先，加强网络平台建设，将城乡居民基本养老保险业务纳入省级统一网络平台，实行业务专网运行。以省级数据中心为根节点、市级数据中心为汇集点，采用树状结构，统一使用一条业务专线向下延伸，县级网络接入市级汇集点。汇集点统一设在信息化综合管理机构机房。省市县各级 IP 地址分配和设备命名规范按照统一网络平台实施方案的要求进行设定和分配。通过为参保人员编发社会保障卡号，将其作为人员基本信息的唯一标识。信息共享可通过数据导入导出接口方式，实现与相关部门的信息交换，定期进行信息比对和交互。

其次，构建养老保险管理信息系统，包括参保管理、缴费管理、个人账户管理、待遇发放管理、关系转移管理、财务管理、信息公示管理、社会保障卡管理、稽核管理、系统接口管理、综合查询管理、统计报表管理、系统管理等 13 个子系统。在总结国家政策、部级经办规程和各地业务经办模式的基础上，建立"省—市—县—乡镇—村"五级业务管理模式，向省、市经办机构提供系统管理和统计查询等方面的业务，向区县经办机构以及各基层服务单位提供参保登记、缴费管理、基金管理、待遇发放、业务查询、统计报表等服务，向相关部门和系统提供接口服务和具体的方案。

再次，建设全方位的城乡居民基本养老保险公共服务信息系统。借助省级人力资源社会保障网站，建设互联网的查询服务系统，面向省内全部城乡参保居民提供统一的网上服务；充分利用面向乡镇、行政村延伸的终端设备，为参保居民就近提供个人账户、养老金标准等信息查询服务。居民也可以通过电话咨询自己遇到的各种问题，可以申请短信通知业务等。此外，在加强应用系统建设方面要统一进行软件本地化工作。软件应提供大量的参数配置以达到全国各地适用，各地均可通过参数配置完成软件对本地政策的适应。

最后，注重信息技术人才的培养和开发，全面提高人员综合素质。一是针对当前部分县级经办机构满足不了岗位职责分工的细化要求，存在一人多岗，甚至不相容岗位的兼职问题，要努力争取增加人员配置，健全经办机构部门和岗位的设置。二是切实加强信息系统队伍建设。定期进行业务培训，中央政府与地方政府按照一定的出资比例拨出信息化建设的培训经费，各级社会保险经办部门提前制订出相应的培训计划，统一组织人员进行计算机和网络基础知识的培训，及时更新从业人员的知识结构，提升业务水平，增强工作责任感和使命感。

　　总之，推进统筹城乡养老保险体系建设需要多管齐下，更需要循序渐进，唯有如此才能推动我国社会保障的完善与发展，切实增进民生福祉。

参考文献

一、中文文献

1. 巴曙松、李羽翔：《我国基本养老保险制度待遇水平测算及影响因素分析》，《现代财经（天津财经大学学报）》2017 年第 37 期，第 3—13 页。

2. 边恕：《城市居民最低生活保障阶梯式救助与负所得税机制研究》，《中国人口科学》2014 年第 1 期，第 7—19 页。

3. 边恕：《城乡居民基本养老需求、调整机制与城镇化水平》，《社会保障评论》2017 年第 1 期，第 58—72 页。

4. 边恕、黎蔺娴、孙雅娜：《基于动态风险的中国最优混合养老保险体制研究》，《社会保障研究》2017 年第 3 期，第 3—11 页。

5. 边恕、李东阳、孙雅娜：《辽宁省城镇职工养老保险财政支付风险及对策研究》，《地方财政研究》2017 年第 11 期，第 28—37 页。

6. 边恕、孙雅娜：《农村基础养老金调整与财政负担水平研究》，载《北京航空航天大学学报（社会科学版）》2015 年第 1 期，第 7—12 页。

7. 边恕、孙雅娜：《企业职工养老保险"保基本"的内涵回归及调整方案》，《社会政策研究》2018 年第 1 期，第 85—96 页。

8. 边恕、孙雅娜、黎蔺娴：《"保基本"视角下的城乡居民养老金适度水平研究》，《黑龙江社会科学》2017 年第 3 期，第 75—83 页。

9. 边恕、孙雅娜、黎蔺娴：《"城乡保"基础养老金普惠型给付的适度性分析》，《辽宁大学学报（哲学社会科学版）》2016 年第 4 期，第 63—70 页。

10. 曹艳春、吴蓓、戴建兵：《我国需求导向型老年社会福利内容确定与提供机制分析》，《浙江社会科学》2012 年第 8 期，第 71—80 页。

11. 陈晨：《养老与医疗：社会保险参保行为对社会公平感的影响研究》，《华中农业大学学报（社会科学版)》2019 年第 2 期，第 38—45 页、164—165 页。

12. 陈雷、江海霞、张秀贤：《城乡统筹下新农保与相关养老保障制度整合衔接战略研究》，《管理现代化》2011 年第 6 期，第 3—5 页。

13. 陈蕾：《城镇化进程中农民工社会保障制度研究》，《农业经济》2018 年第 9 期，第 72—73 页。

14. 陈元刚、李雪、李万斌：《基本养老保险实现全国统筹的理论支撑与实践操作》，《重庆社会科学》2012 年第 7 期，第 19—25 页。

15. 褚福灵：《关于基本养老保险全国统筹的思考》，《中国社会保障》2013 年第 6 期，第 36—38 页。

16. 邓大松、仙蜜花：《延长退休年龄对基本养老保险统筹基金收支平衡的影响研究》，《江西财经大学学报》2015 年第 5 期，第 48—61 页。

17. 邓大松、薛惠元：《城镇职工基础养老金全国统筹的阻碍因素与对策建议》，《河北大学学报（哲学社会科学版)》2018 年第 4 期，第 103—112 页。

18. 邓大松、杨晶、范秋砚、薛惠元：《中国城镇职工养老保险基金支出影响因素分析——基于人口结构和制度参数的视角》，《调研世界》2019 年第 7 期，第 51—59 页。

19. 邓大松、余思琦、刘桐：《全国统筹背景下城镇职工基础养老金财政负担分析》，《社会保障研究》2018 年第 2 期，第 3—15 页。

20. 邓悦、汪佳龙：《城镇职工基础养老金全国统筹中的央地关系研究——基于博弈论的分析视角》，《社会保障研究》2018 年第 4 期，第 3—12 页。

21. 丁建定、郭林：《论中国养老保险制度结构体系整合》，《武汉大学学报（哲学社会科学版)》2013 年第 6 期，第 77—82 页。

22. 董克用、张栋：《人口老龄化高原背景下加快我国养老金体系结构化改革的思考》，《新疆师范大学学报（哲学社会科学版）》2018年第 6 期，第 13—25 页。

23. 房连泉：《实现基本养老保险全国统筹的三种改革路径及利弊分析》，《北京工业大学学报（社会科学版）》2019 年第 3 期，第 8—16 页。

24. 封铁英、董璇：《以需求为导向的新型农村社会养老保险筹资规模测算——基于区域经济发展差异的筹资优化方案设计》，《中国软科学》2012 年第 1 期，第 65—82 页。

25. 高春亮、魏后凯：《中国城镇化趋势预测研究》，《当代经济科学》2013 年第 4 期，第 85—90 页、第 127 页。

26. 高和荣、薛煜杰：《基本养老保险全国统筹面临的挑战及其应对》，《华中科技大学学报（社会科学版）》2019 年第 1 期，第 29—34 页。

27. 高萍、刘崇涛：《城乡居民基础养老金财政补贴政策优化研究》，《海南大学学报（人文社会科学版）》2018 年第 5 期，第 86—94 页。

28. 高庆波：《"名义账户"理论分析——基于 3 种假定方案的比较》，《开发研究》2015 年第 4 期，第 7—12 页。

29. 高庆鹏、李沁洋：《城乡统筹进程中的农村养老保险发展》，《农业经济》2012 年第 12 期，第 111—113 页。

30. 龚忆莼、赵学军、沈挺、吴建琴、尚芳：《如何打造更"接地气"的社保标准化体系?》，《中国社会保障》2018 年第 4 期，第 44—47 页。

31. 顾海兵、张实桐、张安军：《我国城乡社会保障均匀度的衡量方法与测度评价》，《财贸经济》2012 年第 11 期，第 37—47 页。

32. 郭凯明、龚六堂：《社会保障、家庭养老与经济增长》，《金融研究》2012 年第 1 期，第 78—90 页。

33. 郭晓艳：《城镇化率趋势测算方法的设计与应用》，《统计与决策》2015 年第 12 期，第 77—79 页。

34. 韩雁江：《关于不同基本养老保险之间关系转移接续问题的思

考》，《劳动保障世界（理论版）》2012 年第 9 期，第 23—26 页。

35. 何晖、殷宝明：《"新农保"基础养老金计发办法与筹资机制研究》，《中国软科学》2012 年第 12 期，第 68—77 页。

36. 何文炯、杨一心：《职工基本养老保险：要全国统筹更要制度改革》，《学海》2016 年第 2 期，第 58—63 页。

37. 和俊民、杨斌：《中国城乡养老保险制度差异问题研究——基于城乡统筹的视角》，《郑州大学学报（哲学社会科学版）》2013 年第 6 期，第 85—89 页。

38. 贺丹、黄匡时、陈佳鹏、张许颖：《中国生育水平的空间与社会趋同研究——基于"五普"和"六普"微观数据的比较分析》，《人口学刊》2017 年第 3 期，第 21—31 页。

39. 洪源、张玉灶、王群群：《财政压力、转移支付与地方政府债务风险——基于央地财政关系的视角》，《中国软科学》2018 年第 9 期，第 173—184 页。

40. 胡胜、陈小林、蔡报纯：《地方政府债务风险的博弈论分析及优化治理研究》，《中国软科学》2017 年第 8 期，第 82—90 页。

41. 蒋彧、全梦贞：《中国人口结构、养老保险与居民消费》，《经济经纬》2018 年第 1 期，第 131—137 页。

42. 金刚、柳清瑞：《新农保个人账户财政补贴激励效应研究》，《人口与经济》2013 年第 1 期，第 92—100 页。

43. 景鹏、陈明俊：《养老保险基金市场化投资运营的难点与策略》，《金融与经济》2018 年第 10 期，第 76—80 页。

44. 康书隆：《制约我国养老金制度支付能力的影响因素分析——从国际和国内比较分析的视角》，《宏观经济研究》2014 年第 9 期，第 48—55 页。

45. 兰海强、孟彦菊、张炯：《2030 年城镇化率的预测：基于四种方法的比较》，《统计与决策》2014 年第 16 期，第 66—70 页。

46. 李俊：《城镇化、老龄化背景下新型农村养老保险财务状况研究：2011 年~2050 年》，《保险研究》2012 年第 5 期，第 111—118 页。

47. 李连芬、刘德伟：《我国基本养老保险全国统筹的动力源泉与路径选择》,《财经科学》2013年第11期,第34—43页。

48. 李鑫、李亚军:《社会保障经办服务中外包类PPP模式的应用研究》,载《价格理论与实践》2018年第2期,第135—138页。

49. 李珍、王海东:《基本养老保险目标替代率研究》,《保险研究》2012年第2期,第97—103页。

50. 廉超、刘慧、林春逸:《以人民为中心的中国城乡居民养老服务均等化研究》,《改革与战略》2018年第8期,第13—19页。

51. 林宝:《基础养老金全国统筹的待遇确定方法研究》,《中国人口科学》2016年第2期,第61—71页。

52. 林毓铭:《体制改革:从养老保险省级统筹到基础养老金全国统筹》,《经济学家》2013年第12期,第65—72页。

53. 林治芬:《中央和地方养老保险事责划分与财力匹配研究》,《当代财经》2015年第10期,第39—48页。

54. 刘昌平、殷宝明:《农村养老社会保障体系整合路径及政策选择》,《西北大学学报(哲学社会科学版)》2013年第4期,第14—19页。

55. 刘海宁:《基本养老保险给付水平适度调整研究——以“基本生活”保障为统筹目标的思考》,《经济经纬》2014年第3期,第155—160页。

56. 刘伟兵、韩天阔、刘二鹏、邓大松:《养老保险全国统筹中的待遇确定方法与“福利损失”研究》,《保险研究》2018年第4期,第86—97页。

57. 刘伟兵、杨扬:《地区差异与城镇职工基础养老金全国统筹:矛盾及其化解》,《社会保障研究》2019年第1期,第13—25页。

58. 刘晓静:《新型农村养老保险信息化建设研究》,《农业经济》2013年第2期,第24—25页。

59. 刘长庚、张松彪:《我国企业职工基本养老保险制度中企业缴费率应降低》,《经济纵横》2014年第12期,第112—115页。

60. 柳清瑞、王虎邦、苗红军:《城镇企业基本养老保险缴费率优化路径分析》,《辽宁大学学报(哲学社会科学版)》2013年第6期,第 99—107 页。

61. 龙朝阳、申曙光：《养老金制度融资方式转轨的理论思辨》，《经济学家》2013 年第 2 期，第 66—74 页。

62. 鲁全：《改革开放以来的中国养老金制度：演变逻辑与理论思考》，《社会保障评论》2018 年第 2 期，第 43—55 页。

63. 鲁全：《养老金制度模式选择论——兼论名义账户改革在中国的不可行性》，《中国人民大学学报》2015 年第 3 期，第 19—25 页。

64. 罗微、董西明：《农村低保制度与新农保制度衔接研究》，《农村经济》2012 年第 9 期，第 72—75 页。

65. 马广博、赵丽江：《我国企业职工基本养老保险可持续性及其影响因素研究——基于省级面板数据》，《经济经纬》2015 年第 4 期，第 155—160 页。

66. 马凯旋、侯风云：《基本养老保险全国统筹：利益矛盾与协调》，《学习与实践》2014 年第 2 期，第 56—62 页。

67. 马双、孟宪芮、甘犁：《养老保险企业缴费对员工工资、就业的影响分析》，《经济学（季刊）》2014 年第 3 期，第 969—1000 页。

68. 穆怀中、陈曦：《城乡养老保险梯度协调系数及其社会福利改进效应研究》，《经济学家》2014 年第 9 期，第 33—40 页。

69. 穆怀中、韩之彬、陈曦：《城镇职工养老保险财政补贴适度水平研究——以辽宁省为例》，《经济研究参考》2018 年第 49 期，第 14—28 页。

70. 穆怀中、沈毅：《中国农民养老生命周期补偿理论及补偿水平研究》，《中国人口科学》2012 年第 2 期，第 2—13 页。

71. 穆怀中、沈毅、陈曦：《农村养老保险综合替代率及其结构分析》，《人口与发展》2013 年第 6 期，第 2—10 页。

72. 穆怀中、闫琳琳、张文晓：《养老保险统筹层次收入再分配系数及全国统筹类型研究》，《数量经济技术经济研究》2014 年第 4 期，第 19—34 页。

73. 穆怀中、张文晓、沈毅：《基于财政支付适度水平的养老保险全国统筹路径选择》，《城市发展研究》2016 年第 12 期，第 100—107

页、第 117 页。

74. 庞凤喜、潘孝珍：《名义账户制：我国养老保险模式的合理选择——基于现收现付制与完全积累制之异同比较》，《现代财经（天津财经大学学报）》2012 年第 4 期，第 49—56 页。

75. 彭浩然、岳经纶、李晨烽：《中国地方政府养老保险征缴是否存在逐底竞争?》，《管理世界》2018 年第 2 期，第 103—111 页。

76. 邱栎桦、伏润民：《财政分权、政府竞争与地方政府债务——基于中国西部 D 省的县级面板数据分析》，《财贸研究》2015 年第 3 期，第 97—103 页。

77. 沙治慧、罗静：《农民工基本养老保险关系转移接续机制研究》，《经济体制改革》2012 年第 2 期，第 81—85 页。

78. 石晨曦、曾益：《破解养老金支付困境：中央调剂制度的效应分析》，《财贸经济》2019 年第 2 期，第 52—65 页。

79. 孙德超、徐文才：《基本社会保障服务不均等的现实考察及均等化途径研究》，《福建论坛（人文社会科学版）》2012 年第 12 期，第 206—209 页。

80. 孙雅娜：《新型农村社会养老保险的财政资金分担水平研究》，《辽宁大学学报（哲学社会科学版）》2013 年第 4 期，第 62—68 页。

81. 王广州：《影响全面二孩政策新增出生人口规模的几个关键因素分析》，《学海》2016 年第 1 期，第 82—89 页。

82. 王立剑、叶小刚：《需求导向下城乡居民基础养老金调整方案研究》，《西安交通大学学报（社会科学版）》2015 年第 5 期，第 86—92 页。

83. 王谦：《包容性增长范式下城乡公共服务均等化公平效率分析》，《财政研究》2013 年第 3 期，第 18—21 页。

84. 王晓东：《城乡统筹下我国社会保障财政体制的改革》，《宏观经济管理》2012 年第 12 期，第 56—58 页。

85. 王晓军、米海杰：《对我国社会养老保险个人账户模式选择的实证分析》，《经济管理》2013 年第 6 期，第 164—174 页。

86. 王晓军、米海杰：《养老金支付缺口：口径、方法与测算分析》，《数量经济技术经济研究》2013 年第 10 期，第 49—62 页。

87. 王延中、宁亚芳：《我国社会保险征费模式的效果评价与改革趋势》，《辽宁大学学报（哲学社会科学版）》2018 年第 3 期，第 1—17 页。

88. 吴开明：《我国基本养老保险的公平原则及衡量指标体系》，《中国行政管理》2014 年第 4 期，第 51—55 页。

89. 武洁、权少伟：《我国人口城镇化率统计与推算方法探讨》，《调研世界》2013 年第 7 期，第 44—47 页。

90. 夏艳玲：《三大社会养老保险关系转移接续问题的思考：基于公平的视角》，《金融与经济》2013 年第 9 期，第 77—80 页。

91. 肖严华、左学金：《全国统筹的国民基础养老金框架构建》，《学术月刊》2015 年第 5 期，第 63—72 页。

92. 徐强、王延中：《新农保公共财政补助水平的适度性分析》，《江西财经大学学报》2012 年第 5 期，第 41—49 页。

93. 徐森、米红：《养老保险统筹基金"从全国调剂到全国统筹"方案的政策仿真》，《中国社会保障》2014 年第 8 期，第 36—37 页。

94. 徐婷婷：《福建省基本养老保险基金收支平衡现状、预测及影响因素分析》，《社会保障研究》2018 年第 1 期，第 42—49 页。

95. 许志涛、丁少群：《各地区不同所有制企业社会保险缴费能力比较研究》，《保险研究》2014 年第 4 期，第 102—109 页。

96. 薛惠元：《新农保能否满足农民的基本生活需要》，《中国人口·资源与环境》2012 年第 10 期，第 170—176 页。

97. 薛惠元、仙蜜花：《城乡居民基本养老保险基础养老金调整机制研究》，《统计与决策》2015 年第 15 期，第 112—116 页。

98. 薛惠元、张寅凯：《基于基金收支平衡的城镇职工基本养老金调剂比例测算》，《保险研究》2018 年第 10 期，第 114—127 页。

99. 杨斌、谢勇才：《从非制度化到制度化：基本养老保险制度财政责任改革的思考》，《西安财经学院学报》2015 年第 3 期，第 80—86 页。

100. 杨翠迎、郭光芝：《各地新农保养老金及补贴标准合意增长水平研究——基于养老金替代率视角的分析》，《西北农林科技大学学报（社会科学版）》2012 年第 12 期，第 12—20 页。

101. 杨慧：《农民工基本养老保险对接原则、维度与政府行为》，《人民论坛》2014 年第 5 期，第 43—45 页。

102. 杨建海：《从"名义上"的个人账户到名义账户——中国个人账户养老金改革的一种思路》，《兰州学刊》2012 年第 9 期，第 100—105 页。

103. 杨俊：《社会统筹养老保险制度的困境与出路：从分散统筹到全国统筹的转变》，《教学与研究》2013 年第 12 期，第 23—30 页。

104. 杨燕绥：《经办发力增强百姓获得感》，《中国社会保障》2017 年第 10 期，第 30—31 页。

105. 尹海燕、海龙：《新型农村社会养老保险基础养老金计发标准评估与厘定》，《西北人口》2015 年第 3 期，第 76—80 页。

106. 于秀伟：《从"三支柱模式"到"三层次模式"——解析德国养老保险体制改革》，《德国研究》2012 年第 2 期，第 70—79 页。

107. 岳宗福：《城乡养老保险关系转续与制度衔接的路径思考》，《中州学刊》2013 年第 5 期，第 49—53 页。

108. 张华初、吴钟健：《新型农村社会养老保障财政投入分析》，《经济评论》2013 年第 2 期，第 51—57 页。

109. 张怀雷：《农村新型养老保险制度的财政政策研究》，《财会研究》2013 年第 8 期，第 10—12 页。

110. 张秋：《城乡统筹制度的正向安排与逆向安排：比较与借鉴》，《经济体制改革》2012 年第 3 期，第 144—148 页。

111. 张士斌、杨黎源、张天龙：《养老金替代率的国际比较与中国改革路径》，《浙江学刊》2012 年第 4 期，第 170—179 页。

112. 张彦、李春根：《我国养老保险基本替代率水平研究——基于江西省的实证分析》，《江西财经大学学报》2015 年第 5 期，第 62—70 页。

113. 张熠、卞世博：《我国最优混合养老保险体制的选择：收益和风险分析》，《财经研究》2012 年第 8 期，第 4—14 页。

114. 赵建国、海龙：《"逆向选择"困局与"新农保"财政补贴激励机制设计》，《农业经济问题》2013 年第 9 期，第 77—84 页。

115. 赵青、李珍：《后危机时代养老金制度的收益与风险评估》，《社会保障研究》2014 年第 5 期，第 73—80 页。

116. 郑秉文：《社会保险费"流失"估算与深层原因分析——从税务部门征费谈起》，《国家行政学院学报》2018 年第 6 期。

117. 郑秉文：《社会保险基金投资体制"2011 改革"无果而终的经验教训与前景分析》，《辽宁大学学报（哲学社会科学版）》2014 年第 5 期，第 1—19 页。

118. 郑秉文：《中国社会保障 40 年：经验总结与改革取向》，《中国人口科学》2018 年第 4 期，第 2—17 页。

119. 郑秉文、孙永勇：《对中国城镇职工基本养老保险现状的反思——半数省份收不抵支的本质、成因与对策》，《上海大学学报（社会科学版）》2012 年第 3 期，第 1—16 页。

120. 郑永红：《城乡统筹视域下的城乡居民养老保险制度研究》，《华北水利水电大学学报（社会科学版）》2019 年第 2 期，第 53—56 页。

121. 周爱玲：《城乡一体化背景下提升农民工福利的策略》，《经济导刊》2012 年第 4 期，第 34—35 页。

二、外文文献

1. Barr, N., "Long-term Care: A Suitable Case for Social Insurance", *Social Policy & Administration*, 44 (4), 2010.

2. Calvo, E., Williamson, J. B., "Old-age Pension Reform and Modernization Pathways: Lessons for China from Latin America", *Journal of Aging Studies*, 22 (1), 2008.

3. Chen S., "Aging with Chinese Characteristics: A Public Policy Perspective", *Ageing International*, 34 (3), 2009.

4. Du P., "Intergenerational Solidarity and Old-age Support for the Social Inclusion of Elders in Mainland China: the Changing Roles of Family

and Government", *Ageing & Society*, 33 (1), 2013.

5. United Nations, *World Urbanization Prospects*: *The* 2009 *Revision*, 2010.

6. Ellison, R., "European Pensions Policy and the Impact of the EU Pensions Directive for Employers Worldwide", *Pensions*: *An International Journal*, Vol. 17, 2012.

7. Rickne, J., "Labor Market Conditions and Social Insurance in China", *China Economic Review*, Vol. 27, 2013.

责任编辑:陈　登
封面设计:林芝玉
责任校对:陈艳华

图书在版编目(CIP)数据

统筹城乡养老保险体系研究/边恕 著. —北京:人民出版社,2021.5
(社会保障重大项目文库)
ISBN 978-7-01-022811-2

Ⅰ.①统…　Ⅱ.①边…　Ⅲ.①城镇-养老保险制度-研究-中国
　Ⅳ.①F842.612

中国版本图书馆 CIP 数据核字(2020)第 249183 号

统筹城乡养老保险体系研究

TONGCHOU CHENGXIANG YANGLAO BAOXIAN TIXI YANJIU

边　恕　著

人民出版社 出版发行
(100706　北京市东城区隆福寺街 99 号)

北京汇林印务有限公司印刷　新华书店经销

2021 年 5 月第 1 版　2021 年 5 月北京第 1 次印刷
开本:710 毫米×1000 毫米 1/16　印张:18.5
字数:272 千字

ISBN 978-7-01-022811-2　定价:65.00 元

邮购地址 100706　北京市东城区隆福寺街 99 号
人民东方图书销售中心　电话 (010)65250042　65289539